本书是教育部人文社会科学研究青年基金项目"社会主义核心价值观大众化有效路径研究（14YJC710021）"的阶段性研究成果。

当代中国大学生政治素质优化研究

李春山 著

Dangdai Zhongguo Daxuesheng Zhengzhi Suzhi Youhua Yanjiu

中国社会科学出版社

图书在版编目（CIP）数据

当代中国大学生政治素质优化研究/李春山著 . —北京：中国社会科学出版社，2015.6

ISBN 978 - 7 - 5161 - 5975 - 0

Ⅰ.①当… Ⅱ.①李… Ⅲ.①大学生—思想政治教育—研究—中国 Ⅳ.①G641

中国版本图书馆 CIP 数据核字（2015）第 081326 号

出 版 人	赵剑英
选题策划	侯苗苗
责任编辑	侯苗苗
责任校对	周晓东
责任印制	王　超

出　　版	中国社会科学出版社
社　　址	北京鼓楼西大街甲 158 号
邮　　编	100720
网　　址	http：//www.csspw.cn
发 行 部	010 - 84083635
门 市 部	010 - 84029450
经　　销	新华书店及其他书店

印　　刷	北京市大兴区新魏印刷厂
装　　订	廊坊市广阳区广增装订厂
版　　次	2015 年 6 月第 1 版
印　　次	2015 年 6 月第 1 次印刷

开　　本	710×1000　1/16
印　　张	14.25
插　　页	2
字　　数	241 千字
定　　价	46.00 元

凡购买中国社会科学出版社图书，如有质量问题请与本社发行部联系调换

电话：010 - 84083683

版权所有　侵权必究

目 录

第一章 绪论 …………………………………………………………………… 1

  第一节 研究的缘起 ………………………………………………………… 1

  第二节 选题意义 …………………………………………………………… 3

    一 理论意义 …………………………………………………………… 3

    二 实践意义 …………………………………………………………… 4

  第三节 研究综述 …………………………………………………………… 5

    一 国外研究现状 ……………………………………………………… 5

    二 国内研究现状 ……………………………………………………… 9

  第四节 研究思路与框架 …………………………………………………… 15

    一 研究的视角与思路 ………………………………………………… 15

    二 研究的基本框架 …………………………………………………… 17

  第五节 研究方法与创新点 ………………………………………………… 20

    一 研究的方法 ………………………………………………………… 20

    二 研究的创新点 ……………………………………………………… 20

第二章 当代中国大学生政治素质优化的理论基础与实践价值 ……… 22

  第一节 概念厘定与辨析 …………………………………………………… 22

    一 政治素质的定义 …………………………………………………… 22

    二 政治素质与思想素质 ……………………………………………… 27

    三 政治素质优化与政治社会化 ……………………………………… 29

  第二节 大学生政治素质优化的理论基础 ………………………………… 30

    一 马克思主义理论为大学生政治素质优化奠定理

      论基石 ……………………………………………………………… 30

    二 政治社会化理论为大学生政治素质优化提供理

　　　　论依据 …………………………………………………… 32
　　　三　政治心理学理论为大学生政治素质优化提供理
　　　　论借鉴 …………………………………………………… 34
　　　四　结构功能理论为大学生政治素质优化拓展理论
　　　　空间 ……………………………………………………… 35
　第三节　大学生政治素质优化的战略价值 …………………… 38
　　　一　大学生政治素质优化是社会主义现代化建设的
　　　　时代呼唤 ………………………………………………… 38
　　　二　大学生政治素质优化是思想政治教育创新的
　　　　具体落实 ………………………………………………… 40
　　　三　大学生政治素质优化是新时期大学生自身发展的
　　　　现实需要 ………………………………………………… 41

第三章　当代中国大学生政治素质优化的结构与功能 ……… 43
　第一节　大学生政治素质优化的内容结构 …………………… 43
　　　一　政治价值系统是大学生政治素质优化的内核 ……… 44
　　　二　政治心理系统是大学生政治素质优化的基础 ……… 47
　　　三　政治思想系统是大学生政治素质优化的灵魂 ……… 48
　　　四　政治品德系统是大学生政治素质优化的方向 ……… 50
　　　五　政治实践系统是大学生政治素质优化的表现 ……… 51
　第二节　大学生政治素质优化的形成过程 …………………… 54
　　　一　正确政治认知是大学生政治素质优化的发端环节 … 56
　　　二　激发政治情感是大学生政治素质优化的中介环节 … 56
　　　三　锤炼政治意志是大学生政治素质优化的模铸环节 … 58
　　　四　坚定政治信仰是大学生政治素质优化的中心环节 … 59
　　　五　规范政治行为是大学生政治素质优化的助推环节 … 60
　第三节　大学生政治素质优化的功能定位 …………………… 61
　　　一　导向功能为大学生政治价值判断提供选择标准 …… 62
　　　二　推动功能为大学生传承政治文化提供精神源泉 …… 62
　　　三　支撑功能为大学生适应政治生活提供桥梁纽带 …… 64
　　　四　凝聚功能为大学生增强政治认同提供内在动力 …… 65

第四章　当代中国大学生政治素质优化的影响因素 …… 67

第一节　影响大学生政治素质优化的宏观因素 …… 67
一　政治环境对大学生政治素质优化本质的影响 …… 68
二　经济环境对大学生政治素质优化条件的影响 …… 70
三　文化环境对大学生政治素质优化内涵的影响 …… 71
四　社会环境对大学生政治素质优化过程的影响 …… 72

第二节　影响大学生政治素质优化的中观因素 …… 74
一　学校教育是影响大学生政治素质优化的主要因素 …… 74
二　家庭环境是影响大学生政治素质优化的直接因素 …… 76
三　大众传媒是影响大学生政治素质优化的重要因素 …… 78

第三节　影响大学生政治素质优化的微观因素 …… 80
一　朋辈团体对大学生政治素质优化的影响 …… 80
二　自身个性对大学生政治素质优化的影响 …… 81

第五章　当代中国大学生政治素质优化的作用机制 …… 84

第一节　大学生政治素质优化的现实基础 …… 84
一　大学生政治素质优化的客观基础 …… 84
二　大学生政治素质优化的主观基础 …… 85
三　大学生政治素质优化的实践基础 …… 86

第二节　大学生政治素质优化的动力机制 …… 87
一　大学生政治素质客体的外部环境制约 …… 87
二　大学生政治素质主体的内部矛盾运动 …… 88
三　大学生政治素质主体客体间的平衡协调 …… 89

第三节　大学生政治素质优化的演进趋势 …… 89
一　大学生政治素质优化的总体形态 …… 90
二　大学生政治素质优化的互动过程 …… 90
三　大学生政治素质优化的形成特征 …… 93
四　大学生政治素质优化的基本趋势 …… 94

第六章　当代中国大学生政治素质的现实考量——以辽宁省高校为例 …… 96

第一节　大学生政治素质的总体表现 …………………… 98
　一　大学生普遍接受先进的政治文化 ………………… 99
　二　大学生的政治视野日渐开阔 ……………………… 101
　三　大学生的政治认同显著增强 ……………………… 103
　四　大学生的政治效能感逐渐提升 …………………… 107
　五　大学生的政治分析趋于理性 ……………………… 109

第二节　大学生政治素质的时代特征 …………………… 111
　一　大学生政治价值主导的一元化 …………………… 112
　二　大学生政治参与途径的多样化 …………………… 114
　三　大学生政治评价取向的实用化 …………………… 117
　四　大学生政治行为选择的理性化 …………………… 120

第三节　大学生政治素质的现实困境 …………………… 124
　一　部分大学生政治主体意识亟待提高 ……………… 124
　二　部分大学生政治理论认知水平相对较低 ………… 128
　三　部分大学生政治理想信念相对淡漠 ……………… 129
　四　部分大学生政治动机现实功利性较强 …………… 131

第四节　大学生政治素质的问题归因 …………………… 133
　一　中国传统政治文化内聚与西方政治文化扩张的
　　　博弈 ……………………………………………… 133
　二　社会共同理想与当代大学生个体政治需求的失衡 … 133
　三　家庭政治观念与当代大学生成长成才背景的碰撞 … 134
　四　高校政治教育平面化与政治信息来源立体化的
　　　冲突 ……………………………………………… 135

第七章　当代中国大学生政治素质优化的对策思考 …………… 137

第一节　根本途径：发挥高校思想政治教育功能 ……… 138
　一　明确教育内容，提高大学生政治认知能力 ……… 138
　二　加强主流意识形态教育，坚定大学生政治方向 … 139
　三　培养政治主体意识，增强大学生社会责任感 …… 140
　四　完善课程体系，提升大学生政治理论水平 ……… 141

第二节　有效措施：拓宽大学生政治参与渠道 ………… 143
　一　加强社会实践，提高大学生政治参与能力 ……… 143

二　提倡志愿服务，增强大学生政治实践活力……………… 144
　　三　引导网络参政议政，拓宽大学生政治诉求渠道………… 145
　第三节　可靠保障：加强社会主义政治文明建设……………… 146
　　一　深化政治体制改革，激发大学生政治参与热情………… 147
　　二　加快民主法治建设，引导大学生有序政治参与………… 148
　　三　加强政治文化建设，提高大学生思想觉悟……………… 149
　　四　加大反腐倡廉力度，坚定大学生政治信念……………… 150
　第四节　重要条件：构建政治生态环境………………………… 151
　　一　营造校园文化环境，创建良好育人氛围………………… 151
　　二　充分调动家庭力量，营造良好成长空间………………… 152
　　三　加强媒介监督管理，创建良好虚拟环境………………… 154
　　四　培育社区民主环境，拓展良好实践阵地………………… 155
　第五节　整体合力：充分利用有效社会资源…………………… 157
　　一　发挥党团组织优势，提升大学生政治认同感…………… 157
　　二　引导同辈群体交往，提高大学生政治鉴别力…………… 159
　　三　依托红色资源，培育大学生政治情感…………………… 160
　　四　加强队伍建设，优化大学生综合素质…………………… 161
　　五　科学借鉴国外经验，为大学生政治素质优化提供
　　　　有益启迪…………………………………………………… 162

第八章　结论……………………………………………………… 167
参考文献…………………………………………………………… 170
附录A　当代中国大学生政治素质调查问卷…………………… 185
附录B　当代中国大学生政治素质访谈提纲…………………… 200
附录C　当代中国大学生政治素质调查问卷的编制说明……… 201
附录D　当代中国大学生政治素质评价模型…………………… 209
后　记……………………………………………………………… 220

第一章 绪论

大学生一直是社会主义民主政治最具活力的参与主体,其政治素质的成熟度与优化度往往直接影响着社会制度的变迁和思想意识的启蒙,关系着我国社会主义现代化建设事业,甚至直接影响着整个民族的兴衰成败。改革开放以来,我国经济迅猛发展、社会深刻变革,立足于"当代"与"中国"这样一个时空的交会点上,大学生政治素质的现状如何,出现了哪些新特点,产生变化的动因何在,又有什么样的发展趋势,以及如何构建符合我国国情的大学生政治素质优化体系等,都是目前理论界和学术界思考的问题,也是高校思想政治教育在实践工作中需要面对和破解的难题。对这些问题的学解,构成了本书的关注点和切入点。

第一节 研究的缘起

社会经济、政治、文化系统的变革构成了当代中国的现实图景。其中,与经济发展、文化复兴交织在一起的是政治体系的变迁。因此,对大学生政治素质的考察,必须置于整个社会转型的大背景之中,必须在政治素质发展的过程中给予全方位的关照。这就意味着,当代中国大学生政治素质优化研究必须要充分考虑现代化的大背景,这个背景主要包括经济的发展和变革、社会利益的重新分配和结构重组、思想观念的转变和更新、自主意识的形成和发展等方面。

首先,研究大学生政治素质优化是构建社会主义核心价值体系的重要任务。社会主义核心价值体系的确立,对我国公民政治素质尤其大学生政治素质的要求赋予了新的内涵。党的十七大报告中指出要"建设社会主义核心价值体系,增强社会主义意识形态的吸引力和凝聚力"。我们必须把建设社会主义核心价值体系提到事关国家和民族未来的高度来认识,必须把社会主义核心价值体系融入国民素质教育的全过程。所以,如何优化大学生的政治素质,把社会主义核心价值体系融入大学生思想政治教育的全过程,把大学生培养成社会主义建设者和可靠接班人,事关"为谁培养人、培养什么人、如何培养人"的根本问题,也是摆在高校思想政治教育工作者面前的重要任务。

其次,研究大学生政治素质优化是解决当前大学生政治教育问题的现实课题。当代大学生对政治素质是其自身综合素质重要组成部分的论断持高度肯定的态度,但对当前政治素质教育活动表现出不同程度的不满意、不认同甚至不接受。这些现象的背后,与其说是大学生不愿意接受政治教育的价值和内容,不如说是不欢迎政治素质教育的方式和方法。我们必须自问:当前政治素质教育设计的初衷为什么没有能够实现?大学生政治素质教育现实中存在的矛盾和困惑直接体现了政治素质优化方面存在的问题。长期以来,大学生政治素质优化以学校为主要空间,逐步形成了某种独特的话语体系和工作路径。但是,当前大学生政治素质优化缺乏有效的阶段性构建和整体的科学规划,存在典型的优化路径"失衡"现象,容易导致政治素质教育的内容和形式与整个教育目标的断裂,使政治参与难以成为大学生自觉的选择,最终使政治素质教育成为教育者"孤芳自赏"的一种行为。

最后,研究大学生政治素质优化是培育符合时代要求政治行为范式的战略抉择。大学生政治素质的形成与发展离不开特定的时代背景,面对我国社会主义市场经济体制的巩固和发展、社会结构的更新、利益格局的调整、思想观念发生较大变化的新形势,我国处在特殊的转型期将给大学生政治素质烙上明显的时代印记。应该看到,社会变迁已经改变了大学生政治素质教育的社会维度,原有的政治教育模式因其忽略现代社会开放和价值多元的事实,忽视政治教育固有的现实性、主体性、社会性的本质,以及忽视现代社会对创造性和自主性的呼唤,从而在解释实际的政治现象、解决大学生政治价值观冲突面前显得苍白无力。所以,选择大学生政治素质优化研究,不仅能充分发挥其应有的传递时代精神、塑造符合时代的政治品格,还能构建符合时代需求的政治行为范式。

第二节 选题意义

大学生政治素质的科学优化不仅是社会稳定、经济发展的前提和保证，在一定程度上也关系到我国跨越新世纪的社会特征和政治面貌。只有客观准确地分析当代中国大学生政治素质的结构维度和影响因素，深入探索当代中国大学生政治素质形成与发展的动力机制与发展规律，才能克服现代化进程中因社会转型而引发的大学生政治信仰危机、避免政治行为失范，形成良性的政治参与，从而激发他们报效国家的积极性和创造性，均具有重要的现实意义和深远的历史意义。

一　理论意义

在高等教育快速由精英教育走向大众化教育的今天，大学生政治素质的状况随着社会环境日益复杂化和不确定性的增加，而呈现出新的历史表现和走向。本书不仅为增强社会主义意识形态对当代中国大学生的吸引力、凝聚力和感召力提供理论指引，而且为加强大学生思想政治教育工作提供有力的理论支撑；同时也为践行社会主义核心价值体系、提升政治文化软实力、建设和谐政治文化提供坚实的理论依据。

（一）有利于丰富和发展社会主义初级阶段思想政治教育理论

在社会主义现代化建设过程中，认真研究当代大学生政治素质的相关问题，就是运用中国特色社会主义的理论体系，包括邓小平理论、"三个代表"重要思想和科学发展观等重大战略思想，分析和解决大学生身边实际问题和思想问题的过程；优化大学生政治素质，就是引导大学生站在社会主义现代化建设的前列，努力提高大学生的政治素质，激发政治情感，将潜在的政治能量转化为现实动力，驾驭复杂多变的政治局面，激励大学生在积极贡献中实现自身价值，丰富和发展社会主义初级阶段思想政治教育理论的内容。

（二）有利于充实和完善社会主义政治文化建设理论

当今世界，文化已经成为一个民族创造力和凝聚力的重要源泉和一个国家综合国力竞争的重要因素。在社会主义政治文明建设过程中，深入研究大学生政治素质，把握其发展的规律性，激发大学生的政治热情，提高大学生的政治素养，有利于贯彻落实社会主义核心价值体系的基本内容，增强社会主义意识形态的吸引力和凝聚力，充实社会主义政治文化的软实力，完善社会主义和谐政治文化建设的理论。

（三）有利于探索和总结社会主义核心价值体系的接受规律

在各种思想文化互相激荡、互相交织的复杂背景下，研究当代中国大学生政治素质的时代特征，就是寻求优化大学生政治素质的最佳途径和最优方法，不仅能帮助大学生树立正确的人生观、世界观和价值观，引领大学生在社会主义现代化建设中自觉践行社会主义核心价值体系，而且还能使大学生树立坚定的政治信念，形成优良的政治素质，更加坚定不移地走中国特色社会主义道路，更加自觉地继承和发扬以改革创新为核心的时代精神、以爱国主义为核心内容的民族精神，并通过他们覆盖到全社会。

（四）有利于发展和推进政治素质教育的理论进程

研究大学生政治素质发展趋势，是全面贯彻党的教育方针、推进素质教育进程重要步骤和关键一环，它以提高大学生整体素质为根本宗旨，以培养大学生政治理论水平和政治实践能力为重点，造就有理想、有道德、有纪律、有文化、讲学习、讲政治、讲正气的德才兼备、全面发展的社会主义合格建设者和可靠接班人。构建大学生政治素质优化的理论框架与实践体系，有利于增强素质教育的针对性和实效性，为全面贯彻党的教育方针、全面实施和推进政治素质教育提供思想保障和理论基础。

二 实践意义

从实践方面来看，分析当代中国大学生政治素质的基本现状与存在问题，无论对全面发展社会主义民主政治，建设社会主义政治文明，巩固中国共产党在大学生心目中的执政地位，还是对理解大学生的政治愿望，树立正确的政治态度、培育积极的政治情感、塑造健全的政治人格、推动自主有序的政治参与，均具有重要的现实意义。

（一）有益于促进社会主义民主政治的发展进步

社会主义民主政治的实施与推进很大程度上取决于政治主体的政治素质状况。大学生作为一个特殊的政治群体，肩负着社会主义民主政治建设的历史重任，完成这一历史重任必须具备与社会主义民主政治相适应的政治素质，其政治素质优化程度越高，主体参与政治的能力就越强，社会主义民主政治实施与推进就越顺畅，社会主义民主政治就越进步，政治效能也就越高。就其关系而言，社会主义民主政治为大学生政治实践和政治社会化提供了可操作性的平台，而大学生政治素质的提高则为社会主义民主政治的发展和进步提供了先决条件。

（二）有益于增强高校思想政治教育的实效性和针对性，对大学生政治价值观发展趋向进行合理预测

改革开放30多年来，大学生思想政治教育积累了丰富而宝贵的经验，但同时也面临着内在一致性与多样性、价值观导向与利益导向、稳定性与动态变化性的矛盾张力，这些内在矛盾的演化成为大学生政治素质提升的动力或障碍。可以预料，大学生政治素质的变化趋势将随着时间的推移还会不断持续和深化。总而言之，研究当代大学生政治素质优化问题，不仅可以增强思想政治教育工作的针对性和实效性，而且将更加有助于对当前大学生政治价值观的走向趋势进行合理预测和把握。

（三）有益于拓宽素质教育渠道，推进政治素质教育的进程

进入新世纪，大学生思想政治教育工作面临许多新的挑战，研究大学生政治素质变化轨迹和规律已成为高校思想政治教育工作中的重要课题。从社会、学校和学生自身发展的实际需求出发，运用马克思主义理论，把握社会主义核心价值体系这一主题，创新政治价值观教育机制，营造和谐的校园政治文化氛围，进一步优化大学生政治素质，不仅是当前高校思想政治教育工作的重要任务，也是提升大学生整体素质的重要途径，更是实施和推进政治素质教育的重要举措。

总之，理论思辨的明晰是实践操作清醒的前提和保证。我们对大学生政治素质不能停留在应然的判断上，而应更多地关注大学生政治素质优化的理论与实践问题，要深入分析当代中国大学生政治素质的实然状态，积极回应当前大学生政治素质面临的新变化、新问题，把大学生政治素质优化设置于中国与世界、历史与现实、当代与未来的"多维场"坐标上进行全方位的对照与审视，作为推进社会主义核心价值体系建设的重要组成部分，这是大学生政治素质优化研究的现实意义和理论价值。

第三节 研究综述

一 国外研究现状

（一）研究阶段

西方学者对于政治素质的思考首先是从政治社会化和公民素质研究开

始的。古希腊、古罗马直至西方近代，其主流思想将公民首先看作政治概念，是参与政治生活的个体。所以，他们最先从政治社会化角度来研究公民的政治素质。现在，我们可以在柏拉图、亚里士多德、卢梭、孟德斯鸠等学者的著作中找到关于政治社会化的有关论述。美国著名政治学家弗雷德·格林斯坦从思想史的视角将政治社会化研究概括为四个阶段：

第一阶段：起步阶段。从20世纪20年代起，现代意义的政治社会化开始出现，并于50年代末60年代初真正成为一个专门的领域。涌现出了许多代表人物和代表著作，如1958年美国政治学家戴维·伊斯顿和罗伯特·海斯发表的论文《政治社会化研究中的若干问题》，对政治社会化问题进行了专门研究。1959年赫伯特·海曼首次系统论述了政治社会化理论。这一阶段是政治社会化作为独立领域进行研究的初期阶段，该阶段研究的核心观点认为：个体政治人格及政治取向是在儿童及青少年期形成的，表现于成人身上的各种政治行为其实是由儿童和青少年时期政治认知和政治价值的逻辑结果。

第二阶段：推进阶段。20世纪70年代中期至80年代，政治社会化研究开始走向国际化的标志是美、英等国陆续出版了一大批有影响的代表著作。1977年美国学者伦肖恩主编的《政治社会化大全：理论与研究》一书，为政治社会化研究成为一门科学奠定了基础。此时，政治社会化研究的焦点也开始由儿童转到成年人和青少年，代表观点是1984年鲍威尔和阿尔蒙德联合提出的"政治态度有可能在儿童时期就已经形成，但其总是在不断变化的，这种变化是跟随着个体政治经历和社会经历发生的"。① 该观点强调了政治社会化是一个变化的过程，指出个体对政治制度的态度在人生各个时期都有可能发生改变，因此政治素质的优化应贯穿于个体整个政治社会化的全过程。

第三阶段：变革阶段。20世纪80年代末至90年代中期，学者们深入研究了不同意识形态下的政治社会化，该阶段研究以调查研究为主，主要围绕国际政治格局对政治社会化的影响展开，研究视野和研究对象上发生了从微观向宏观的转变，更加关注不同政治、经济格局下所形成的意识形态对政治社会化的作用，强调了经验教训的总结和借鉴。相对于前两个

---

① ［美］加布里埃尔·A.阿尔蒙德等：《比较政治学：体系、过程和政策》，曹沛霖等译，上海译文出版社1987年版，第23页。

研究阶段，这一阶段的研究成果显得不那么繁荣兴盛，对政治社会化的关注显得相对沉寂，对政治社会化的深入研究显得相对不足。

第四阶段：深化阶段。新世纪以来，西方学者掀起了政治社会化研究的新高潮，进入了政治社会化研究的繁盛时期。在这一时期，学者们深入阐明了国家治理与政治社会化的关系，并初步揭示了政治社会化对政治态度、政治认知、政治行为模式和意向的影响，出版了一系列具有世界影响的专著。应该说，关于政治社会化以及政治文化研究的本身，就是关于公民政治素质研究的内容，这就有力地推动了公民政治素质研究的发展，其意义是重大的。但不容忽视的是，这种研究也窄化了政治素质研究的视野，在无意识中把政治素质的研究引向偏颇。

（二）研究内容

与一定社会政治制度相适应的政治素质优化是政治社会化的本质要求，因而国外学者对政治素质的研究是与西方政治社会化研究的发展阶段紧密联系在一起的。同时，不同国家和不同时期因其时空条件、社会政治、经济、文化背景的不同，其政治素质研究的内容也不尽相同。主要集中在公民资格理论、政治人格、政治态度等几个方面。

第一，公民资格理论成为政治素质研究的一个重要领域。公民资格研究致力于探究具体社会中的公民到底应该和能够履行哪些义务、拥有哪些权利、必须具备哪些政治素质，上述问题的明晰是确定公民政治素质研究内容和目标的理论前提。1949年英国社会学家阿尔弗雷德·马歇尔的演讲《公民资格和社会阶级》是关于公民资格研究的里程碑著作。对公民资格理论的研究虽然拓宽了政治素质研究的范围，为公民政治素质研究提供了理论基础，但这种研究有一个显著倾向就是多以理论阐述、概念演绎为基础，而且仅对公民的内涵进行本位论研究，而忽略了政治素质优化方法、途径、机制的研究。

第二，政治人格、政治自我的形成与发展。该研究内容主要的理论观点是：个体的政治人格、政治自我是各种不同感觉和态度的混合。这一理论观点的主要代表人物是阿尔蒙德，他认为政治自我在感觉层面上讲是一个人在政治方面的自我意识，涵盖了政治体验、政治认知、政治调控、政治评价等方面的内容；政治自我在态度层面上讲是指个体对政治制度的认识，对当前政治问题、政治事件、政治人物和政策的看法。该研究理论还强调了政治态度的重要性，认为政治态度是政治自我的核心部分，但绝不能把政治自我的解释仅仅局限于政治态度的层次,还应该包括感觉层面的内容。

第三,政治态度和政治倾向。美国著名的高等教育专家菲利普·阿特巴赫认为,在过去 30 年里美国大学生关注政治问题和行为的方式、政治倾向发生了重大变化,他们不再是言辞激烈、充满激情的大学生。大学生参与传统政治活动的比例在下降,参与专业组织和社区的人数和比例却都有增加的趋势。日本学者研究表明,不管学历高低和年龄大小,大学生对政治功效的认识都趋于浅薄。近年来,西方国家关于大学生政治态度和倾向的调查结果显示了一个共同的趋势:虽然大学生政治知识相对在减少,似乎不太关心政治,政治功效感有所下降,但他们参加与个人切身利益有关的政治活动的机会却在不断增加。

(三) 研究述评

纵观国外大学生政治素质的研究历史,均是在特定的历史背景、传统文化、价值取向基础上进行的,这些特定的研究背景不可避免地导致研究内容、研究方法、研究视野存在一定的局限性。在研究内容方面,关于政治素质形成和发展影响因素的研究是国外政治素质研究普遍关注的问题,并且试图通过优化这些外在的客观条件,继而发挥对政治素质的积极影响作用,尤其重视通过政治输出的稳定性和持久性,不断加强和改善大学生政治素质优化的主客观环境,其研究方法、研究态势和研究路径的确有可取之处。

第一,侧重于从政治社会化实际运作过程开展对大学生政治素质的研究。大学生传播和接受政治文化的过程是辩证统一的,在这一过程中逐渐形成自己的政治价值观,构成大学生政治社会化的本质要求。国外研究者采用个体性自我教育模式,主张"以学生为中心",重视学生的自觉参与,让其在现实生活中充分发挥自主意识,从而增强政治鉴别能力。另一方面,国外对大学生政治素质的优化,是从考察政治文化各种传导机制的功能和特点出发,将政治文化渗透于政治素质优化的全过程,协调运用多种政治社会化机构进行传播主导政治文化,并使主导的政治观念得以普及和强化。

第二,对大学生政治素质进行微观化的考察,把政治现象的研究深入到大学生的政治素质结构之中。大学生个体通过有选择性和主动性的学习政治文化,然后经过自主意识的评价以后再创造地接受政治文化。政治文化对政治社会化过程具有统一导向作用,但不容忽视的是,个体间存在政治素质差异,这便对政治主体的创新精神和自主精神提出了更高的要求。当个体创新精神、自主精神被激发时,才能达到更高层次的社会化,离开了个体主动性的发挥,政治社会化的完成就会受阻,甚至停滞不前。

第三,从大学生政治观念传导手段入手,强调政治文化的渗透性、潜隐性和间接性。国外大学生接受政治文化的传导手段是多样的,其政治文化的传播具有三个特性:其一,渗透的广泛性。国外政治文化的传播除了依靠专门的公民课程,还借助于社会学为中心的全学科以及社会实践、课外活动、咨询服务等教育形式,进行政治社会化的广泛渗透,从而影响大学生的政治素质。其二,传导的潜隐性。比较有代表性的是美国的政治观念传导手段,他们通常利用师生关系、教师人格、学校生活、校园环境等不那么明显的隐蔽方式来传递政治价值观,通过这些潜隐的政治文化传导途径实现对大学生政治素质的影响。其三,方式的间接性。政治文化还通过人际交往、技能学习、价值观培养、社会价值转化等方式进行传导。这些传导方式自身并不带有政治性,但会对政治素质的发展发挥影响。

第四,注重通过对大学生政治技能的培养实现政治素质的优化。政治技能的获得是通过政治学习和政治训练实现的,这一过程既是政治社会化的过程,也是政治素质形成和发展的过程。大学生在这个过程中,通过参与政治活动、完成政治任务形成能够胜任某种政治活动所需要的心理条件,并通过政治实践的锻炼实现政治技能的提升。大学生通过有目的、有计划的政治学习,不仅获得政治知识和技能,还发展了个体的政治素质水平。此外,重视政治实践在大学生政治素质形成和发展中的作用,没有政治实践的探索,就不可能有政治素质的发展和提高。

二 国内研究现状

(一)研究阶段

在我国改革开放与全球化趋势推进契合的历史机缘中,大学生政治素质研究日益凸显为我国学术领域关注的热点。纵观30多年的研究,国内学者以中国社会主义现代化建设所处的现实境遇为出发点,对大学生政治素质进行多维审视,大致分为三个阶段:

缓慢起步阶段——译介与评介国外学者关于政治素质的理论资源和经验积淀。这一时期研究成果主要体现在两个方面:一方面,学习和翻译国外有关大学生政治素质的研究文献,对国内学者更好地认识大学生政治素质问题有很大帮助。另一方面，在20世纪80年代末，我国教育界提出本土化的"素质教育"概念，很多学者开始将视线投向素质教育，其中就包含政治素质的研究。虽然不是研究的主要方面，但依然有不少学者关注大学生政治素质状况，分析总结国内大学生政治素质现状并积极寻找改善途径。特别是1989年之后，国内涌现出一批对大学生政治素质研究的文章，主要是反思教训，提出对策。这一时期，研究数量较少，多以定性分析为主，介绍性色彩浓厚。

迅速发展阶段——梳理和反思我国大学生政治素质教育的现状和对策。进入20世纪90年代中后期，与政治素质有关的论文、专著逐渐增多，政治素质研究步入迅速发展阶段。此阶段研究内容主要集中在对大学生政治素质状况的分析上，学者们普遍认为大学生主流上具有强烈的责任感和时代感，有为社会主义改革和建设付出的政治抱负，但存在发展不平衡的现象，部分大学生存在忽视政治的倾向。同时，学者们开始将研究目光转向大学生政治素质提高的对策上，从不同的角度入手，提出可操作性较强的对策，在指导实践方面发挥着有力的作用。然而这一时期，对大学生政治素质缺乏系统的理论研究，多停留于经验、现象总结阶段，而且研究视角狭隘、角度单一，内容不够深入，重复与低水平研究较多。

繁荣深化阶段——形成与拓展中国现代化进程中大学生政治素质研究的问题域。进入新世纪以来，特别是新世纪第一个十年内，学界对大学生政治素质的研究较前期开始出现繁荣局面，研究成果不断丰富，进入了蓬勃发展阶段。这一时期，针对不同的大学生群体，采用多种研究形式，从不同角度对大学生政治素质进行了深入的研究。研究不再局限于以往的经验总结、现象分析，而更多地开始追本溯源，对政治素质的内涵、要素等方面进行深入的研究。还有很多学者从不同的学科视角出发，如大学生政治价值观、政治情感、政治参与等方面，来丰富大学生政治素质的内涵和外延。另外，研究主体也在不断细化，开始对不同群体、地域、院校、专业等的大学生进行针对性较强的研究。同时能很好地与社会热点事件紧密联系起来进行研究，如随着北京奥运会、上海世博会而兴起的"鸟巢一代"、"海宝一代"、"小白菜"很快就受到学者的关注，挖掘新时代大学生身上所具有的积极政治品质。

（二）研究分类

按研究形式分为：第一，理论探讨类。目前，国内学界对大学生政治素质的研究并没有形成统一的、公认的研究体系。诸多理论探讨零星分布在一些对政治素质研究的文章中，而且主要集中在对政治素质内涵的把握和界定上。有学者认为在我国现实生活中，政治素质和思想素质一般可以并提，且比较侧重于前者，这可以反映出一个普遍的问题，我国对政治素质的专项理论研究很少，主要与思想政治素质的研究结合在一起，通过把握"素质"的定义进而推知"政治素质"的内涵。第二，经验总结类。经验总结类文章在所有文章中所占比重最大。通过实证调查得到直接、间接资料，主要是对大学生政治素质现状进行总结、归纳和分析，并在此基础之上探讨改善对策。第三，实证调查类。此类文章数目相对于经验总结类较少。实证调查类主要通过问卷调查、访谈、测试等方法得到数据资料，对其进行统计和分析，从而形成研究报告。如研究者通过随机取样，对不同年级、专业的大学生采用问卷调查与座谈的方法，得到数据资料后，分析大学生政治素质现状的主流状况与存在问题，并提出了解决对策。

按研究群体分为：第一，不同地域分类。如有的研究者对某省大学生政治素质现状及存在问题进行分析，通过调查得出大学生"政治素质总体上值得肯定，但存在政治理论学习缺乏主动性，政治认同是低层次的，政治价值观存在明显的双重性和矛盾性，政治信仰出现多元化和功利化倾向，政治能力较弱等问题"。第二，不同民族分类。有研究者对少数民族大学生政治素质进行分析，提出他们具有少数民族的优点，但同时也有其保守狭隘的一面，培养少数民族大学生政治素质方面要"抓住普遍性，寻找规律性；明确特殊性，提高针对性；贴近生活，体现全面性"。第三，不同政治面貌分类。有研究者对党员进行单独分析，也有将党员与非党员进行比较研究。第四，不同专业分类。有学者根据不同专业，如医学类、体育类、艺术类、理工科类的大学生群体进行研究。部分学者认为艺术类专业大学生政治素质较为薄弱，应该加强引导与教育，要从发挥思想政治理论课教学主阵地的作用、发挥网络载体的作用来加强其政治素质的培育。

按研究视角分为：随着思想政治教育相关学科体系的不断完善，学科建设不断加强，大学生政治素质的研究也渐渐开始从不同的学科视角进行深入探讨。第一，从教育学的角度入手，认为政治素质与政治教育是紧密相关的。如王沪宁认为政治教育"就是向政治共同体的成员传播政治文化"。所以可以在向大学生这一政治共同体传播政治文化的过程中，提升大学生的政治素质。第二，有不少学者从社会学角度研究大学生政治素质，认为政治社会化影响着政治素质的形成。如马振清认为"个体在政治环境熏陶下，在政治社会化机构的教育中，必然会形成一定的政治人格，具备一定的政治能力和产生一定的政治行为，从社会人发展成为一个政治人"。所以大学生政治素质与政治环境、政治文化机构的教育、政治人格、政治能力、政治行为具有密切的关联。第三，较多学者从政治学角度入手研究大学生政治素质，认为"内化的政治文化则是政治素质，表现为维持、传播和发展以统治阶级的政治取向为核心的政治认知、政治情感、政治价值、政治信仰等政治文化"。由此可见，政治认知、政治情感、政治价值、政治信仰等均是政治素质的重要组成部分。

（三）研究内容

大学生政治素质内涵的研究：一是"品质说"。有研究者认为"政治素质即政治品质，是指人们在社会生活中处理各种政治关系的行为习惯或习性，是一定阶级或社会政治观念和原则转化为人们的内心信念和意志，并在其言行中表现出来的稳定特征和一贯倾向"。二是"综合说"。政治素质是一个人的政治理想、政治信念、政治态度、政治立场等的综合体现。有研究者认为"政治素质是指政治主体在政治社会化过程中所获得的对其政治心理和政治行为发生长期稳定的内在作用的基本品质，是社会的政治理想、政治信念、政治态度和政治立场在人的心理中形成的并通过言行表现出来的内在品质，它是人的综合素质的核心"。还有的学者认为"政治素质则是指关于自身的政治方向、政治立场、政治品德和思想作风的总和，是一个人在政治认识上的根本素质"。三是"能力说"。部分研究者认为政治素质是政治参与的一种能力。如政治素质是指"社会成员对国家公共权力及其行使过程的态度取向及相关参与能力"。其包括政治素质是一定的阶级、社会集团成员在社会实践过程中对经济政治关系的自觉反映，即个体对自身所属的经济利益和自身的政治地位、职责、使命的自觉意识、对社会政治问题认识和参与政治活动的能力。还有学者认为思想政治素质是指共产主义信念，道德品质和运用辩证唯物主义分析问题的能力，具体包括共产主义信念的坚定程度和理解能力、辩证分析问题的能力、对党的方针政策理解贯彻的能力以及道德修养等方面的能力。

表 1 – 1　　　　　　　大学生政治素质构成要素的理论观点

国内学者	理论观点	构成要素
陈树生	二要素	思想素质和政治素质两个方面①
张明澍	三要素	政治观念、政治知识和政治技术、参与经历②
陈秉公	四要素	政治立场、政治品德、政治水平、政策水平③
彪晓红	五要素	政治理论知识、政治参与能力、政治信仰、政治心理、政治品德④
易安定	六要素	政治方向、政治观点、政治方法、政治立场、政治能力、政治责任⑤
何维民、王丽娟	多要素	以政治信念为核心，由价值、知识、品德、能力诸要素结合而形成⑥

由表 1 – 1 可见，国内学者根据不同历史时期，提出了政治素质包括不同的构成要素，多是附带于其他研究之中，所以此部分内容仍有待于加强研究。针对大学生政治素质影响因素的研究，国内学者主要从以下几个方面去分析和探究：一是社会环境，主要包括社会经济环境、社会政治环境、社会文化环境；二是学校教育，包括高校思想政治理论课的教学环境、校园政治文化氛围、学生思想政治工作环境这三个方面对大学生政治素质的影响；三是媒体影响，包括电视、网络、报纸杂志等，特别是近些年来，随着网络迅猛发展，对大学生政治素质的影响也越来越大。

（四）研究方法

定性分析与定量分析是研究大学生政治素质的两种基本方法，目前国内学者主要是运用定性分析对大学生政治素质进行研究。而采用定量分析方法不多，其主要方式是发放调查问卷、访谈等。也有学者将定量与定性分析结合起来，通过发放调查问卷了解大学生政治素质现状，在此基础上进行定性分析，并深入探究其渊源，从而提出优化对策。另外，除定量、定性分析方法之外，还有跨学科研究方法、经验总结法、描述性研究方法

---

① 陈树生：《论大学生政治素质的培养》，《中国高教研究》2003 年第 11 期。
② 张明澍：《中国政治人——中国公民政治素质调查报告》，中国社会科学出版社 1994 年版，第 4—6 页。
③ 陈秉公：《思想政治教育学原理》，高等教育出版社 2006 年版，第 78 页。
④ 彪晓红：《大学生政治素质拓展的重点与实施路径探析》，《中国高教研究》2007 年第 7 期。
⑤ 易安定：《学生政治素质的构成》，《思想政治课教学》2000 年第 1 期。
⑥ 何维民、王丽娟：《论大学生政治素质结构及形成发展机制》，《思想政治教育研究》1996 年第 4 期。

等。经验总结法运用得很普遍,众多学者充分利用以往大学生政治素质教育过程中所积累的经验,对大学生政治素质进行总结概括。描述性研究方法在政治素质的研究中并不多见,仅有少数学者通过描述大学生政治素质状况,从而归结大学生政治素质的总体水平,或是用大学生政治素质的具体表象来印证自己得出的观点。

(五) 研究评价

从国内大学生政治素质研究内容与方法的梳理中,可以发现许多有意义的观点。例如,社会转型构成了当代中国大学生政治素质形成与发展的重要时代背景,并受到包括一定社会的政治环境及政治事件在内的诸多客观因素的影响,大学生政治素质形成和发展的过程是主客观因素相互关联和相互作用的过程。与此同时,研究中也存在一些不足之处和薄弱环节:

其一,从研究分类看,理论研究主要是对概念进行扩充发散和定性的分析上,多与大学生政治社会化为主题的研究交织在一起,缺乏独立性;实证研究大多只局限于调查问卷搜集数据,再进行统计分析,停留于现象表面,分析不够细致深入。受到研究领域的限制,缺乏从政治社会学、政治心理学等交叉学科视角出发,一般都只是将大学生看成一个研究整体,而忽视了大学生群体里面内在的差异性,只有较少数文章关注到大学生中的特殊群体,并对其进行有针对性的调查研究。

其二,从研究内容看,首先,主要集中于浅层次的理论探讨和对策研究方面,而对政治素质内涵界定、构成要素等理论方面研究较少,未能形成完整的理论体系。其次,研究内容不够深入,多是就事论事,而鲜能将其置于国际社会大变迁背景之下进行研究。再次,针对政治素质优化的路径,较多是从认同的价值性进行分析,缺乏结构性和过程性的研究。最后,比较研究不够,应该尝试将国内、国外的大学生政治素质进行横向比较,将不同年级大学生进行纵向比较,来更好地了解大学生政治素质的现状。

其三,从研究背景看,缺乏对新中国成立以来尤其是改革开放以来大学生政治素质变化的考察。改革开放是中国历史上一次伟大社会变迁的动力加速器,在这波澜壮阔的社会变迁中,大学生的政治素质无疑会发生巨大变化,对此进行深入剖析的论著和博士学位论文目前尚未见到,也不能反映因中国改革开放带来的大学生政治素质变迁的文化景观。

其四,从研究方法看,定性研究多从"应然"的角度看待问题,研究方法比较单一。单一样本研究多,协作研究少;单纯的实证研究或泛泛的理论探讨多,实证研究和理论研究密切结合少;根据数据统计简单下结论多,考虑文化背景因素深入分析问题少;定量研究误差在所难免,其科学性需要严格考证;社会调查的广度与深度不够,问卷设计应该综合考虑多种因素的相互作用。

综观国内外研究,给我们研究当代中国大学生政治素质优化留下了一定的深入空间。本书需要克服"面"的研究不全面、"点"的研究不深入的弊端,拓展研究视野,增加研究深度,重视点面结合;改进研究方法,重视多种方法的运用,将定性研究与定量研究相结合;既重视多学科视野中的理论研究,又重视问卷调查、个案访谈等方法的运用,在理论与实践相互结合的基础上全面考察大学生政治素质优化的影响因素与作用机制,挖掘其形成与发展过程中具有规律性的东西。

第四节 研究思路与框架

一 研究的视角与思路

(一)研究视角

在以往解读大学生政治素质时,我们习惯用结论式语言对其地位和作用进行描述,而较少从结构与功能上做出深刻的揭示。大学生作为相对独立的社会群体,其政治素质状况不仅对大学生自身发展,而且对社会进步乃至整个政治体系运行都具有极其重要的影响,在整个政治社会化过程中处于非常重要的地位。

基于此,本书从三个视角予以定位。一是现实的角度。每一代人的生存与发展都有其自身的现实客观基础和历史背景,当代中国大学生正处在社会转型时期,本书正是针对改革开放和社会主义市场经济体制确立带来社会巨变的历史背景下,置于价值观念更新、社会结构调整、经济体制转换、政治参与拓展等新的条件和语境中,研究当代中国大学生政治素质的优化与发展规律。二是主体的角度。大学生正处于人生发展的过渡性阶段,虽然已经步入成年,但是他们的政治阅历仍然很单纯,具有一定的可塑性。因此,大学生在这一阶段身心自然成长和全面社会化比任何阶段都要深远。他们要完善自我,经历从不成熟走向成熟的成长过程,这既存在不成熟与成熟间的矛盾，也存在从不成熟走向成熟的期望。大学生无论身心发展、个性完善，还是生活扩展、人际交往，都比少儿时代要面对更多的矛盾和问题，本书正是选取了这样一个特殊群体，作为研究对象来探讨其政治素质优化，最终实现社会主义核心价值体系在该群体中的认同和接纳。三是社会的角度。人的思想意识和政治活动都必须受现实社会环境的影响和制约。现实的社会背景、政治社会化的内容和形式、政治发展的趋势等都对大学生政治素质的形成与发展产生重要影响并发挥作用。社会环境为大学生提供政治社会化路径，无一不成为影响大学生政治素质形成与发展的重要因素。本书从政治社会化理论入手，到影响政治素质的核心变量，从大学生政治素质的内在结构，延伸到大学生政治素质的优化对策。

从现实、主体和社会三个视角分析大学生政治素质的结构与优化，表面上看似乎只抓个体问题而未触及理论体系之根本，但在实践中却是以问题为纲，遵循着解决当前大学生政治素质问题的思路来推进大学生素质的优化。尤其在当前大学生政治素质优化路径信息多元、形式多样的时代背景下，从这三个视野探究大学生政治素质优化，提高了研究的针对性、实效性，无疑是一个具有时代价值的研究视阈。

（二）研究思路

对大学生政治素质结构的理论关注，构成了本书的基本动因和逻辑起点。本书把大学生政治素质放在时代发展的历史坐标下观察，把其界定为政治主体从事或参与社会政治活动所必需的基本条件和基本品质。大学生政治素质的内容结构以政治价值系统为内核，包括政治价值、政治心理、政治思想、政治品德和政治实践五个子系统，在政治认知、政治情感、政治态度、政治动机、政治观念、政治立场、政治理想、政治信仰、政治节操、政治纪律、政治参与、政治技能等要素之间的综合表现。本书试图突破以往把政治素质归结于心理活动的局限，从而使大学生政治素质的内涵从单纯的心理活动拓展到由政治价值—政治心理—政治思想—政治品德—政治实践"五位一体"的联动领域，体现出政治素质作为一种政治现象本来具有的能感知、能判断、能检验、能表现的客观属性。

本书从"结构"入手研究大学生的政治素质优化，主要基于以下三方面的考虑：一是任何事物都具有其特定的结构，结构研究目前是科学研究的一种有效手段。通过研究结构可以阐明事物内部各要素之间的组合、结合方式，从而揭示事物的本质和规律，因此研究大学生的政治素质优化，也要从其结构研究入手。二是通过结构研究有助于明确事物的整体功能。大学生政治素质结构以政治价值为内核，由政治价值、政治心理、政治思想、政治品德、政治实践五个子系统组成，这五个子系统之间分别发挥着独特的作用，同时这五个子系统之间又紧紧围绕社会主义核心价值体系相互依存、相互制约、相互促进。阐明大学生政治素质的整体功能必须从政治素质的系统结构出发。三是通过结构研究有助于指引事物向更有序的方向发展。大学生的政治素质结构在发挥自身功能时总是伴随着与周围环境进行着信息的交换，从而促使大学生政治素质向更有序的方向发展；反之，大学生政治素质结构内部就会失衡、解体，直至崩溃。研究政治素质结构的最终目的就是丰富、优化大学生的政治素质，进而提高大学生的政治素质水平。

本书试图把大学生这个相对独立群体的政治素质作为专门的政治范畴，以结构为切入点，分析当代中国大学生政治素质的维度架构、组成要件、形成过程与功能定位，探索影响政治素质形成和发展的核心变量，以及这些核心变量对大学生政治素质形成与发展的影响和表现，顺势深度挖掘当代中国大学生政治素质形成和发展的现实基础、动力机制和走向趋势，通过问卷调查和组群访谈进行实证调查研究，描述和分析当前在校大学生政治素质的总体现状、时代特征，继而澄清当代大学生政治素质现实困境与问题归因，研究到此并没有终止，而是进一步揭示当代中国大学生政治素质优化的对策与路径，最终构建适合我国国情的大学生政治素质优化的理论与实践体系。

二　研究的基本框架

本书依据政治素质的内涵与特点，结合"当代中国大学生政治素质优化"这一选题的自身特点与要求，从结构与功能的视角出发，采用定量与定性相结合的方法考察大学生政治素质形成与发展的动态过程和影响因素，继而探究改革开放、社会转型背景下大学生政治素质发展的嬗变轨迹和时代特征，最终构建中国化、本土化、时代化、特色化的大学生政治素质优化的理论与实践体系。全书包括以下八部分：

第一部分：绪论。着重阐述问题提出的背景、意义、研究现状、逻辑思路、内容框架、研究方法及创新点。

第二部分：研究的理论基础与实践价值。在厘清素质、政治素质概念的基础上，界定本书的核心概念内涵，即政治素质结构与政治素质优化，通过对马克思主义关于人的全面发展的思想予以系统地整理和挖掘，将本研究置于科学社会主义的理论基点上，此外还将微观政治学、政治心理学、青年学的相关理论作为支撑，为大学生政治素质优化提供学理支持和方法论依据。

第三部分：当代中国大学生政治素质优化的结构与功能。通过分析大学生政治素质的内容结构和形成过程，顺势找准大学生政治素质的功能定位，旨在依据我国社会主义现代化建设和世界现代化的发展要求，对我国大学生政治素质应当达到的水平予以总体设定，从而为实现我国大学生政治素质的提高、优化提供一个参考界标，此部分为本书的中轴所在，为大学生政治素质优化奠定理论基础。

第四部分：当代中国大学生政治素质优化的影响因素。从宏观、中观、微观三个维度，阐释影响大学生政治素质形成与发展的主要环境因素和自身因素，一方面，建设有中国特色社会主义事业的不断发展为大学生政治素质优化提供基础和前提；另一方面，大学生政治素质的优化亦不断地为中国特色社会主义事业的发展提供动力和支持。中国特色社会主义是经济、政治、文化、社会、生态和党的建设的统一体，大学生政治素质优化对中国特色社会主义事业的推动和支撑作用就具体地体现在这六大建设过程中。

第五部分：当代中国大学生政治素质优化的作用机制。通过深度挖掘大学生政治素质优化的现实基础、动力机制、演进规律和走向趋势，重在分析大学生政治素质优化既是世界现代化和我国社会主义现代化进程中提出的重要课题，又是我国社会主义现代化实现的关键，深入探讨大学生政治素质形成于发展的演进规律及未来走向，借以把本研究置于现实的基点上，为大学生政治素质优化做出科学、合理的判断提供理论支撑。

第六部分：当代中国大学生政治素质现状的实证调查研究。通过对辽宁省高校大学生样本的调查，分别从目前大学生政治素质的总体评价、时代特征、现实困境、问题归因几个方面进行分析，形成质化研究、量化研究的结果，具体分析我国社会主义现代化进程中大学生政治素质的各种情况及其成因，为探寻我国大学生政治素质优化的途径提供具体思路和对策，为大学生政治素质优化体系构建提供现实依据。

第七部分：当代中国大学生政治素质优化的对策思考。这是本书的落脚点，其宗旨是在对我国大学生政治素质现状进行科学分析的基础上，依据马克思主义关于人与环境的辩证改造原理，从社会环境和人的主观努力两个方面探讨塑造我国大学生政治素质优化的对策与措施。包括发挥高校思想政治教育的功能是大学生政治素质优化的根本途径，拓宽大学生政治参与渠道是大学生政治素质优化的有效措施，加强社会主义政治文明建设是大学生政治素质优化的可靠保障，构建政治生态环境是大学生政治素质优化的重要条件，充分利用有效资源是大学生政治素质优化的整体合力五个层面展开优化体系的构建。

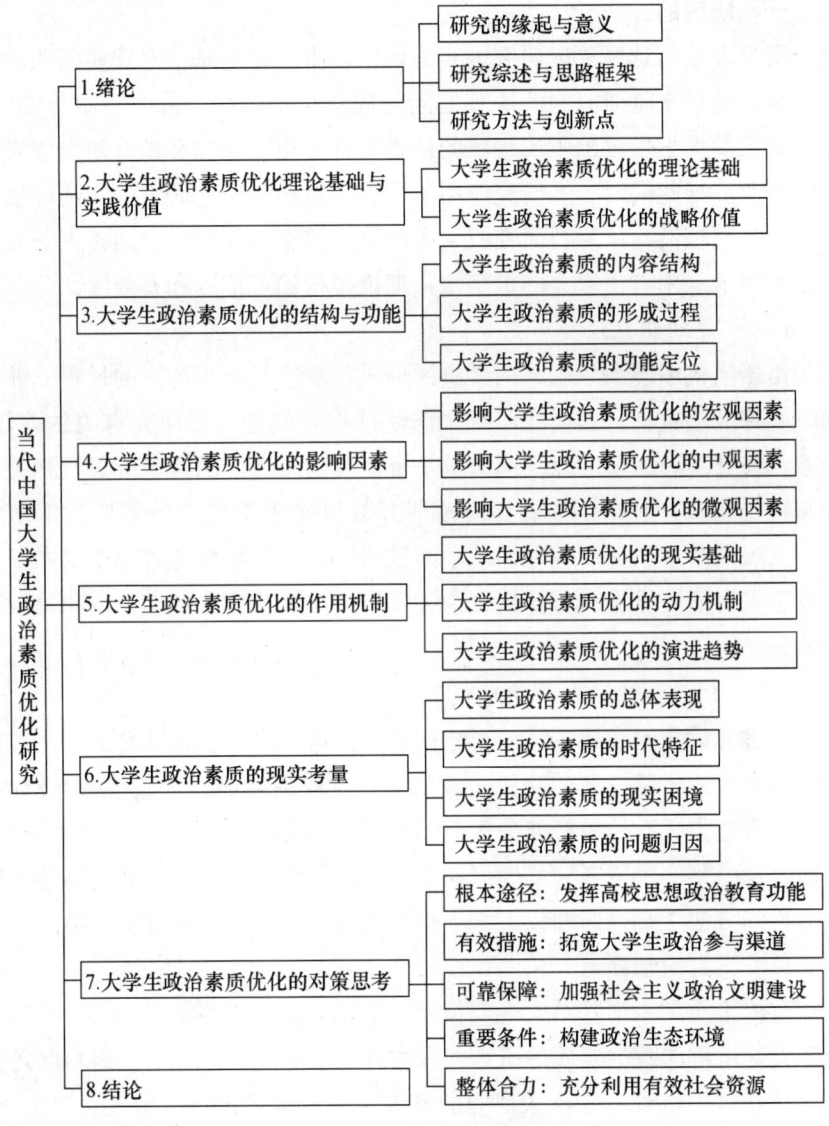

图1-1 本书的框架结构

第八部分：研究的结论。归纳本书的主要结论，总结大学生政治素质优化的理论架构与实践体系对社会主义核心价值体系教育的启发作用。

第五节　研究方法与创新点

一　研究的方法

研究方法的选择要以研究内容为依据。本书正是基于对现实问题的理性探索，通过文献研究为解决现实问题厘清学理脉络。同时着眼于实际，通过对当前大学生政治素质现状的调查实证分析，检验和提升研究成果的现实价值。与此同时，本研究应用了作者主持相关课题研究的实证性量化成果，吸收和借鉴了同行研究成果中的有关数据和资料，力图扩大研究的广度和容量，用有说服力的数字增强理论架构的可信度和有效度。

（一）文献研究法与历史分析法

由于当代中国大学生政治素质的形成与发展是一个动态的过程，涉及的时间跨度比较大，因而在研究中广泛搜集并整理与本研究有关的著作、译著、公开发表的论文以及网络电子资源等诸多方面的理论成果及相关的调查报告和调查数据，开展针对改革开放以来大学生政治素质的基本状况、发展的基本轨迹、存在的基本问题研究，并依据辩证唯物主义和历史唯物主义对研究结果进行分析，为大学生政治素质优化的理论构建提供研究基础。

（二）问卷调查法与群组访谈法

通过开放式问卷调查法、半结构式访谈与自由访谈相结合的方法，针对大学生政治情感、政治动机、政治认知、政治效能感、政治参与能力、政治鉴别能力、政治分析能力等政治素质要素同大学生进行面对面交流，获取大量的第一手资料，掌握当前大学生政治素质的现状；通过描述性统计分析的方法了解当前在校大学生政治素质的时代特征和现实困境。

二　研究的创新点

政治素质是一个联结宏观与微观、兼有学理和现实双重意义的概念。对于大学生群体政治素质的研究，国内外均有研究成果问世，但目前还没有以"结构"为切入点深入研究的系统论述。本书正是基于微观政治学、教育学、心理学、青年学等相关理论，以"结构"为突破口对大学生政治素质优化进行系统研究，这不仅能充分发挥上述学科相关理论的无穷魅力，还能拓宽大学生政治素质教育的研究视阈。本书的创新点如下：

（1）大学生政治素质内部存在有机联系的政治价值、政治心理、政治思想、政治品德、政治实践五个子系统，从理论与实际相结合、历史与逻辑相统一的高度，提出大学生政治素质"一核四体"的内容结构。当代中国大学生的政治素质优化的内容结构以政治价值系统为内核，即以社会主义核心价值体系为引领，以政治心理系统为基础，以政治思想系统为灵魂，以政治品德系统为保障，以政治实践系统为表现。五个子系统之间相互渗透、相互作用、相辅相成，定缺一不可的整体。总之，大学生政治素质的实质是由它内容结构的基本成分决定的，即政治价值、政治心理、政治思想、政治品德、政治实践各子系统在社会政治生活领域中的实际表现。

（2）大学生政治素质是在内外因素共同制约和影响下，由政治认知、政治情感、政治意志、政治信仰、政治行为五个环节，发展方向由不一致到渐趋一致，发展水平由不平衡到逐渐平衡，曲折发展、螺旋上升的"五环相扣"动态过程。大学生政治素质优化的形成过程是各环节之间相互作用、相互制约、相互促进，具有完整性和复杂性的动态过程。其中，正确的政治认知是大学生政治素质形成和发展的发端环节，激发政治情感是大学生政治素质形成和发展的中介环节，锤炼政治意志是大学生政治素质形成和发展的模铸环节，坚定政治信仰是大学生政治素质形成和发展的中心环节，规范政治行为是大学生政治素质形成和发展的助推环节。

（3）通过对大学生政治素质发展历程的梳理和比较，揭示了影响大学生政治素质形成发展因素及作用机制，提出大学生政治素质"五维联动"的优化体系。大学生政治素质优化从根本上讲是社会主义核心价值体系的外在观念内化为心理体验和行为习惯的过程。包括培养政治主体意识是大学生政治素质优化的内在引擎，发挥思想政治教育功能是大学生政治素质优化的根本途径，加强社会主义政治文明建设是大学生政治素质优化的有力支撑和可靠保障，营造良好的政治生态环境是大学生政治素质优化的重要条件，拓宽政治参与渠道是大学生政治素质优化的有效措施，科学借鉴国外经验是大学生政治素质优化的必要补充。这五个维度重视社会合力作用，发挥整体效应，创设良好的政治氛围；把握大学生政治素质优化的关键环节，对新形势下大学生的政治素质进行调控；协同政治素质优化的各介体力量，提升大学生政治认同的聚合力。

第二章 当代中国大学生政治素质优化的理论基础与实践价值

第一节 概念厘定与辨析

对大学生政治素质优化的研究，一定要建立在对人的素质研究基础之上。为了正确阐释大学生政治素质的含义，有必要厘清以下几个概念。

一 政治素质的定义

"素质"是一个经典的生理、心理学概念，该词最初的含义是指"事物的主要成分或质量"、"事物本来的性质"。现代辞书对"素质"的解释为：素即构成事物的基本成分；质即事物的根本特点。素质一是指人或事物在某些方面的本来性质和原有基础；二是指人们在实践中增长的修养、素养、品质；三是指人的神经系统和感觉器官的先天特点，是人心理发展的生理条件，但不能决定人的心理内容和发展水平。

对素质概念的理解，仁者见仁，智者见智。大致可以分为狭义和广义两种。狭义的素质概念，主要指由遗传因素或其他先天因素决定的，与生俱来的某些生理、心理特点，例如神经系统及感觉运动器官的解剖生理特点，狭义的素质通常又被称作"遗传素质"或"先天素质"。广义的素质，其含义已经超越了遗传特征或其他先天因素的局限，在涵盖范围上，它不仅可以指个体，也可以指群体的质量或人的身心发展的总体水平。具体指个体在先天遗传条件的基础上，在接受教育因素、环境因素的影响后，经过知识内化过程后形成与发展起来的稳定的心理品质。换言之，素质水平高的人就是在适应环境、认识和改造主观世界方面能力强的人。

人们对素质定义的理解主要涉及两个方面的内容：一方面是指先天具备、自然获得的，这些"天然"的禀赋是人类进行素质教育的物质基础，忽视素质本身的"天然"属性就无从谈及素质的优化。另一方面是指社会的教育和教化，它构成了素质优化的现实条件和现实背景。人是社会当中的人，具有社会属性。人在社会的教育和教化下，塑造出了人的社会性本质，并逐步形成了独特的社会角色和社会地位。本书认为素质是人的自然属性和社会属性的综合，是由多种品质构成的整体结构。也可以说人的素质是在先天禀赋的基础上形成和发展起来，同时又受到教育和环境的影响，是一种相对稳定的身心组织的结构、要素及其质量水平。它既指可以开发人的身心潜质，又指社会发展的成果在人的内心结构中的内化和积淀。简言之，素质就是人在从事社会活动中所表现出的较为基本的、稳定的、内在的综合品质。

这一界定对本研究来说，存在两方面的意义：第一，素质是以人的生理和心理实际做基础的一种相对稳定的心理品质，它是知识积淀和内化的结果，具有理性的特征，素质的理性化特征又是通过人的社会实践、人的外在表现体现出来的。因此，素质又相对持久地决定和影响着主体对待外界和自身的态度。第二，素质的形成和发展受到教育和社会环境的影响，因此，可以通过对教育和社会环境施加改变从而对素质进行优化和提高。也就是说，知识是素质形成和发展的基础，缺乏知识这一基础，素质的形成和发展就失去了目标性和必然性，但知识水平并不一定等同于所具备素质的高低，具有丰富的知识并不等于具有较高的素质，素质的高低有待于社会的认可和检验。[1]

（一）政治素质的定义

"政治素质"一词的起源没有明确的考证资料。从字面上理解，它是由"政治"和"素质"两个词组合而成的。它是人的整体素质的一部分，也可以说是人的综合素质中的一种具有政治特征的素质。其内涵不仅具备"素质"应有的基本属性，而且还具备了"政治"的本质特征。原因是"政治的本质属性所在，就是判断一事物是否具有政治性的根本依据所在，也是区别政治素质与其他素质的根本标准所在"。[2]

不同学科给政治素质赋予不同的内涵。教育学认为政治素质与政治教育密切相关，政治教育"就是向政治共同体的成员传播政治文化"[3]，政

---

[1] 周远清：《关于转变高等教育思想观念的再思考》，《光明日报》2000年4月5日。
[2] 李云：《政治素质释义》，《长安大学学报》2008年第1期。
[3] 王沪宁：《比较政治分析》，上海人民出版社1987年版，第185页。

治素质代表一定的政治体系的政治观点、政治信念和政治信仰，所以他们更关注人们适应和参与政治生活所需要的知识、价值、态度、技能等方面的培养。社会学更倾向于从社会实践的角度研究政治素质，认为政治素质的形成是政治社会化的结果，"个体在政治环境熏陶下，在政治社会化机构的教育中，必然会形成一定的政治人格，具备一定的政治能力和产生一定的政治行为，从社会人发展成为一个政治人"。① 政治学更倾向于从政治文化角度阐述政治素质，认为"个体的政治素质是内化了的政治文化，表现为维持、传播和发展以统治阶级的政治取向为核心的政治知识、政治情感、政治价值、政治信仰等政治文化"。② 政治心理学则是从心理学研究的视角对政治素质进行分析，认为"政治素质是社会成员在政治生活中产生的一种自发心理反应，表现为对政治生活某一特定方面的认识、情感、态度、情绪、兴趣、愿望和信念等，构成了人们政治性格的基本特征"。③ 综上所述，教育学侧重于关注政治素质的内容和方向性，社会学侧重于关注政治素质形成的过程，政治学侧重于关注政治素质的功能，政治心理学则侧重于政治素质的心理发展基础。

综上所述，对政治素质这一概念的界定，首先必须符合概念界定的逻辑方法，科学地揭示政治素质所具有的本质属性或特殊属性，其次是必须具有可操作性，有利于大学生政治素质优化的实践，同时还应兼顾政治社会化对大学生的客观要求。基于此，本书认为政治素质是指社会成员后天经环境影响和政治社会化教育形成的一种对国家权力及其行使过程的态度取向、参与相关政治活动的能力、稳定的行为倾向和个体特有品质，反映在政治价值、政治心理、政治思想、政治品德、政治实践系统方面的有机统一。

（二）政治素质的特征

一是整体性。政治素质是一个整体的概念，由多层次、多侧面、多向度的整体结构构成，各系统诸要素之间存在相互制约、渗透、促进、依存的辩证统一关系。政治素质各要素不是某些零碎的、具体的、孤立的、互不相干的成分简单组合，而是对复杂现实的内在政治能量的有机整合。因此，政治素质各个组成部分协调统一，其效能的发挥取决于政治主体的多

---

① 马振清：《中国公民政治社会化研究》，黑龙江人民出版社2001年版，第16页。
② 严强：《宏观政治学》，南京大学出版社1994年版，第142页。
③ 王浦劬：《政治学基础》，北京大学出版社1996年版，第308页。

种政治技能和政治品质的组合状况所表现出来的整体效应性。

二是内在性。政治素质是个体在政治社会化过程中，经过思想政治教育、政治文化传承、政治行为实践，将外界获得的政治知识内化为自身素质的统一。政治素质不是人的外在政治特点，而是政治主体在长期政治社会化过程中形成的政治积淀，内化为自身素质结构的组成部分。这些内化的素质结构主要包括政治意识、政治思维、政治情感、政治意向、政治品质、政治个性特点等属性。

三是相对稳定性。政治素质是在长期的政治社会实践中发挥作用的基本政治品质，主要表现为稳定的政治倾向、政治立场、政治态度、政治能力、政治行为方式等。当然，政治素质并非一成不变，而是随着政治实践不断发展完善，并且政治素质的发展还遵循着由低级到高级，由不完善到完善，由不成熟到成熟，由不稳定到稳定的规律。

四是阶级性。"政治社会化是统治阶级为维护和巩固其政治统治，通过政治教育、舆论宣传、文化传播等途径，使其社会成员接受它的政治价值标准和规范并承担起责任和义务。"[1] 也就是说，占统治地位的阶级意识对全体社会成员政治素质发挥导向作用，带有鲜明的阶级性。这就意味着，政治素质在形成之初就已经明显打上了统治阶级的烙印。政治素质功能的发挥主要通过公民教育或政治社会化的途径来实现，目的是培养符合统治阶级所要求的观念和行为，实现社会成员认同或接受的政治思想、政治原则和政治制度。

面对当前国际经济政治化与政治经济化的趋势，本书认为政治素质既要符合社会成员普遍的政治要求，又要包含个体所具有的独特属性，是二者相互融合的产物。总而言之，政治素质内在表现为政治观念转化成坚定的政治信念和持久的政治意志，外在表现为政治参与过程中稳定的政治态度和政治行为。

（三）大学生政治素质及其政治素质的优化

大学生政治素质是指大学生在政治社会化进程中，所建立的稳定的、内在的、根本的品质，这种品质对大学生的政治价值、政治心理、政治思想、政治品德、政治实践形成和发展发挥长期稳定的影响作用。大学生通过接受较为系统的政治教育，在其特定的社会生活和政治生活中，受现实

---

[1] 赵渭荣：《中国政治社会化研究》，复旦大学出版社2001年版，第9—10页。

的、个体的、经济的、社会的、政治的、家庭的诸多因素的影响和制约，形成一定的政治意识和政治价值，并以参与政治的各种行为和活动与现存政治体系进行互动联系，形成对政治体系肯定性的态度、倾向和行为，最终形成政治素质。这表明大学生政治素质本质上是一个具有复杂、多维结构的状态概念，也表明大学生政治素质是一个持续建构的、与时俱进的螺旋上升的过程概念。

大学生政治素质的结构是指构成政治素质各要素间的联系，具体指大学生各种政治属性的综合。大学生政治素质的结构维度和内在要素之间存在复杂的功能联系，表现为相互影响和相互渗透。其一，复杂性。大学生政治素质包括政治价值、政治心理、政治思想、政治品德、政治实践五个子系统内部的所有组成要素，各要素之间相互渗透、相互作用，构成多侧面、多维度、多层次的结构。其二，相对稳定性。政治素质结构反映了一定时期大学生政治素质的本质特征，绝非一成不变，各结构要素总是处在不断变化、不断发展、不断提高的过程之中，从另外一个侧面也说明了大学生政治素质内部结构的相对稳定性。

大学生政治素质的优化是指各子系统与构成要素之间协调发展，各系统功能最大发挥与各要素之间最佳配合相统一，从而使大学生政治素质的整体功能最大化的发挥。大学生政治素质优化的前提主要有两个方面，一方面源自大学生所处的特殊心理发育阶段，该阶段大学生心理基础相对不稳定，极易受到外部环境的影响，这就导致其政治素质构成要素处于活跃的变化状态。另一方面大学生具有较强的可塑性，通过教育教化、家庭熏陶、政治引导等手段，有针对性、有目的性地选择教育内容和教育方式，不断健全、提高、完善大学生政治认知和政治实践能力，使大学生的政治素质朝着健康、有序的方向发展。

大学生政治素质优化的关键在于内部结构与外在影响因素之间的协调一致。只有大学生内部建立起积极的政治态度和动机，配合外部教育环境的保障机制，才能强力推进大学生政治素质的提高。要想保持大学生政治素质内部与外部的协调一致，则需关注三方面的问题：一是高校政治素质教育的理想化与大学生政治需求现实性之间的矛盾。高校思想政治教育强制大学生无条件接纳和认同即定的政治理想规范和政治价值观，而大学生亟须反映现实生活的政治价值观指导自己的言行。因此，大学生政治素质优化一定要贴近大学生的生活实际，激发他们的政治学习热情。二是政治素质优化目标的定向性与大学生政治需求丰富性之间的矛盾。受教育者政治素质的提高和优化是政治教育最明确的目标，但在实际操作中往往受到就政治教育谈政治素质这种惯性思维的影响，使政治教育与专业教育割裂，大学生实际的政治需求被忽略，导致大学生政治素质优化受阻。三是大学生政治素质优化内容的统一性与大学生政治需求差异性之间的矛盾。目前，我国高校对大学生政治素质优化提出的要求和内容具有规范性、统一性的特点，但现实中大学生在政治方面的需求却呈现多层次、多角度的特征。基于以上三点，开展对大学生政治素质优化的研究，应该对大学生自身特性给予高度重视，把广泛性要求与先进性要求相结合，才能实现将政治优化转化为个体的政治需求，在满足大学生个体政治需要的前提下，才能不断提升大学生的政治素质水平。

二 政治素质与思想素质

思想素质是大学生成长的内在动力。思想属于人类的理性认识范畴，对于人的行动具有支配作用。因此，思想对于大学生成长也发挥着支配的作用。大学生思想素质水平直接决定其世界观和方法论。世界观是个体对其生存空间总的看法和根本观点，从广义上讲，世界观是认识论和方法论的统一，包括对生活环境、人与人之间的社会关系等的根本观点和看法。从狭义上讲，世界观是个体对自己人生的根本观点和看法，包括价值观、利益观、人生观等范畴。因此，世界观是从主观走向客观，从思想走向现实的过程。在这一过程中，积极的世界观指导人沿着正确的、健康的轨道发展，从而形成规范的行为方式、良好的生活方式，最终引导人过上更好的生活。

在任何一个时代，社会的发展速度在相当程度上取决于该社会成员的思想素质。我们国家正处于社会主义现代化建设的初级阶段，大学生能否更好地完成这一历史重任，关键在于是否具备了优良的思想素质，是否树立了科学的马克思主义世界观。大学生的世界观从本质上决定了其奋斗目标、价值取向和人生追求，是大学生综合素质的出发点和落脚点。大学生只有用马克思主义世界观武装自己，具备良好的思想素质，才能在社会主义现代化建设中拒绝拜金主义、个人主义、享乐主义等腐朽思想的侵蚀，展现出奋发图强、勇往直前、开拓创新、励精图治的进取状态。因此，大学生的思想素质是其成长的内在动力，同时也决定着大学生其他素质的提高。

政治素质是大学生成长的价值导向。每个人都处在一定的社会环境当中，该社会环境中各阶级之间的相互关系决定了政治的性质。因此，政治处于影响国家、阶级前途命运的重要地位，也无时无刻不影响着该社会环境中每个社会成员的生活、工作和命运。这意味着个体政治素质与时代的契合状况，直接决定着社会发展的动力，只有当人的政治素质与时代需求相吻合时，才能推动社会发展。一个人政治观点、政治立场和政治方向指引着人生的方向，是其行动的航标。正如毛泽东所说："没有正确的政治观点，就等于没有灵魂。"邓小平也强调："毫无疑问，学校教育应当永远把坚定正确的政治方向放在第一位。"江泽民也反复强调："我们讲的政治，是马克思主义的政治，是建设有中国特色社会主义的政治。包括政治方向、政治立场、政治观点、政治纪律、政治鉴别力、政治敏锐性。"也就是说，大学生只有坚定正确的政治方向、政治立场和政治观点，才能有清醒的政治头脑、敏锐的政治洞察力和政治鉴别力，才能具备较高的政治素质。总之，政治素质是综合素质之魂，对大学生的成长具有价值导向功能。

思想素质和政治素质既有联系又有区别，是辩证统一的关系。二者均具有独立的内涵与外延，有着千丝万缕的联系。一方面，思想素质是个体其他一切素质的基础，因此，思想素质也是政治素质的基础，决定着政治素质的水平和发展方向。另一方面，政治素质是思想素质的重要体现，政治素质水平优劣直接反映了思想素质水平的高低。思想素质与政治素质又是相互独立不可混淆的，二者侧重点各有不同，思想素质强调的是思想理论上的修养，而政治素质则侧重于强调政治品质上的修养。分而论之，一个具有良好思想素质的大学生，具备科学的世界观和方法论，看待问题处理事情时就会采用科学的世界观和方法论，从而避免唯心主义和形而上学，在面对政治问题时就会表现出清晰的辨别能力和坚定的政治立场，最终做出正确的政治判断。一个具备良好政治素质的大学生，能够自觉坚持正确的政治方向和政治观点，在现实生活中表现出坚定共产主义信念，并把自己的崇高理想具体落实到建设中国特色社会主义事业上来，始终以国家富强和人民幸福为己任，自觉地把自己的人生追求同祖国的前途命运紧密联系起来，树立为祖国繁荣富强贡献青春力量的远大志向，珍惜年华、刻苦学习、磨炼意志、砥砺品格，为祖国繁荣富强和民族崛起复兴贡献力量。

三 政治素质优化与政治社会化

政治素质优化主要表现为政治价值、政治心理、政治思想、政治品德、政治实践几个方面。因此，大学生在这几个方面的表现直接反映了其政治素质水平的高低优劣。大学生经过政治理论学习、政治实践锻炼所形成的政治信仰、政治方向、政治观念及政治态度的总和构成了其政治素质的表现。就大学生政治素质优化而言，就是要使大学生为社会主义现代化服务，为国家富强、人民富裕而奋斗，树立实现社会主义现代化的坚定信心。政治素质优化是一个动态过程，自身个性和个体所处的政治、经济、文化等外部环境时刻影响着这一过程。就不同层次的人而言，政治素质的要求也是不同的，但就整个大学生群体来讲，最基本的政治素质要求还是统一的，那就是要遵纪守法，履行公民义务，坚持四项基本原则，坚定共产主义信念。只有当整个社会成员的政治素质与时代节奏相吻合，才能成为推动社会的发展动力。否则，就会成为社会发展的障碍和阻力。因而，优化大学生的政治素质，培养具备崇高政治信仰、正确政治方向、坚定政治信念的大学生是其政治社会化过程中非常重要的内容和环节。

政治社会化是"在特定的政治关系中，通过社会政治生活和政治实践活动，逐步获得政治知识和能力，形成和改变自己的政治心理和政治思想的能动过程"，[①] 政治文化的社会化过程，也是"一个社会中的政治文化通过某种方式而得以传播、普及和延续的过程。个体在自己的成长过程中，通过政治文化的社会化过程而获得了该社会特定的政治文化，并由此保持了该社会政治体系的特征，并且该社会的统治阶级，则通过这种方式来维护自己的政治统治"[②] 的过程。政治社会化是一个动态的连续不断的渐进性过程。其目的之一是培养维护社会主流政治价值功能的政治人，进行公民政治社会化就是从抽象到现实，从理论到现实的过程。大学生在政治社会化过程中，逐渐接受现存的政治文化，构建政治心理，形成政治人格，确立政治角色，完成政治参与。大学生政治社会化是一个动态的过程，其政治社会化的要求和内容会随着时代、社会的改变而发生适应性的调整。这就要求大学生个体在接受一定政治社会化之后还要再次接受政治社会化，以调整自己适应社会和时代发展的需要，这实际上也是大学生政

[①] 王浦劬：《政治学基础》，北京大学出版社1995年版，第133页。
[②] 王惠岩、寒冬雪：《政治学原理》，高等教育出版社1999年版，第241页。

治素质优化的过程。

政治素质优化和政治社会化均是政治人格形成的主要过程和重要渠道。统治阶级为了维护自身政治制度、政治秩序,总是借助政治社会化的渠道对其所主张的政治文化进行传播和扩散,最终使被统治者形成其所要求的稳定的政治人格。当代大学生政治素质优化的过程,从根本上讲是社会主义核心价值体系的外在观念内化为心理体验和行为习惯的过程。在这一过程中,大学生要接受无产阶级思想、观念的教育,最终成为一个具有共产主义理想信念的人。在这一过程中,政治社会化和政治素质优化的方向、方式、方法,决定着是否具有符合社会主义建设事业要求政治人格的根本保证。

二者关系密切,协同一致。政治素质优化是政治社会化的内容和目标。政治素质优化在政治社会化过程中实现,政治社会化通过各种组织、机构最终实现政治素质优化这一目标。政治社会化过程不是孤立、简单的过程,而是通过多种组织机构发挥协同作用完成的,受到政治文化、社会成员个体差异等诸多因素的影响。纵观各个历史时期,政治社会化水平越高的国家,其所代表的政治共同体统一程度就越高,公民政治素质的优化程度就越高,政治体系也就越稳定;反之亦然,政治社会化水平较低的国家,其政治共同体的一致性也较低,公民政治素质优化水平也相应较低,政治体系稳定性较差。

第二节 大学生政治素质优化的理论基础

研究大学生政治素质的优化,自然要寻找可供借鉴的理论根源,同时也需要多种相关理论知识做支撑,从中汲取理论精华,丰富其内涵。本书正是在现代科学高度综合和高度分化,各学科相互渗透、相互影响的发展态势下,借鉴相关理论成果开展的研究。

一 马克思主义理论为大学生政治素质优化奠定理论基石

马克思主义理论不仅构筑了人类社会的共同理想,还为人们提供了正确认识世界和改造世界必需的世界观和方法论。马克思主义系统结构理论表明,世界上任何系统都是结构与功能的统一体。系统是由诸要素以一定的结构和相应的功能构成的,任何一个系统既有内部结构又有外部功能,结构与功能的统一才使系统有完备的规定性。虽然物质存在形态千差万别，但内在都有着类似的结构和功能，这些类似的结构和功能是世界上各种物质形态的差异性、系统性、发展阶段上的联系性和间断性的根本。

首先，马克思主义关于人的全面发展的目标决定了大学生政治素质优化的历史必然性。马克思主义关于人的全面发展学说把人的全面发展理解为一个目标，认为人的全面发展主要包括人的劳动活动、劳动能力、社会关系、自由个性和人类整体的全面发展。在马克思主义看来，个人的全面发展和人类整体的全面发展是一个问题的两个方面：其一，个人的全面发展是人类整体的全面发展的基础，丧失个人的全面发展就不可能有人类整体的全面发展；其二，个人的全面发展必须以整体的全面发展为前提，只有实现了人类整体的全面发展才有可能实现个人的全面发展。这是因为一个人的发展离不开与之直接或间接进行交往的其他社会成员，这些社会成员的发展最终将决定该个体的发展。所以说，马克思主义把人的全面发展目标内涵理解为自由个性和人类整体的全面发展。

马克思指出教育是实现人的全面发展的根本途径。大学生政治素质优化的目标，需要通过一定的途径，采取一定的方法实现，内在地规定着其实现的途径和方法，又使教育必然成为实现其全面发展目标的途径和方法。素质教育是以提高受教育者诸方面素质为目标的教育模式，素质教育的这一自身特点和优化所倡导的人的全面发展目标是相统一的。人的各个方面的素质就是人的全面发展目标所要提高的各个组成要素，人的全面发展目标也就是人的各个方面素质的综合发展。促进人的全面发展，也就是促进人的综合素质的提高。

其次，人的全面发展历史过程决定着大学生政治素质优化的现实可能性。马克思主义关于人的全面发展学说认为人的全面发展是一个动态过程，一个人的全面发展总是处在人类社会不断发展的历史进程中，在该进程中最终实现个体的全面发展。简言之，人的全面发展是社会发展和人的发展相统一的现实历史过程。马克思主义关于人的全面发展学说的内在依据指出，人的全面发展是体现共产主义社会本质规定性的要求，是适应社会化大生产需要的客观要求。马克思主义认为人的全面发展是共产主义社会的特征之一。因此，当代大学生政治素质的优化必须坚持马克思主义指导，坚定共产主义的理想和信念。

二 政治社会化理论为大学生政治素质优化提供理论依据

政治社会化研究最先出现在20世纪二三十年代的美国。此后，政治社会化研究受到了广泛的关注，成为政治学、政治心理学、政治文化研究的重要课题。尽管中外学者对政治社会化认识和理解不尽相同，但大多都受阿尔蒙德等的影响，认为"政治社会化是政治文化形成、维持和改变的过程"。① 政治社会化就是通过一定的政治社会化机制，使政治主体形成一定的政治统治体系有效运行所需要的政治思想、政治观念、政治态度、政治立场、政治信仰、政治价值观和政治准则，并表现出维护该政治统治体系有效运行的政治服从行为。政治社会化的过程是政治主体所处特定的政治环境与其主观能动性交互作用的过程，是一个不断"内化"和"外化"的过程。就其实质和目的而言，政治社会化的过程就是政治素质不断提高的过程。政治社会化理论对研究大学生政治素质优化，推进政治素质优化的途径与手段具有重要的理论指导意义。

（一）政治社会化的过程理论

政治社会化是一个动态过程，在该过程中个体逐步适应政治生活，社会成员由"自然人"转变为"政治人"，该过程包括两个方面：一是社会对社会成员实施政治影响的过程；二是社会成员能动地接受政治影响的过程。政治社会化是一个双向互动过程，社会和社会成员双方在该过程中通过实施政治影响和能动地接受政治影响实现双向互动。按照政治社会化的过程理论，政治认同作为主体政治社会化重要组成部分，其形成过程就是政治统治体系与政治认同主体双向互动的过程，是政治统治体系影响政治认同主体和政治认同主体能动地接受政治统治体系影响的有机统一。因此，健全和完善政治素质优化机制就要体现这种双向互动性，实施政治影响和能动地接受政治影响的统一性，政治认同主体的能动性。

（二）政治社会化的功能理论

政治社会化具有传承、改造、发展政治文化的功能。"政治文化是一个民族在特定时期流行的一套政治态度、信仰和感情。这种政治文化在该民族历史和现实社会经济、政治活动进程中形成。在过去的经历中所形成

---

① ［美］加布里埃尔·A. 阿尔蒙德等：《比较政治学：体系、过程和政策》，曹沛霖等译，上海译文出版社1987年版，第91页。

的态度类型对未来的政治行为有着重要的制约作用。政治文化影响各个担任政治角色者的行为、他们的政治要求内容和对法律的反应。"① 政治文化的内容是政治认同形成的重要基础，政治文化的播散和继承有助于政治认同的形成及政治素质的优化。而"政治文化的巨大作用又是通过政治社会化方式来实现的。社会内部的政治取向和社会模式的学习、融合和代际传播的过程，也是一个政治共同体内部传播政治文化的过程，只有通过政治社会化，政治文化才能得以维持、传播、继承和发展、改造"。②政治社会化与政治文化的功能关系还表现在二者间存在内容与形式、目的与手段的关系：政治文化是政治社会化的实质内容，政治社会化是政治文化外显方式。政治社会化是政治文化传播的手段，政治文化是政治社会化运行的实现目标。

此外，政治社会化具有培养合格政治角色的功能。对政治角色而言，其在政治社会化过程中进行实践，并在该社会倡导的强制性政治原则和自主性政治经验下，形成特定的政治价值观、政治权利、政治义务、政治行为，最终成为符合该社会所要求的政治成员。政治社会化重要的功能是影响政治主体的政治角色确认，使之成为合格的政治角色，并表现出与自己的政治角色相符的政治权利、政治义务、规范意识和政治行为模式。

（三）政治社会化的影响因素理论

第一，一定社会的经济关系。包括经济的发展水平、速度和社会成员经济地位和经济的分配方式，均可能决定政治社会化的任务。实践证明，在社会经济发展水平高的国家，社会成员的物质文化需求能够得到更好的满足，社会成员对该经济关系所决定的政治体系表现出更多的认同和支持，政治社会化的效果就越显著；反之亦然。经济发展水平低下最终会导致政治社会化进程缓慢，甚至倒退。

第二，政治价值体系。人们价值判断和选择、政治价值观的确立，受到主观和客观多种因素的制约和影响。个体利益实现情况直接影响着政治价值体系是否被其接受和接受的程度。正如马克思曾经指出："人们奋斗所争取的一切，都同他们的利益有关。"③如果现存的政治体系所反映和

---

① ［美］加布里埃尔·A. 阿尔蒙德等：《比较政治学：体系、过程和政策》，曹沛霖等译，上海译文出版社 1987 年版，第 91 页。

② 王惠岩：《政治学原理》，高等教育出版社 1999 年版，第 242—243 页。

③ 《马克思恩格斯全集》第 1 卷，人民出版社 1957 年版，第 82 页。

体现的政治价值体系能够使社会成员的利益诉求得到满足,这一政治价值体系就能够被社会成员接受和认可,使政治社会化得以实现。

第三,政治信息的统一性。在个体政治社会化进程中,不断接受来自家庭、朋辈、学校、单位、社区及大众传媒等政治社会化机构的政治信息,这些政治信息是否统一将直接影响着社会成员的政治社会化。"如果公民从各种不同的社会化机构那里得到的是同样的信息,那么,他们的态度极有可能按照某一特定方式形成。如果社会或社会中某一特定的机构想要有意识地来塑造其年轻公民,建立各社会化机构之间的一致性是首要的促进因素。"① 也就是说,当家庭、朋辈、学校、单位、社区及大众传媒等政治社会化机构传递给个体相互抵触、相互矛盾的政治信息时,个体获得的政治信息不一致,就会出现茫然和不知所措,最终阻碍其政治价值观和政治态度的形成。

上述政治社会化影响因素的观点,对于我们认识和理解大学生政治素质形成和发展的影响因素,促进大学生政治素质优化过程的完善,科学地认识和理解当代中国大学生政治素质优化策略均具有重要的参考价值和指导意义。

三 政治心理学理论为大学生政治素质优化提供理论借鉴

政治心理学通过研究人的政治过程与心理过程相互关系最终揭示人类政治心理的活动规律。政治心理学的相关理论为大学生政治素质优化提供了理论支持,尤其是政治过程与心理过程互动关系理论为本研究提供了重要的理论借鉴。该理论认为:政治心理的形成是主观与客观、社会与个体、历史与现实之间相互作用的结果,政治和心理相互影响、相互依赖、相互作用。该理论主要的代表人物为美国政治心理学家威廉·F. 斯通和政治学家多伊奇。威廉·F. 斯通认为:"政治心理学的一般定义应包括以下两个方面:一是心理过程对政治行为的影响;二是周围政治系统与事件所产生的心理上的结果。"② 多伊奇认为:"政治心理学领域所研究的是政治过程和心理过程的相互影响,这是一种有双向作用的相互影响。正如认识能力限制和影响政治决策的性质一样,政治决策的结构和过程也影响认

---

① [美]加布里埃尔·A. 阿尔蒙德:《比较政治学:体系、过程和政策》,曹沛霖等译,上海译文出版社1987年版,第117页。
② [美]威廉·F. 斯通:《政治心理学》,黑龙江人民出版社1997年版,第56页。

识能力。"①

人的政治过程与心理过程表现为双向互动关系，例如人的政治实践、政治行为、政治参与、政治发展等政治过程影响着人的心理特点、心理反应、心理状况等心理过程；同样，人的心理特点、心理反应、心理状况等心理过程也影响着人的政治实践、政治行为、政治参与、政治发展等政治过程。也就是说，政治心理学理论告诉我们：大学生政治素质优化既要从政治主体的心理需求出发，优先构建被大多数政治主体接受的政治思想、政治体制、政治制度，又要兼顾如何使政治思想、政治体制、政治制度符合政治主体的政治需求，得到政治主体的接受和认可。这是因为：其一，大学生政治素质优化是政治认同主体对政治统治体系的一种能动的、积极的心理反应过程，是政治认同主体与政治统治体系双向互动的结果，政治认同的心理过程表现为政治认同主体与政治统治体系的相互影响。大学生政治素质优化既受一定的政治统治体系及其运行的影响，又受自身心理发展规律的制约。其二，大学生政治素质优化是政治认同主体与政治统治体系双向互动关系的反映，受政治认同主体与政治统治体系双向互动关系状态的制约和影响。可见，当代中国大学生政治素质优化体系的构建，一方面要改革和完善特色社会主义的政治体系，另一方面要引导和重塑大学生政治认同主体的政治心理。

四 结构功能理论为大学生政治素质优化拓展理论空间

在社会科学领域，美国学者塔尔科特·帕森斯提出的结构功能理论是最具代表性和被普遍认可的。在帕森斯的理论中，结构是指社会和各子系统中各要素之间相互关系的总和，功能是指社会和各个部分为了达到其生存和发展下去这一目的而采取的行动。结构功能最基本的研究对象是作为整体的社会系统，其基本任务在于揭示社会生活的必要条件和寻求能够把社会各要素协调起来并使之一体化的途径和方法。帕森斯认为，人类社会系统是相互依赖的各个部分或相互之间具有界限的系统构成要素的总和，系统每一个要素都具有重要意义，彼此之间以它们各自的功能相互制约。由于这种相互依赖关系的存在，系统的一个部分发生变化，就会影响到其他部分，乃至整个系统。在正常情况下，系统保持一种"均衡"状态。当其受到外在的干扰或内部因素刺激时，原有"均衡"状态被打破，系

---

① 蒋云根：《与时俱进开展政治心理学研究》，《中国社会科学报》2010年第8期。

统各部分又开始进行重新调整,为适应新的情况进一步分化,吸收刺激,排除干扰,使系统再建立一种新的"均衡"状态。①

同样,系统科学认为"系统的功能,是指系统整体与外部环境相互联系时所能表现出来的特性和能力"。② 换言之,功能是系统的外在表现,通过功能实现系统与环境的联系。从哲学角度上讲,"本质是指事物本身固有的、相对稳定的、决定事物性质的必然联系,即事物的内部联系。本质决定于事物的内在矛盾,是事物比较深刻、比较稳定的方面"。③ 依据系统科学的原理,本质是"结构的描述","系统的特性首先取决于它的结构,结构的不同可以使同一类系统具有不同的功能"。"结构是指系统内部各类要素统一组合的秩序和方式。"④ 例如,碳元素是金刚石、木炭、石墨唯一的元素,但由于碳元素在这三种物质中的结构不同,导致了三种物质截然不同的功能和性质。也就是说,决定事物本质和职能的是事物的结构,结构才是事物的内在矛盾。"功能和结构具有相互对应的性质。这一性质可表述为:结构是功能的基础,功能是结构的表现;结构决定功能,功能反作用于结构。"⑤

在政治学研究领域,阿尔蒙德注重对政治系统内部结构的功能分析。他认为"每个政治系统都有其特定的政治结构,这些结构都具有一定的功能;即便每个政治系统之间的结构有着千差万别的不同,每个结构还是发挥着自身的功能"。⑥ 阿尔蒙德的结构功能理论着眼于静态的角度来分析社会,认为社会结构的每个组成部分都发挥着各自的有机功能,社会是移动着的静态的平衡。也就是说,社会制度处于均衡的状态,保持着有条不紊的秩序,不会发生整体的变迁。维持政治系统的生存是所有政治系统都要履行的功能;每一政治结构又可以履行多种功能;所有的政治系统都是混合型的。阿尔蒙德认为首先应把复杂的政治系统分解成若干结构,其次研究它们的相互关系、相互作用,并确立所有结构在整个系统中的地位。最后考察政治系统作为一个整体与其环境发生作用时各

---

① 《中国大百科全书·政治学卷》,中国大百科全书出版社2000年版,第35页。
② 乌杰:《系统辩证论》,人民出版社1991年版,第54页。
③ 艾思奇:《辩证唯物主义与历史唯物主义》,人民出版社1961年版,第70页。
④ 王培智:《软科学知识词典》,中国展望出版社1989年版,第387页。
⑤ 许国志:《系统科学大词典》,云南科技出版社1994年版,第548页。
⑥ [美]加布里埃尔·A. 阿尔蒙德等:《比较政治学:体系、过程和政策》,曹沛霖等译,上海译文出版社1987年版,第93页。

自的地位和功能。政治系统处在特定的环境之中，其某种特定的结构必然受到环境的影响，环境实际上是政治系统之外的，对政治结构发生影响的社会系统。政治系统分析理论为大学生政治素质优化研究提供理论借鉴，把大学生政治素质看作是一个动态的整体过程，为从整体上把握政治素质各要素之间的复杂关系提供了分析模式，即系统—结构—功能的分析方法。

上述理论为大学生政治素质优化研究提供的几点借鉴和启示：

其一，既然世界是由物质构成的，任何事物又都有自己特点的结构和系统。站在马克思主义系统结构的观点上审视大学生政治素质，我们就应该用历史的、辩证的、唯物的、联系的、发展的观点来看待大学生政治素质结构，厘清结构中各系统、各要素间的内在联系，并考察它们是通过什么样的联系方式结合起来，才能形成一个更优化的整体，发挥出它们最大的整体功能。从结构的视角来研究大学生政治素质，提高大学生政治素质研究的精确化程度，克服大而化之、泛泛而谈的感觉，对大学生政治素质进行科学优化，构建合理的大学生政治素质优化体系。

其二，事物的结构是事物发挥一定功能的基础。功能是结构的功能，功能是特定结构发生作用的体现，结构是具有某种功能的结构。为什么对待同样的政治问题，不同的大学生表现出各种差异，反映出不同水平的政治素质，正是由于大学生个体政治素质结构不同造成的。大学生政治素质结构所决定的功能正是大学生政治素质水平的体现，即大学生政治素质功能的差异取决于其政治素质结构上的差异。

其三，结构决定功能还表现在结构发生改变，功能也随之变化。大学生政治素质结构是否稳定、有序、优化，决定了其不同的功能形态。可见，要发挥政治素质的最大功能，必须通过优化政治素质的结构来实现。首先，政治素质结构具有增减标量的功能，良好的政治素质会激发大学生的创造性和积极性，为其他素质的培养提供精神动力。其次，政治素质结构还具有释放能量的功能，在大学生正确理解政治知识、有效发挥政治知识方面起着巨大推动作用。最后，政治素质的结构具有控制向量的功能，在大学生的全面发展中起着根本导向作用，有助于大学生解决为什么学习和为谁服务的根本方向问题，也是大学生综合素质的核心部分。因此，优化大学生的政治素质，就能有力地促进大学生的全面发展。

第三节 大学生政治素质优化的战略价值

大学生政治素质优化的价值意蕴反映在培养社会主义合格公民的基础上，促使大学生沿着正确的发展方向，在政治是非面前具有坚定的政治立场，鲜明的政治态度；在面临复杂政治情况时具有敏锐的政治鉴别力；在为实现政治目标过程中遵守政治纪律，具有坚定的政治信念和崇高的政治理想；具有驾驭局势和解决问题的政治能力。总之，大学生政治素质优化是社会主义现代化建设的时代呼唤、大学生自身发展的现实需要、思想政治教育创新的具体落实。

一 大学生政治素质优化是社会主义现代化建设的时代呼唤

首先，优化大学生政治素质是社会主义市场经济发展的内在要求。我国的市场经济具有一定的特殊性，既具有社会主义计划经济的特点，又具有市场经济的契约、竞争、法治、优胜劣汰的特征。社会主义市场经济秩序需要完备的社会主义政治制度做保障，社会主义政治制度需要具有社会主义政治素质的公民来执行。因为参与社会主义市场经济的社会成员强化了作为市场主体的公民身份，淡化了计划经济体制下的身份界限。只有在多元利益竞争和良好社会分工有效结合的前提下，才能建立起和谐、高效、良性的社会主义市场经济秩序。社会主义市场经济体制的确立，既为社会成员参与市场竞争提供了良好的政治环境，同时也为他们提高自身素质提出了客观要求。大学生作为未来市场经济建设的主力军，即将面临一个竞争更加激烈的市场经济环境，这就要求大学生不仅具有扎实的专业知识，更要具有良好的政治素质，有了良好的政治素质才能把握社会主义发展方向，才能在市场经济竞争中明确自己的地位、责任和使命。然而，就当前大学生政治素质现状而言，还不能完全适应市场经济发展的需要，必须采取有力措施对其进行优化。因此，优化大学生政治素质，是社会主义市场经济良性发展的基础环节，也是大学生政治素质优化的最大经济价值。

其次，大学生政治素质优化是社会主义民主政治建设的必然选择，也是培养社会主义合格公民的必然选择。党的十七大报告指出："发展社会主义民主政治是我们党始终不渝的奋斗目标"，"社会主义越发展，民主就越发展"。这进一步昭示了我们党推进社会主义民主政治建设的决心，也表明了我们党对建设与发展社会主义民主政治的认识达到了一个新高度，也预示着政治体制改革大潮的开启。由此可以看出，民主参与、科学决策、基层民主、行政改革将成为我国新时期政治体制改革的四大方略。要推进整改方略，民主协商就应该向政策层面发展，决策机构应该充分与公民和组织进行协商，特别是在有关民生、社会发展、和谐社会建设的具体问题上，必须使各项政策具有坚实的民意基础。因为人类民主政治发展的历史经验表明，民主政治制度离不开人的运作，在缺乏政治素质的人群中，民主制度的运行是艰难的。所以，只有具备社会主义政治觉悟的大学生，才是民主政治制度所需要的公民。

再次，大学生政治素质优化是多元文化挑战背景下社会主义文化建设的现实回应。从世界范围来看，不同国家、不同民族因其历史、地理、语言、文化、社会制度等方面的差异，在价值观、宗教信仰、风俗习惯等方面形成了独特的文化认同，构成了丰富多样的文化。而经济全球化的强势推进，促进了社会交往的跨国流动，因而各种文化之间的相互碰撞与影响、冲突与融合变得更加激烈，经济社会生活中的多样化，导致了社会思潮、价值观念的多元化。然而，多元化的社会思潮和价值观念存在良莠不齐的现状，全球化文化交流中不乏西方文化价值强势殖民。国内社会思潮、价值观念也呈现出理性和非理性交织，经济因素和政治因素、文化因素交织纷繁复杂的态势。这种状况势必对大学生的政治价值取向产生重大影响。

就大学生政治素质优化而言，多元文化教育与社会主义核心价值体系教育是两个并行不悖的重要内容。因为面对多元文化的生活境遇，大学生的选择拥有了更多的自主性、多样性、自发性，但是如果不能对大学生的选择施加有效的政治引导，使大学明确自己拥有的政治权利与义务、政治责任与使命，势必导致大学生迷失政治方向。只有按社会主义制度的要求，使大学生充分理解社会主义民主政治制度下的法制、民主、平等精神，使大学生树立法规意识、权利意识，全面提高大学生政治理论素养，才能保证大学生在多元文化背景下，始终保持清醒的头脑，妥善处理好多元文化教育与社会主义核心价值体系教育间的关系。总之，优化大学生政治素质，既是应对多元文化的挑战，建设社会主义先进文化的必然选择，也是政治素质优化的重要文化价值。

最后，大学生政治素质优化是建设社会主义和谐社会的内在动力。矛盾是事物的生命，是事物的发展过程，矛盾冲突也是社会发展的常态。社会主义和谐社会并不是没有矛盾的社会，而是存在着矛盾和冲突但又能正视并妥善化解矛盾和冲突的社会，和谐社会是一个具有良好调节控制机能的有机体。社会有机体发挥协调矛盾的自我调节功能，一方面需要良性的社会制度规约，另一方面需要生活于其中的包括大学生在内的每个人具备基本政治素质，如大局观念、整体观念、集体观念，这样才能平衡好个人利益与国家利益、集体利益之间的关系；能尽力参与和谐社会的建设，宽容、理解、尊重其他大学生的利益、习惯、价值，并在此基础上沟通和交流，减少冲突。所以说，优化大学生政治素质本身不仅具有重要社会价值，也是建设社会主义和谐社会的内在动力。

总之，大学生作为未来现代化建设的主要推动者，其政治素质的高低优劣将直接关系我国现代化建设能否取得成功。社会主义市场经济、民主政治、先进文化与和谐社会四位一体的中国特色社会主义现代化建设蓝图，从不同角度和层面对大学生的政治素质提出了高标准的要求。因此，只有站在历史和现实的高度，优化大学生政治素质，促进大学生全面发展，才能为中国特色社会主义现代化建设输送可靠接班人和合格建设者。

二　大学生政治素质优化是思想政治教育创新的具体落实

第一，大学生政治素质优化是贯彻落实党的教育方针的具体体现，是我国教育面向现代化的要求。高等教育只有担负起培养大学生的专业素质和政治素质的双重重任，增强大学生对社会主义政治、经济、文化的认同感和责任感，才能体现其面向现代化的本质特性。目前，我国正处于经济全球化、政治民主化、文化多元化的发展阶段，面临发展中出现的新要求，我国思想政治教育也要做出及时调整，使大学生政治素质能够更好地适应21世纪发展的要求。随着当前经济、科技、文化的发展，大学生政治素质也出现了与发展不协调的一些问题，譬如责任缺失、道德贬值、信仰真空等，这些问题都需要通过思想政治教育改革加以规避，紧跟时代要求，对发展中出现的新问题、新趋势、新要求予以深入研究，适时地调整以适应新形势下对大学生政治素质的要求。总之，我国教育要面向世界，就必须加强大学生政治素质教育，实现与世界发展前沿的良性互动。

第二，大学生政治素质优化是新时期思想政治教育改革创新的必然要求。我国高校思想政治教育包括了大学生素质尤其是政治素质教育的诸多方面。长期以来,我国传统的思想政治教育偏重于政治性、理论性、理想性,强调的是解决思想层面的政治问题,不能够贴近学生、贴近生活、贴近实际,使人感到政治教育是虚的、是软的,甚至是没有必要的,造成政治教育中存在"两张皮"现象,从而忽视了最基本的以社会主义核心价值体系为主要内容的政治素质优化。要彻底克服以往思想政治教育的弊病,就需要从深入思想政治教育与大学生政治素质的有机联系,不断改革创新,针对大学生的现实生活状况,丰富和充实更具现实性、基础性、针对性的政治素质教育内容。

三 大学生政治素质优化是新时期大学生自身发展的现实需要

大学生作为特定的社会群体,一方面因承担起主导社会进步、引领社会发展的使命,而需要具备与之相适应的高水平的政治素质;另一方面由于身体年龄的限制,又处于由幼稚走向成熟,各方面素质都有待于提高的阶段。这种高需要与低现实之间的矛盾就凸显出大学生政治素质优化的价值旨归。

其一,政治素质优化有利于大学生主体现代化过程的完成。一个国家的大学生如果缺乏现代生存必备的政治素质,这个国家的现代化就不全面,也难以实现。在现代化发展过程中,人的现代化在各方面不断确立,其核心要素是思想观念的现代化。毋庸置疑,世界各国对大学生政治素质的培养应该与国家现代化进程同步。一方面,大学生的政治素质产生于社会现代化进程中;另一方面,大学生政治素质的优劣对社会的现代化进程起着不可忽视的作用。大学生政治素质形成与发展体现了由传统政治人格向现代政治人格转变的过程,大学生政治素质优化是人的现代化的基本构成,是社会现代化的重要基础,也是现代化国家意识形态建构的题中之义。积淀于民族心理上的臣民意识、依附意识等观念顽疾,在当前的大学生身上同样有一定程度的体现。这与他们所肩负的现代化建设使命是不相称的。从发展的角度来看,大学生必将成为我国社会主义现代化建设的主力军,其政治素质水平不仅直接关系到自身的发展层次,而且直接关系着整个国家和民族的未来发展前途,因此,大学生所承担的历史使命要求必须把大学生政治素质教育放在各项教育工作的突出位置上,使大学生接受系统、完整、良好的政治教育,以培养他们适应社会主义民主政治的发展。大学生政治素质优化就是要在把他们培养成合格大学生的基础上,真正促进大学生沿着社会主义方向发展,使之确立马克思主义世界观、人生观和社会主义核心价值观，完成主体现代化过程。

其二，政治素质优化有利于弥补大学生自身政治素质中的某些不足。当前，绝大多数大学生政治素质水平较高，具有强烈的爱国主义热情和一定的政治理论素养，但是从总体上来说，其政治素质水平参差不齐。一部分大学生虽然对政治知识了解程度较高，权利意识较强，可是他们的政治主体意识相对较低，甚至政治意识倾向与政治行为选择呈错位态势，政治参与呈现为不自觉的淡化状态。我国大学生政治素质发展还不够平衡，一是政治素质影响因素差异导致的不平衡。由于政治素质受到经济、文化、家庭、教育等外在因素及个体自身内在因素的影响，大学生政治素质发展也表现出相应的差异性。例如，经济发达地区大学生的参政议政能力、民主意识优于经济落后地区；大学生党员的政治敏感性和政治积极性优于普通学生。二是影响政治素质发展的个体内在因素与外在因素间的不平衡。主要表现为个体的知识水平、心理接受能力与政治教育内容、形式不和谐；个体政治经验阅历与实际承担的政治责任的不平衡。大学生政治素质发展的不平衡遏制了政治社会化程度的提升以及大学生政治素质的整体发展。导致这些现象的原因，在于目前尚缺乏大学生政治素质优化合力体系，缺乏正规的政治技能训练与政治实践体验，传统政治素质教育模式遗存的弊病，阻碍了大学生政治素质优化氛围的形成。

其三，政治素质优化有利于大学生抗御各种腐朽思想的侵蚀。我国正处于经济、政治体制改革的攻坚阶段，整个社会在生活方式、经济分配形式、就业形势等多种社会情况发生巨大而深刻的变化，必然形成和表现为相应的观念和意识。现实生活中部分大学生容易受到腐朽政治思想和颓废道德文化的误导，萌生出各种非正确的思想意识，譬如崇尚个人主义、金钱主义、功利主义，有些学生容易贪恋于感官的享乐主义，当遇到困难时，出现意志消沉、不思进取。社会变革的整个过程中都贯穿着腐朽思想与进步思想的激烈碰撞，大学生只有在整个过程中提高自身政治素质，才能抵御各种腐朽思想的诱惑和腐蚀，在复杂的社会生活中明辨真、善、美，远离假、恶、丑。

第三章　当代中国大学生政治素质优化的结构与功能

结构与功能是一对基本范畴，所谓结构就是系统内部各构成要素之间的相互作用、相互联系的方式，是系统组织化、有序化的重要标志，而功能则是系统内部结构与外部环境介质之间进行交换的能力和功效。研究大学生政治素质优化的结构有利于更好地发挥大学生政治素质的整体功能，使功能在发挥过程中对结构产生积极的反作用，形成结构与功能的良性互动。

大学生政治素质优化的结构和功能相互联系、相互制约。各系统内部诸要素只有建立稳定联系，才能显示出系统的功能，结构越优化，显示出的功能就越大。这就是结构对功能的决定作用。同时，功能也反作用于结构。总之，认识事物的结构，能深入揭示事物的全部图景。结构不仅是系统存在的方式，而且也是系统的基本属性，它是各子系统具有整体性、层次性、功能性的基础和前提。把握大学生政治素质结构和功能的辩证关系，有助于认识大学生政治素质的最优结构，发挥最佳功能的目的。从某种意义上讲，研究大学生政治素质的结构和功能，既有助于根据已知的功能来推测其结构，也有助于依据已知的内部结构来优化其功能。

第一节　大学生政治素质优化的内容结构

政治素质作为大学生综合素质中最重要的组成部分，是大学生在政治实践中习得积淀而成的一种特殊品质，其内容十分丰富且自成体系，有其独特的结构方式。当代中国大学生政治素质从构成内容上观察，可以看作以社会主义核心价值观为内核，以政治心理系统、政治思想系统、政治品德系统、政治实践系统为外展的多层球体结构（如图3-1所示）。

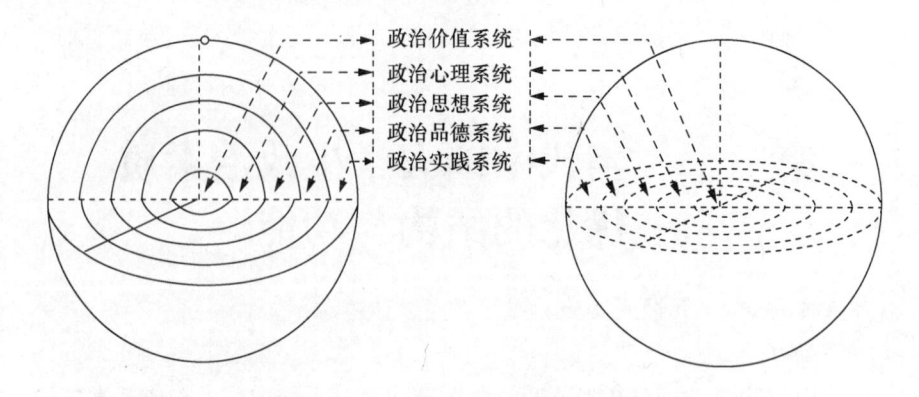

图 3-1　大学生政治素质的内容结构

在大学生政治素质的多层球体结构中,球心部分是以社会主义核心价值观为内核的政治价值系统,生活在中国特色社会主义社会的大学生每时每刻都受社会主义核心价值体系的影响。紧靠球心的第一层为政治心理系统,当代大学生对政治事务的第一反应是感性的、直接的,继而产生政治认知、政治情感、政治动机和政治态度等心理层面的变化。第二层为政治思想系统,政治思想是在政治心理获取信息的基础上经过思维、推理、判断得出的结论,形成的政治观点、政治见解、政治理论或政治学说,它是政治心理的发展和升华,是较高层次的理性反应。第三层为政治品德系统,政治品德是在政治思想形成的前提下凝练而成的具有原则性和规范性政治品质,一般表现在政治节操、政治立场、政治作风、政治纪律等方面。第四层即球体的表层为政治实践系统,通常由政治行为能力来表现,它是政治心理、政治思想、政治品德系统的高度统一。

一　政治价值系统是大学生政治素质优化的内核

政治价值系统是一定社会的性质、本质和发展趋向的象征,它能够反映与体现社会主体成员的价值诉求和根本利益、对社会变革与进步具有维系和推动作用,是整个社会必须长期遵循的基本价值准则和道德规范,也是一种社会理想和一种政治纲领,具有相对稳定性。政治价值系统在意识形态层面的延伸与拓展便形成核心价值体系,社会主义核心价值观与社会主义核心价值体系是内涵和外延、内容和形式的关系。一方面,社会主义核心价值观是社会主义核心价值体系的精神内核,决定核心价值体系的根本方向,引领核心价值体系的建构;另一方面,社会主义核心价值体系是社会主义核心价值观必然的逻辑展开、存在基础和重要载体。在建设有中国特色社会主义社会的过程中,大学生的言行举止乃至未来的学习、生活无一不需要社会主义核心价值体系的指引,尤其是大学生在政治生活方面,他们的政治心理反应、政治思想倾向、政治品德范式、政治实践表现都要受社会主义核心价值体系的影响和制约。因此大学生的政治素质必须符合社会主义核心价值体系的要求。主要表现在以下几个方面:

第一,马克思主义指导思想是大学生政治素质的理论基石。作为世界观和方法论,马克思主义对大学生政治素质的形成和发展有着巨大的、根本的指导作用,是大学生政治素质的理论基石。这是由两方面决定的,一方面是由当代中国大学生所处历史阶段决定的,我国正处于社会主义建设初级阶段这一特定历史时期,在推动科学发展、建设和谐社会、增进民生幸福的大局中,中国共产党是当前中国特色社会主义事业的领导核心,马克思主义既是我们党的根本指导思想,也是当代大学生政治素质优化的指导思想,决定着大学生政治素质的根本性质和发展方向。另一方面,马克思主义理论也是大学生政治素质发展的内在需求,马克思主义既是一种政治方向,又是一种世界观和方法论,同时也是价值尺度,它深刻地揭示了人类社会发展的客观规律,是科学的世界观和方法论。

第二,中国特色社会主义共同理想是当代大学生政治素质的目标向导。共同理想指的是全体社会成员的共同价值追求和目标,它是一个政党治国理政的旗帜,是一个民族奋力前行的领航标,更是大学生提高自身政治素质的向导。所谓中国特色社会主义共同理想,就是在中国共产党领导下,走符合实际国情的中国特色社会主义道路,从而实现中华民族的伟大复兴,这个伟大的共同理想具有强大的感召力,引导当代大学生明确中国特色社会主义价值体系的价值定位、价值目标、价值追求、价值取向的深刻内涵,掌握科学的价值标准和评价标准,提高价值分析、判断和选择的能力,在实践中为实现共同理想而奋斗。大学生是中国特色社会主义建设的生力军,不仅对推动社会经济发展起到重要作用,而且对政治文明、社会进步也将产生辐射和引领作用。当代中国大学生政治素质现状总体上是健康的,大部分学生有理想、有抱负、积极向上,对未来充满希望,但仍有部分学生理想信念模糊、政治信仰迷茫。只有用中国特色社会主义共同理想武装大学生的头脑,才能够使大学生树立正确的世界观、人生观、价值观,自觉成为共同理想的追求者,并以中国特色社会主义共同理想不断激励自己,在实现社会主义现代化的共同奋斗目标中提高思想理论水平、强化政治认知能力，从而全面提高其政治素质。

第三，民族精神和时代精神是大学生政治素质的精神支撑。当代大学生担负着构建社会主义和谐社会、加快社会主义现代化建设的历史使命。大学生要想成为一名政治素质过硬的社会主义建设者，就必须以民族精神和时代精神为支撑。让大学生既要看到中国特色社会主义事业面临的挑战和困难，也要看到中国特色社会主义事业所具有的旺盛生命力，促使他们在构建社会主义和谐社会、加快社会主义现代化建设的历史进程中建功立业。大学生只有继承民族精神，才能更好地了解自己的民族历史，知晓民族文化的精华，从而弘扬光辉灿烂的民族文化，树立民族自豪感，增强民族自信心，从而提高自身的政治素质。大学生只有弘扬时代精神，才能更准确地将马克思主义的时代观与我国改革开放和社会主义现代化建设实践相结合，推进中国特色社会主义伟大事业。随着中国社会改革进程的不断深入，越来越多的人认识到，只有经济发展是不够的，必须伴之以一种强大凝聚力的文化认同力量，这种文化力量应该是与经济创造力相辅相成的。民族精神和时代精神作为当代大学生政治素质的精神支撑，引导大学生树立坚定的民族自尊心和自信心，自觉地形成维护国家利益、推动民族进步的精神动力，自觉地以实际行动来弘扬民族精神和时代精神。

第四，社会主义荣辱观是大学生政治素质的道德基础。以"八荣八耻"为主要内容的社会主义荣辱观既具有深刻的思想性，又具有丰富的实践性，是大学生政治素质优化的操作规范。社会主义荣辱观为当代大学生政治素质的形成和发展提供了道德基础，如今，多元文化与价值观念的冲击造成了有些大学生道德标准缺失，只有加强社会主义荣辱观教育，引导大学生明晰应当坚持和提倡什么、反对和抵制什么，才能形成良好的政治素质。在政治实践中坚持用"八荣八耻"规范个体行为，将自律和他律相结合，共同促进大学生政治素质水平的提高。大学生树立社会主义荣辱观，是维系良好政治素质的道德基础。社会主义荣辱观强调对祖国的热爱、对人民的奉献、对科学的崇尚、对劳动的尊重、对团结的褒扬、对诚信的恪守、对法纪的遵循、对勤俭的坚持，大学生只有坚持社会主义荣辱观，才能表现出较高的政治责任感和政治使命感，在面临是非得失时，做出正确的选择，遵守道德规范，使良好的政治素质得以具体体现。

大学生政治素质的构成要素紧紧围绕大学生政治价值系统，即社会主义核心价值体系生成和发展，社会主义核心价值观贯穿于其中每个系统和环节，指导和制约着大学生政治素质的形成与发展。总之，政治价值系统对大学生释放的能量越大，他们政治心理系统就越稳定，政治思想系统就越积极，政治品德系统就越高尚，政治实践系统就越坚实，最终表现出的政治素质水平就越高。大学生政治素质结构各系统诸要素紧紧围绕政治价值系统即社会主义核心价值观这个核心，相辅相成、相互影响、相互渗透、紧密关联。可见，政治价值系统在大学生政治素质结构中作用于政治心理系统、渗透于政治思想系统、蕴含于政治品德系统、表现于政治实践系统，是大学生政治素质的精神内核。

二 政治心理系统是大学生政治素质优化的基础

政治心理指在政治社会化过程中，政治主体受到外界政治环境的作用后，对政治生活各个方面所形成的一些直观的、自发的、未定型、非系统的心理反应，包括了政治认知、政治情感、政治态度、政治动机、政治人格等心理要素。政治心理系统具有表现形式多样、结构复杂、内容丰富的特点。政治心理的形成以政治认知为基础，对所经历的政治现象形成认识、理解、判断和评价。政治主体必须在政治认知后才能形成政治心理，因而，政治认知是政治心理的前提和基础，并对政治心理形成和发展起着至关重要的作用。政治情感作为政治心理的重要方面，也是伴随着政治认知产生的，政治情感强调的是政治主体的内心情绪体验，是政治主体在政治生活中对政治活动、政治事件、政治人物等方面所形成的内心情绪的综合。政治动机作为政治心理的重要组成部分，建立于政治认知和政治情感基础上，政治动机强调的是政治主体所具备的内在心理动力，是指政治主体受激发后为实现其政治目标所形成的内在动力。政治态度是政治心理上较为稳定的心理倾向，是建立在政治认知、政治情感、政治动机基础之上的一种相对综合、稳定的心理倾向，是上述心理过程发展的结果。政治人格是指在遗传和环境的双重影响下，逐渐形成的在政治生活中的一种持久性的心理特征的总和，是外在政治行为的内在动力系统，政治人格是更为高级的政治心理形式，是相对成型而又系统的心理反应体系。简言之，政治心理各构成要素之间逐层递进，共同构成了政治心理体系的整体结构。

第一，政治心理系统的完善性是大学生政治素质形成的基础。政治心理的完善性取决于其符合政治社会化需求的程度及政治心理各要素之间的统一程度。对大学生实施有目的、有组织、有计划的政治理论教育，必须使大学生在接受理论教育和生活实践的基础上，确立相应的政治认知、政治情感、政治动机、政治态度、政治人格,进而内化为个人的内在需求和人生追求目标,以达到各要素高度统一的复杂过程。政治心理的完善程度是大学生政治素质形成的基础,政治心理系统任何一个要素的缺陷都会引发政治素质形成和发展受阻。

第二,政治心理系统的健康性是大学生政治素质提高的基础。政治心理系统在政治社会化过程中塑造出政治主体心理特征,并以政治主体的心理特征为中介影响和作用于政治活动。健康的政治心理系统对政治主体的政治活动、政治行为具有正面的促进作用,可以促使政治主体自觉地进行主流政治文化的认知实践,并将自己的认知实践主动融入主流政治当中去,从而使政治主体的政治认知、政治行为符合主流政治文化要求,实现政治素质由较低层次向较高层次的转化提升。因此,健康政治心理的培养过程是优化大学生政治素质,建构大学生完善政治人格的重要途径。

第三,政治心理系统的稳定性是大学生政治素质发挥作用的基础。政治活动的领导者必须及时、准确地了解政治主体的政治心理,才能真正把握政治活动的发展趋势,满足政治主体的情绪与愿望,从而获得广泛的社会基础和群众基础。在政治现代化进程中,国家和社会的稳定依赖于民众政治心理系统的稳定。只有当社会群体形成统一、稳定的政治心理系统时,社会公民才能达成一致的政治共识、政治认同,进而形成一致的政治支持,才能充分发挥和调动包括大学生在内的每个社会成员的政治热情,在政治活动中形成稳定的政治心理并将这种心理内容不断表现为稳定的政治行为,作用于政治环境,最终发挥符合社会对个体所要求的政治素质表现。

三 政治思想系统是大学生政治素质优化的灵魂

政治思想系统是政治主体对社会生活中各种政治现象、政治活动以及潜在的各种政治关系及其矛盾运动的自觉和系统反应。从根本意义上讲,大学生的政治思想是其对客观政治存在的反映,是其对政治事务本质与演变规律的理性认识,是一种高层次的政治意识。其内容揭示的是政治事务的本质和规律,其形式既有系统化的政治理论和政治学说,也有非系统化的政治观点、政治主张和政治见解。

大学生的政治思想是一种观念体系,由政治概念、政治判断和政治推理组成的完整的政治理论体系,是大学生在政治生活中表现出来的一种思想境界和思想品质，是大学生占有政治知识、掌握政治理论水平和揭示政治事务本质规律的思维能力总和。由此可以看出，大学生政治素质根植于政治思想系统之上，且又反作用于政治思想的形成与发展。政治思想是政治素质产生的土壤和源泉，是政治主体对客观政治事务的理性反映发展到一定高度的、敏捷的思维结晶，也是政治主体的质量和品位的决定因素，制约着大学生对国家、对社会的作用以及自身价值的大小。作为政治素质的灵魂，政治思想系统是大学生政治生活的逻辑轴心，主导着政治素质结构的形成与发展方向；也是大学生政治实践的逻辑升华和理性凝结，在大学生的政治素质结构中居于主导地位，起统领作用。

第一，政治思想系统决定大学生政治心理系统的发展速度。从政治思想与政治心理的关系看，政治心理是启动政治行为的基础动力，政治思想则是促使政治活动顺利进展的理论指导。如果个人的政治行为离开了政治思想的理论指导，固然可以在政治心理的驱动下勃然兴起，但是却很难使之深入持久地向前发展。由于受政治心理中非理性因素的干扰和影响，往往会使政治活动步入歧途，遭受挫折和失败。在政治实践中必须用成熟的、正确的政治思想来指导和调节大学生的政治心理过程，矫正政治心理过程中存在的非理性的错误倾向，引导政治实践朝着正确的方向发展。

第二，政治思想系统为政治品德系统的形成和发展提供了价值方向。大学生通过对政治现实的理性把握，树立社会主义核心价值观念来指导大学生的政治实践，直接决定了其政治品德的形成。通过主导政治文化的传播和主导价值观的灌输，使政治思想牢牢地扎根于大学生的观念之中，使之形成对社会的认同感。政治思想系统中固有的价值观念潜移默化地使大学生接受并形成稳定的政治人格。从政治思想与政治品德的关系看，它们同属政治意识形态，来源于政治实践，而政治思想反映的是政治生活的实然状态；政治品德反映的则是政治生活的应然状态。政治思想需要政治品德规范的维护，使其强化发展，而政治品德也需要政治思想提供理论支撑和价值方向指南，二者相辅相成，相得益彰。所以，大学生政治思想系统具有促进其政治品德形成和发展的作用和功能。

第三，政治思想系统是政治实践系统的逻辑前提，以理性的力量引领政治实践健康有序发展。在大学生政治素质结构中，政治思想系统引导大学生构建科学理性的政治观念，深化大学生对政治生活内在本质及其发展规律的认识，不仅为政治主体进一步认识政治生活提供了知识基础，而且也为大学生参与政治实践提供了理性工具，是政治主体参与政治实践活动的主导因素，决定了大学生运用政治理论或正确的政治观点引领政治实践活动的特殊功能。大学生政治思想的理性力量具有指导政治实践的作用，正确的政治思想指导出正确的政治实践，错误的政治思想指导出错误的政治实践。

四 政治品德系统是大学生政治素质优化的方向

政治品德是阶级品质和阶级道德在政治关系、政治生活中的特殊表现。换言之，政治品德以阶级利益为评价标准，依靠社会政治舆论和内心政治信念的力量，以应当如何的方式，用来调节和处理政治利益关系的政治生活准则和行为规范。这种政治生活准则和行为规范体现在社会方面，是人们自我完善的一种社会价值意识形态，对促进社会政治文明、经济发展和文化进步均具有十分重要的作用。政治品德系统是一定的政治原则和规范在个人思想行为中的体现，是人们在一定的政治环境中通过政治实践和个人的政治修养而逐步形成的，是大学生从事政治实践活动所必需的基本条件和基本品质。政治素质结构中的政治品德系统主要包括政治立场、政治节操、政治作风、政治纪律等要素。政治品德系统对政治素质具有特殊的功能，为政治素质的发展保驾护航。

第一，政治品德系统能够有效地调控大学生政治心理过程。当大学生在现实政治生活中受到某种刺激而产生与社会主导思想不一致的心理倾向时，政治品德的价值取向将对大学生心理倾向产生压力并实施干预，要求其做出适当调整，使大学生的各种主观选择与社会主流思想、政治道德原则和标准达成一致。因此，大学生的政治心理处于经常性的变化之中，而这种变化往往通过政治品德固有的价值取向和行为准则，共同作用于心理过程来完成，保证了大学生的政治方向，为其政治生活构建了纠偏机制，而且使大学生的思维方式无论在什么情况下，都能沿着主导政治价值轨道运行。

第二，政治品德系统能够有效地提升大学生政治思想境界。政治品德作为形成于政治思想基础之上的一种政治意识形态，是大学生对一定社会、一定阶级的政治道德规范和准则的内心信仰和行为表现。从某种意义上讲，政治品德是政治思想的特殊表现形式，代表着政治思想的形象，能够积极地为本阶级政治思想服务，即有什么阶级属性的政治思想就有什么阶级属性的政治品德存在，以维护本阶级政治思想的利益和发展。政治品德和政治思想密切相关，政治品德反映的是一种思想政治的境界。这种思想政治境界的发展程度相应地决定政治品德功能的强和弱。大学生的政治思想境界高，其政治品德自然高尚，大学生的政治思想境界低，其政治品德自然下降。良好政治品德一经形成，便会自觉或不自觉地抵制外来思想的干扰和侵蚀，以保证本阶级思想的纯洁性，从而扩大统治阶级政治思想的影响，强化政治思想的功能和作用，为实现政治目标提供强有力的保障。

第三，政治品德系统能够有效地规范政治行为。政治品德通过社会主义核心价值体系的影响，来规范大学生的政治行为，把政治行为控制在一定的秩序之内。这是由政治品德的功能所决定的，一是因为政治品德构成中的政治立场、政治节操、政治作风、政治纪律要素的功能直接影响政治行为，并为其提供直观的可操作性的评价标准和行为规范。二是以社会主义荣辱观为精髓的政治品德，强化了政治品德各构成要素之间的相互作用，潜移默化的规范、调控主体政治行为。一旦某种政治行为背离了政治品德的要求，政治品德中的价值取向就会对该过程产生否定性的评价，从而使政治品德以无形的力量来规范政治行为。如果说政治心理是政治行为的原动力，政治思想是政治行为的定向仪，那么政治品德的存在价值就是政治行为价值的判断标尺和调控仪。

总之，大学生政治心理、政治思想和政治行为是相互联系、相互影响、相互转化、相辅相成的动态过程，按照价值—心理—思想—品德—实践的程式，由简单到复杂、由低级向高级、由不稳定到稳定、由不完善向完善发展。在这个过程中，大学生的政治心理是政治品德系统形成的基础因素，政治思想是大学生政治品德系统的本质和核心内容，大学生政治行为是政治品德系统的外显因素和动态体现。大学生的理想、信念和世界观在整个政治素质结构中处于最高层次、具有核心地位，它对心理、思想、行为起着指导作用，而心理、思想、行为以理想、信念和世界观的形成对核心发挥着各自的作用。

五 政治实践系统是大学生政治素质优化的表现

政治实践系统是政治主体在政治生活过程中能动地改造客观世界的物质活动。大学生通过政治实践实现对政治关系的改造，对政治认知的理解和接受，对政治文明的传承，对政治真理的检验。政治实践是大学生政治生活的轴心,通过政治实践,提升大学生政治参与的自觉意识,使其获得政治参与的知识和技能,在政治实践的过程中构建大学生的政治认同体系,使大学生理解、践行、维护当前的社会主义核心价值体系。

第一,政治实践系统是大学生政治认识形成的前提。政治认知是政治主体以观念的形式对政治知识、政治关系、政治真理的把握过程,这一过程必须通过政治实践才能实现,政治实践是政治认知形成的前提和基础。理解这一问题,要从以下三方面入手:首先,政治实践能动地推动了政治认识过程和主体政治认知能力的发展。政治主体的政治认知来源于政治实践,并且在长期政治实践中凝练升华,最终形成具有逻辑的政治认知结构,再经过新的政治实践继续逻辑内化,从而使政治认知结构不断得以重建,人类的政治认知能力也就在反复的政治实践中不断得到提升。其次,"政治实践利用中介作用于客观的政治关系,从而暴露出政治关系的各种属性和内在本质,使之能被主体的观念所把握,使主体尽可能获得关于现实政治关系的经验知识"。① 最后,政治实践是政治认知的客观要求。认识来源于实践,没有政治实践就无从谈及政治认知,只有在政治实践过程中才能形成人类对政治事件、政治历史和政治现实的认识了解,构建政治认知体系,因此政治实践系统是政治认知的前提。

第二,政治实践系统是大学生政治人格形成和不断发展的客观基础。政治人格是政治主体在政治实践和政治文化双重影响下,对政治生活形成的一种持久性心理特征的综合,是个体内在政治心理与外在政治表现的统一。政治人格是政治心理的高级发展阶段,是人的精神力量,在政治实践过程中发挥校正、强化、引导政治行为的功能。反过来,政治主体又在政治实践过程中不断反思,反复进行自我体验、自我感受、自我审视,从而不断地调整自己的政治心态以达到主客观的协调统一,继而适应政治生活,政治人格就是在这样的调整、反思中得到提高。因此,政治实践是政治人格不断发展的客观基础。此外,政治人格是在一定社会关系背景和客观条件下形成的,并非单纯的自我决定,而这些背景和条件本身又是由政治实践决定的。因此,政治实践通过这些间接因素对政治人格的发展产生影响。政治人格的表现在一定程度上依赖于政治主体所具备的政治知识、

---

① 肖前:《辩证唯物主义原理》,人民出版社2004年版,第33页。

文化素质、参政能力等技能，而这些政治技能的获得必须通过政治实践，缺乏政治实践的过程就无法形成有效的政治技能，导致主体政治行为低下或缺失，这样也就不能构成所谓的政治人格。综上所述，政治实践系统是大学生政治人格形成和不断发展的客观基础。

第三，政治实践系统形成发展过程与大学生政治价值实现过程是统一的。大学生在政治实践过程中为了适应政治社会化的要求，要不断进行自我调整、突破不适宜的政治规范、改造不吻合的政治关系，这同时也是大学生实现自己政治价值的过程。也就是说，大学生为满足政治社会化要求所进行的政治实践本质上就是实现自我政治价值的过程，二者是统一的。政治价值是基于现实政治存在的，因此能够反映政治实践，同时也对政治实践的发展提供理性的推动。反过来讲，政治实践的发展过程本身也是政治价值实现的归宿。我国当前社会发展的最高价值目标是科学发展观视阈下的"人的全面发展"，这是马克思主义关于未来社会本质特征的根本观点，也是马克思主义政治哲学的价值追求，实现这一政治价值追求的过程也是实现以人为本，实现社会生产生活提高、社会全面协调可持续发展的政治实践过程。

第四，政治实践系统是大学生提升政治文明的途径。政治文明是"人类在政治实践中取得的积极成果，包括政治意识文明、政治制度文明、政治行为文明"。[1] 政治实践具有提升政治文明的作用，主要表现为以下两个方面：一方面，政治实践可以提高政治制度文明，"任何进步的政治意识、政治行为，归根结底都要以创建、发展和完善先进的政治制度为目的，而政治意识、政治行为、政治关系又需要由先进的政治制度来具体规范和规制"，[2] 规范后稳定下来的政治关系就形成了政治制度，合理的政治制度是政治文明的最高境界，而政治实践的目标就是改变不合理的政治关系，从而使政治制度符合社会发展的要求。伴随着社会的不断发展，原有政治体系中遗留的不适应的方面最终会暴露出来，因此政治体系也要做出相应的调整来适应社会的发展，缓和社会矛盾、优化政治秩序、提高政治效能。另一方面，大学生通过政治实践不断提升自己的政治意识

---

[1] 毛建平、段明学：《政治文明与依法治国基本方略关系研究》，《法律图书馆》2003年第9期。

[2] 赵辉：《政治关系文明的制度分析》，《福建行政学院福建经济管理干部学院学报》2003年第3期。

文明，大学生在政治实践中逐步形成高尚的政治品德、远大的政治理想、积极的政治情感，这些同时也是政治意识文明的表现形式。因此，从政治主体意识发展的角度来讲，政治实践对提升政治意识文明具有重要的历史作用。

综观大学生政治素质的内容结构，各子系统均不是孤立存在的，它们既自成体系又相互联系、相互影响，是辩证统一的关系。说它是矛盾关系，表现在政治心理与政治思想存在着一个是感性认识，一个是理性思辨之间的矛盾；政治思想和政治品德对政治行为的功能，一个是方向指导，一个是约束规范；政治思想与政治实践存在着知与行的矛盾等。说它是统一关系，表现在政治素质内容结构的循序性上，政治素质结构一般是按照政治价值—政治心理—政治思想—政治品德—政治实践的顺序，由简单到复杂，由低级到高级，在特殊情况下也有跳跃式的发展，体现了结构中各系统、各要素之间的内在联系，相互渗透、相互作用、相辅相成，在政治素质结构上总是给人以整体的印象。总之，大学生政治素质的实质是由它内在结构的基本成分决定的，即政治价值、政治心理、政治思想、政治品德、政治实践各子系统在社会政治生活中的实际表现。

第二节 大学生政治素质优化的形成过程

政治素质是一种和人们的社会改造活动最有机、最紧密联系的素质。同时，也是任何一种工作、各种各样社会关系形式的重要的质量标志。在中国特色社会主义条件下，政治素质作为培养全面的、各方面协调发展的个性品质最重要的手段这一作用正在提高。大学生政治素质形成过程不仅依赖于政治心理、政治思想、政治品德、政治实践各系统诸要素的结构铺垫，而且也取决于政治认知正确、政治情感激发、政治意志强化、政治信仰坚定、政治行为规范五个环节之间动态接续的完整过程。

大学生政治素质的形成过程是在一定外界环境影响的条件下，内在的知、情、意、信、行诸要素辩证运动、均衡发展的过程，这是所有矛盾运动转化所共有的过程。政治素质形成的起点是"知"即政治认识，是大学生对一定社会的思想、政治、道德等关系及处理这些关系的原则、规范

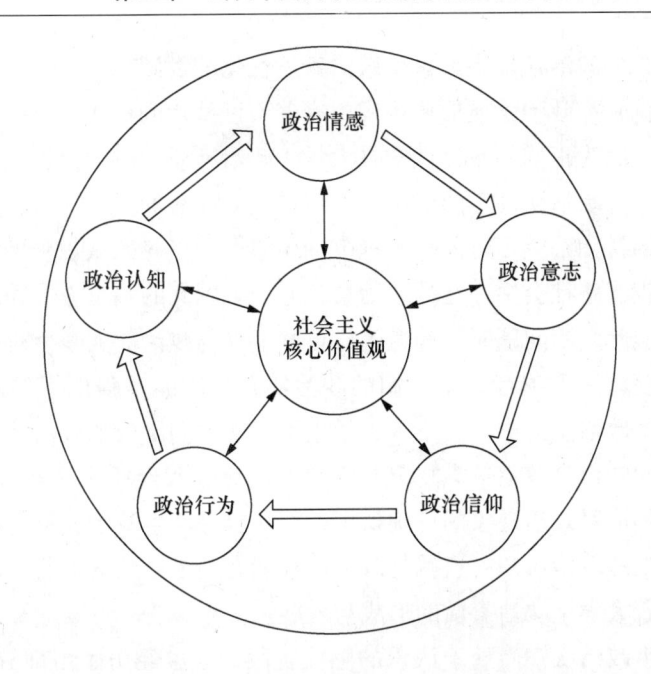

图 3-2　大学生政治素质的形成过程

的理解和认知，包括政治概念、判断及世界观、人生观、政治理想等。"知"形成后是"情"即政治情感，是大学生按照一定社会的政治原则、规范去理解、评价周围的人和事时产生的一种情绪体验，它对政治素质的形成发展起催化、强化作用。"情"之后是"意"即政治意志，是大学生在践行一定社会的政治原则、规范的过程中表现出来的自觉克服一切困难和障碍的毅力，它对政治素质形成发展过程起调节、监督、控制作用，大学生如果没有顽强的品德意志就不能坚持良好的品德行为，最终难以形成良好的政治素质。"意"之后是"信"即政治信念，是人们对一定社会的政治原则、规范的内心信仰，它是政治素质形成过程的关键，为大学生坚持贯彻一定的政治素质行为提供强大的精神动力。最后是"行"即政治行为，是大学生在一定的政治认识、情感、意志和信念的支配与调节下，在实践活动中履行一定的政治原则、规范的实际行动，它是政治素质形成过程中一个周期的归宿和目标，是大学生政治素质的外在表现和综合反映。总之，每一个大学生政治素质的形成过程都必须包括这五个环节，并且要均衡发展，缺少任何一个要素或各要素发展不均衡、不协调，都会造成内在矛盾运动转化过程的中断，都难以形成健康的政治素质。

一 正确政治认知是大学生政治素质优化的发端环节

政治认知在政治素质形成过程中有着不可替代的作用，是一个不可或缺的环节。因为正确的政治认知是大学生政治素质形成的前提条件，是大学生借以产生政治认同、形成政治感情和政治体验的基础环节，如果没有正确的政治认知，就不可能对各种政治现象产生正确的认识和理解。大学生只有真正了解社会中存在的政治事务、理解国家的基本方针和政策，才能在遇到实际政治问题时，知道怎样更好地参与政治。大学生对政治事务认知的程度越深，越有利于他们的政治实践，越能增强他们的政治认同感。在现实政治生活中，有不少大学生不了解他们所处的政治环境，缺乏相应的政治知识和政治信息，只是靠自己的感觉和经验去理解政治生活，所以很难形成对政治现象的正确认识，往往容易产生政治偏见与成见，甚至形成错误的政治认知，这就是政治认知能力不足导致的，所以政治认知环节制约着大学生政治素质的形成与发展。

大学生政治认知尚处于认识的感性阶段，但也经历了由部分到整体，由事实认定到价值判断逐步深化发展的认识过程。在这个过程中，大学生通过观察思考，认知能力和认知水平不断循环上升，由于在认知过程中前次认知完成的终点便是开始下次认知的起点，起点不断升高，素质也就不断攀升，而且还产生一定程度的政治认同感。完备的政治认知是大学生从事政治活动，选择适当政治行为以及形成某种政治归属感的必要条件。总之，正确的政治认知是大学生政治素质形成的起始环节，其功能在于引起政治主体对政治体系各个构成要素本质属性的感性反映，主要包括政治主体对政治现实体系的相互关系、形成过程、发展规律的理性认识。通过政治认知过程这个环节，大学生对社会政治事务或政治关系的本质联系是否符合自身的需要做出评价和判断，从而形成倾向性的政治认同。所以，正确的政治认知是大学生政治素质形成的前提和基础，大学生政治认知过程对其政治素质形成和发展具有十分重要的意义。

二 激发政治情感是大学生政治素质优化的中介环节

政治情感是政治主体在政治实践中对政治事务产生的内心体验和感受，包括爱憎、好恶、亲疏等心理反应，如对某一政治人物的尊敬或蔑视，对某一政治活动的热衷与冷漠，对某一政治体系的热爱和厌恶等心理感受。既然政治情感是政治主体在政治实践中的心理感受，有爱憎、亲疏之分，那么政治主体对政治事务产生了热爱、亲近的情感，必然会积极参与到政治活动中去，热衷于该项政治事务。如果政治主体对某一政治事务产生了厌恶或憎恨之情，必然会导致政治主体对这一政治事务产生冷漠或反对的态度。由此可以看出，政治情感的状态如何，直接关系着大学生对政治事务或活动的参与度和能力的发挥；直接关系着大学生自身政治素质形成与发展的质量与效果，产生什么样的情感倾向，政治素质就向什么方向发展。

然而，在大学生政治素质形成过程中政治情感传递的是政治认知环节所获得的信息，也可以说是政治情感形成于政治认知的基础之上，具有桥梁和纽带的作用。从另一个角度讲，虽然政治情感和政治认知都是人脑对政治客观现实的反映，可是它们反映的内容和方式不同。政治认知反映的是客观事物的本身，包括事物的过去、现在和将来以及客观事物外部特征和内在联系。政治情感反映的是一种主客体的关系，作为政治主体的需要和客观事物之间的关系。政治情感对大学生政治素质形成与发展的促进作用至少取决于以下两点：其一要看政治认知是否正确；其二要看政治情感是否被有效激发。政治情感是政治认识的深化，比政治认知更为稳定而持久，政治情感的最高境界就是政治信仰。政治信仰和政治情感均属于高级的精神活动，具有持续稳定的特性，正如列宁指出的那样，"没有人的感情，就从来没有也不可能有人对于真理的追求"。[①]

正处于政治成熟过渡期的大学生，在政治社会化过程中各种思想情绪尚处于不稳定状态，容易被非主流政治文化吸引和干扰，有时表现出个人情绪的冲动，尤其是在处理社会政治问题与个人利益需求方面缺乏理性的思考。有时候部分大学生政治情感还停留在一种暂时性的主观情绪体验上，社会主义政治感情还没有真正被激发出来，有时甚至受到社会现实中一些消极现象的影响而产生个人情感上的逆反，在政治目标追求上偏离主流政治文化。所以，在大学生政治素质优化的过程中，培育和激发正确的政治情感意义重大，有利于大学生对社会主义核心价值体系高度认同和充分肯定；有利于维护社会政治稳定，增强民族自信心和凝聚力；有利于大学生全面发展，促进其政治素质的提升。

在大学生政治素质形成过程中，政治情感是政治认知转化为政治行为的中间环节，贯穿全程、承上启下，始终具有特殊的地位和作用。以政治

[①] 《列宁全集》第20卷，人民出版社1958年版，第225页。

情感为核心的政治动机系统还是大学生政治素质发展的内在动力。政治情感有定向的作用，帮助确立方向和目标；也有动力的作用，可以放大、提高和加强内驱力及其信号。因为政治情感是政治态度或政治价值观的一种外在表现形式，影响着政治素质形成的导向机制和动力机制，对政治主体接收选择政治信息发挥过滤作用和激发强化作用。大学生政治认知接受程度与效果以情绪情感活动为开端线索，其政治行为受到政治情感的激发和调控。

三 锤炼政治意志是大学生政治素质优化的模铸环节

在政治社会化过程中，大学生以社会主义核心价值体系为导向确立自己的政治目标，必定要有政治意志的支配、控制、调节自己的行为，去克服各种困难和干扰。政治意志通常用坚强和薄弱来评价，坚强的政治意志具有催化作用，当大学生在政治生活中遇到疑惑时，政治意志会对其政治信仰进行维护；在政治生活中遭受挫折时，政治意志会对大学生的政治思想起到强化作用。大学生无论在现实的学校生活中，还是未来走向社会时，都要面临层出不穷的新情况、新问题、新矛盾，如果没有坚强的政治意志，则不能适应社会主义社会发展的需要，将无法战胜前进中的困难。

由于政治意志始终伴随人的政治行动，控制、调节非目标取向的政治活动发生。所以，在政治素质形成过程中，锤炼坚强的政治意志强调的是过程，重点在于锤炼。其一，锤炼政治意志可以提高大学生政治认知水平。政治意识的形成必须以政治认知为前提，政治意志又对政治认知过程和政治认知能力的提高产生重要影响。由此可见，大学生良好的政治意志品质一旦形成，就会在政治实践中不断巩固，并产生新的政治认知体验，从而提升原有的政治认知水平。其二，锤炼政治意志可以调控大学生政治情感的变化。政治情感伴随政治认知而产生，在大学生政治素质形成过程中，政治情感与政治意志相互作用。大学生对于不同的政治思想和政治行为有不同的情绪体验，这将影响其政治意志的形成；反过来，政治意志又对政治情感起到调控作用。大学生对符合自己人生信条的政治思想和政治行为产生积极情绪，对与自己的政治信念相悖的思想和行为则产生负面情绪。但是，单纯的情绪体验并不能直接促成知行转化。其三，锤炼政治意志可以促使大学生政治素质符合目标取向要求。锤炼政治意志离不开政治实践，在政治实践中锤炼出来的政治意志更坚韧。事实证明，政治意志坚强的大学生能够监督自己，将政治认知、政治情感、政治信念转变成政治行为；政治意志坚强的大学生，对自己的政治动机和目的有清醒而深刻的认识；政治意志坚强的大学生在复杂的情境中能够冷静而迅速地判断发生的情况，做出正确选择；政治意志坚强的大学生，能够以顽强的精神和百折不挠的毅力战胜困难和挫折，毫不逃避、处事果断。总之，优化大学生政治素质，不能仅仅满足政治认知环节的成功，而要使大学生对习得的主流政治文化产生浓厚的政治情感，形成坚强的政治意志，才能达到政治素质优化的目标。

四 坚定政治信仰是大学生政治素质优化的中心环节

政治信仰是大学生对社会主义核心价值体系所体现的思想与理论的坚信不疑，对中国特色社会主义共同理想的执着追求，并投入浓厚的政治情感和积极的政治行为的过程。政治信仰追求政治发展，政治发展也需要政治信仰。这是因为政治信仰关系到社会的整合程度，关系着国家的统一和民族的团结。实践证明，只有坚信党的领导、树立中国特色社会主义的共同理想，才能不被任何风险所惧，不被任何干扰所惑，才能坚定不移地在中国特色社会主义道路上勇往直前。在我们国家，大学生群体文化程度较高、政治基础较好，他们的政治信仰将决定其政治素质形成与发展的方向，他们的政治素质如何，直接涉及中国社会未来走向和国家的前途和命运。

大学生的政治信仰在政治意识形态中居于核心位置，是比较稳固的政治价值观念和政治生活中的精神支柱。政治信仰是政治主体对政治观念的价值进行判断后形成的政治价值取向，是政治素质形成过程中相对稳定的构成要素，是政治认同的最高境界。政治信仰是社会实践的产物，对政治行为具有较强的驱动作用。大学生政治实践的特点决定了政治信仰的大体形态。坚定的政治信仰源自马克思主义的信念支撑，政治信仰的变化并不能脱离基本的价值准则。任何一种信仰的丰富和发展，仅仅具有先进的理论品质是不够的，只有把这种共同的信仰建立在生动的实践基础上，铸就其鲜明的政治品格，才能永葆生机活力，展现和升华其伟大的价值。从我国当代大学生政治素质的发展轨迹看，正是马克思主义崇高信仰的先进性，特别是中国共产党的优良传统和作风，滋养和培育了当代中国大学生的政治素质。随着时代的进步，大学生政治信仰的思想内涵也变得丰富，大学生对共产党的伟大信仰和无限忠诚，绝不会因岁月淘洗而褪色，更不会因艰难曲折而动摇，这正是大学生热爱党、热爱祖国、热爱社会主义的最根本力量源泉。

五 规范政治行为是大学生政治素质优化的助推环节

政治行为是政治主体参与政治生活与政治环境相互作用的结果。大学生的政治行为，包括个体政治行为和群体政治行为。群体政治行为具有组织性和目的性，个体政治行为具有自发性、分散性。群体政治行为角色意识要比个体政治行为角色意识强，因为个体政治行为是分散自发的，并且由于大学生自身认识和精力的不足，还具有一定的盲目性和冲动性。就当前的社会背景而言，为了应对政治多元化的冲击，无论是个体还是群体的政治行为都需要规范。规范大学生政治行为的目的，是为了使大学生在社会主义民主政治生活中各种行为符合社会主义民主政治的原则和规定。

规范大学生政治行为在政治素质形成环节中具有重大意义。第一，有利于大学生良好政治行为习惯的养成和大学生政治参与能力的提高。只要有了良好的政治行为习惯和一定的政治参与能力，就能在走向社会后更好地为社会主义民主政治服务，为社会主义现代化建设服务和为人民服务。第二，有利于大学生政治素质结构的优化。因为政治行为是大学生政治素质形成过程中显性的要素，是政治素质的外在表现。第三，有利于强化大学生政治社会化的效果。大学生的政治社会化过程充分利用各种机会参与社会实践活动，并通过这些实践活动增强大学生对国家的了解和热爱，增强其社会责任感，进一步支持和理解改革开放政策。第四，有利于促进社会主义民主政治体系的发展。因为规范的政治行为能够体现出一个群体、一个组织乃至整个社会的性质和风范，它是社会政治秩序稳定发展的基本条件。

综上所述，理解大学生政治素质的形成过程，重点要把握以下三个方面的内容：

第一，大学生政治素质形成过程的各环节具有相对独立性，分别代表了政治素质形成过程的不同层面，侧重点也各有不同，正确政治认知侧重的是认知层面，强调的是认知的正确性；激发政治情感侧重的是态度体验层面，强调的是树立社会主义政治情感；锤炼政治意志侧重于政治品质约束层面，强调的是坚持性；坚定政治信仰侧重的是观念层面，强调的是忠诚性；规范政治行为侧重于政治实践层面，强调的是规范性。大学生政治素质形成过程，政治认知、政治情感、政治意志、政治信仰、政治行为反映的是政治素质形成与发展的过程要素，而正确、激发、锤炼、坚定、规范在这里反映的不仅是政治素质在形成与发展过程中的方法和手段,而且还是目的,体现在如何能做到上。各要素在大学生政治素质形成过程中的功能也具有相对独立性和不可替代性。

第二,大学生政治素质形成过程的各环节相互关联。政治素质形成的各要素在其过程体系中相互关联和相互影响,形成一种交互作用的状态。在政治素质的形成过程中,政治认知、政治情感、政治意志、政治信仰、政治行为相互作用和相互影响。正确的政治认知是前提,政治情感激发是关键,政治意志锤炼是保证,而政治行为规范才是根本目的。要求大学生在对政治理论有清醒认识的基础上,怀着满腔政治热情,不畏艰险,按照政治素质的发展规律投身到政治实践中优化大学生的政治素质。

第三,大学生政治素质的形成过程实质上是其政治社会化的过程。大学生政治素质优化是大学生政治社会化的核心和目的,大学生政治素质的形成过程由政治认知、政治情感、政治意志、政治信仰、政治行为要素构成,具有复杂性和完整性;大学生政治素质形成过程是在多种客观因素的共同制约和影响下,通过政治主体的主观能动作用而形成的,是客观制约性和主观能动性的统一。

第三节 大学生政治素质优化的功能定位

"结构是功能的基础,功能是结构的表现。"[①] 就大学生政治素质的构成要素看,政治心理系统体现着生理和心理、感性和理性的统一;政治思想系统体现着理论与实践、思想和现实、现在和将来的统一;政治品德系统体现着实然和应然、现实和可能的统一;政治实践系统体现着目标和价值、选择和超越的统一。政治素质构成要素的结构性铺垫,标志着政治素质有着现实的对象和空间,为政治素质功能的发挥提供了可能。从大学生政治素质的形成过程来看,正确的政治认知是政治素质发展的前提基础,政治情感激发和政治意志锤炼为政治素质的发展提供了动力,政治行为的规范意味着政治素质是一个走向目标的现实运动。政治素质各个环节诸多要素的动态性接续,使政治素质功能的发挥成为现实。政治素质优化的最

---

① 许国智:《系统科学大词典》,云南科技出版社1994年版,第548页。

佳效果，使政治心理系统的基础作用、政治思想系统的核心作用、政治品德系统的约束作用、政治实践系统的关键作用得到发挥并实现彼此之间的紧密配合，使政治认知正确、政治情感激发、政治意志锤炼、政治行为规范得到落实并实现各环节诸要素之间的顺利传承。

一 导向功能为大学生政治价值判断提供选择标准

政治素质在大学生的整体素质中居于核心位置，它直接指引大学生的政治发展方向。大学生只有树立社会主义核心价值观，用中国特色社会主义理论方法去分析看待世界，衡量人生存在的意义和价值，才能在大是大非面前保持清醒的头脑，自觉抵御各种腐朽思想的侵蚀及反动势力的蛊惑。大学生的政治素质一旦形成，犹似一种无形的力量驾驭其心理活动、思想观念、品德意志和政治行为，成为大学生政治社会化和健康成长指南，大学生只有在正确政治方向的指引下才能集中精力获得成功；反之，失去正确政治方向的指引，大学生很可能走上人生的歧途。

任何统治阶级都要通过调控公民政治素质以保证统治阶级的统治，这种调控包括使公民树立对统治阶级有利的政治态度和政治信仰，通过统一的政治信仰促进社会政治稳定和发展，确保统治阶级的统治。大学生政治素质形成的过程既是政治社会化的过程，又是对现实主导政治文化承传的过程。承传社会主义核心价值观念、社会主义民主政治制度和规范，使社会主义民主政治文化得以延续和创新。

大学生政治素质在主导政治文化基础上形成，其导向功能是通过主导政治文化引导大学生形成社会主义的共同理想，并通过共同理想激发政治动力。大学生通过政治实践活动感知中国特色社会主义的优越性，建立社会主义政治感情，坚定走特色社会主义道路的信心和决心，并以高尚的政治品德严格要求和鞭策自己，在践行社会主义核心价值体系的过程中认识人类社会的发展规律和历史的必然性，把个人的政治理想和社会理想统一起来，为把我国建设成为富强、民主、文明的社会主义现代化国家贡献力量。

二 推动功能为大学生传承政治文化提供精神源泉

恩格斯曾用"合力论"的观点来揭示人类意志与社会发展的关系，该观点认为人民群众及其社会活动构成了推动社会发展"总的合力"中的"动力"部分，那么大学生的政治素质不仅是其综合素质中最重要的素质，而且它也是促进其他素质协调发展的原动力，对大学生自身发展和成长乃至社会发展、政治体系运行都具有决定性的推动作用。大学生政治素质是社会主义民主政治建设不可或缺的支持条件，也是社会主义政治文明和精神文明建设的重要内容之一。

首先，大学生政治素质的推动作用有助于对社会主义核心价值体系的认同和维护。大学生政治素质的形成与发展是以其对国家的方针、政策、制度和体制的认同和拥护为前提条件或心理条件的，也是对中国特色社会主义民主政治的认可。大学生政治素质的推动作用在于以社会主义核心价值体系为依托，更好地参与政治，社会主义核心价值体系的目标在于提升公民政治素质为基础，实现政治文明。大学生政治参与是国家政治统治和管理的需要，大学生政治素质形成发展过程实质就是政治社会化的过程。

其次，大学生政治素质的推动作用有助于社会政治稳定。大学生在政治社会化过程中以政治主体的身份进行政治参与，如果他们具备了较高的政治素质，就能平衡化解各种矛盾，站在国家和民族利益的高度，服从大局，自觉地维护社会稳定，为社会发展营造政治生态环境。从公民的角度看，大学生如果不知道如何享有和运用公民权利，也就不会形成履行义务的自觉，结果必然会导致普遍存在的不负责任，法制观念淡薄和实际义务感降低。

最后，大学生政治素质的推动作用有助于政治参与的有序运行。大学生政治素质不佳，直接影响政治参与效果、政治民主化进程和政治体系运行机制。无论从政治决策到政治参与，还是从政治执行到政治监督都是政治体系运行的内容。马克思主义政治理论主张，国家由全体人民当家做主，每个公民不仅要参与国家和社会的管理，而且还要逐步扩大参与主体和管理客体范围，建立有序的、规范的、制度化的政治参与程序。马克思主义的政治参与注重民主的价值取向，由于时代局限，对政治运行没有给出具体程序。要保证政治运行的有序性，公民政治素质的推动作用发挥着重要的功能。政治运行和其他社会活动一样也有它的主体承担者，这个承担者就是包括大学生在内的公民。大学生作为公民中的一员在政治参与中的自主地位和作用，通过每个公民政治意识不断成熟和自觉外化而实现。从我国政治文明建设过程来看，如果大学生没有正确的政治主体意识和当家做主的参与意识，没有与社会主义政治制度相适应的权利观念和法制意识，那就不可能有参与社会主义政治文明建设的积极性和主动性。

三 支撑功能为大学生适应政治生活提供桥梁纽带

有序性和持续性是政治生态秩序稳定的本质特征，稳定的政治生态系统和有秩序的政治生活成为优化大学生政治素质的必要前提。而大学生政治素质的支撑作用有利于促进政治生态系统的稳定和政治生活的有序。从历史唯物主义角度来看，强国的崛起、民族克服灾难、国家摆脱战争，往往都依靠整个国民政治素质的支撑作用。政治发展的历史告诉我们，政治秩序的稳定一方面依赖于政治制度的优越、物质生活的满足；另一方面也依赖于社会成员对政治制度的认同和支持程度。缺乏政治素质的支撑作用，会导致大学生对政治参与的冷漠、对政治制度的怀疑、对政治认同的危机，造成政治组织制度、方针政策失去广大青年学生的支持，从而使政治秩序失衡，稳定性被破坏。

就我国现实政治状况而言，大学生政治素质的支撑作用对我国政治秩序的稳定和发展至关重要，大学生的政治素质水平直接关系到社会政治秩序的稳定与巩固。"任何一个政治体系，都要通过调控公民政治素质来塑造自己的公民，促使他们的公民形成对社会有利的、稳定的政治态度和政治信念，形成具有连续性的政治文化，以促进社会政治稳定和发展，保证政治统治阶级的统治。"① 我们国家正处于建设物质文明、精神文明、政治文明、生态文明的大环境下，如何确保大学生政治素质沿着健康方向发展应注意两个方面的问题：一方面要通过政治文明建设向大学生传递社会政治规范、政治行为准则，将大学生培养成为符合政治要求的政治角色；另一方面要对大学生进行再社会化，以适应当前复杂多变的政治关系。

大学生政治素质的支撑作用还体现在对社会变革的预示方面。每当社会出现重要变革，总是最先在大学生的思想、行为、舆论中体现出来，并向社会扩散和产生影响，直接关系到社会的稳定。当前各种思想文化的交流、交融和交锋日益频繁，不同社会制度、不同意识形态的斗争将长期存在，西方敌对势力一刻也没有放松对我国在意识形态领域的斗争和较量，大学生始终处于敌对势力对我国实施西化、分化图谋的最前沿。因此，我们要加强大学生的政治教育，使他们能够正确处理各种错综复杂的利益关系，妥善解决各种社会矛盾和社会问题，把他们的价值取向、思想认识和行为方式统一到党的决策部署上来，与党中央保持高度一致，确保政治系

---

① 马振清：《中国公民政治社会化问题研究》，黑龙江人民出版社 2001 年版，第 61 页。

统的稳定。政治素质的支撑作用能够保证大学生在经济、政治、文化建设方面表现积极，在党的路线、方针、政策执行方面表现出较强的行动能力，在国家重大事件中明辨是非，勇于同破坏社会稳定的行为抗争，维护我国政治秩序的稳定，巩固社会发展的成果。

四 凝聚功能为大学生增强政治认同提供内在动力

大学生政治素质水平的高低是一个国家或民族政治文明程度的体现，而政治文明的发展则又是以提升其政治素质水平为前提的。政治素质深刻影响着大学生参与政治活动的动机、目标、方法和手段，这是我国社会从意识形态到政治行为的发展逻辑，也是大学生政治社会化的内在机制。政治社会是由人构成的，不同的政治人又表现出不同的政治素质，而不同的政治素质支配驾驭不同的政治人，只要有共同的政治信念，人们就有共同的政治目标和价值取向，人们就会形成一致的政治思维，人们的政治热情也会被最大限度地激发并汇集，人们的政治行为也会达到高度的统一，这就是政治素质的凝聚作用。当社会成员拥有高度统一的政治素质时，说明该社会所倡导的政治价值被社会成员广泛认可，政治成员的行动准则达到高度的统一，从而产生巨大的凝聚作用，形成巨大的合力。所以，这种建立在共同政治心理、行为规范和价值取向基础上的政治素质会将整个社会成员汇集成巨大的动力，成为一个民族奋勇向前、团结一致的法宝。

政治素质的凝聚作用有利于促进大学生向政治人的成长。当代中国大学生政治素质的状况，不仅关系着大学生健康成长和未来前途，而且关系我国政治体系能否正常运转和中国特色社会主义建设目标能否顺利实现。大学生政治素质形成和发展的过程就是大学生能动地逐步获得政治知识和政治能力的过程。肩负政治使命的大学生通过系统的政治理论知识学习和积极参加社会政治实践不断获得正确的政治认知、政治态度、政治情感和政治动机，逐渐完善自身的政治人格，为大学生成长为政治生活中成熟的政治人奠定基础。

政治素质的凝聚作用有利于实现社会主义合格建设者和可靠接班人的培养目标。大学生政治社会化的过程同时也是塑造社会主义政治人格的过程。大学生是未来社会发展的继任者，关键要看能否在政治社会化过程中始终不渝地坚持社会主义的方向。要实现这一目标，一方面要进行中国特色社会主义理论体系的教育，党的基本路线教育，爱国主义、集体主义和社会主义思想教育，中国近现代史、中共党史和国情教育，社会主义民主和法制教育，形势政策教育，中华民族优秀文化传统教育和民族团结教育，另一方面要引导学生积极投身社会主义现代化建设，帮助大学生在社会主义现代化建设中更深刻地学习和理解党的路线、方针和政策，增强大学生对中国特色社会主义事业的认同，成为中国特色社会主义事业的合格建设者和可靠接班人，为中国特色社会主义共同理想而奋斗。

总之，大学生政治素质的结构与功能直接影响大学生发展动力的强弱、发展方向的正确与否，直接决定其人生的发展轨迹。从时空的维度观察政治素质优化的价值意蕴，空间上它回答的是大学生在中国这个国度里如何发挥政治素质功能的问题；时间上它回答的是在改革开放特定历史时期如何发挥政治素质功能的问题。所以，优化大学生政治素质既是维护自身权利和义务的需要，也是维护我国政治秩序稳定的需要，更是建设我国社会主义民主政治的要求。

第四章　当代中国大学生政治素质优化的影响因素

随着改革转型的加速和信息交流的便利,大学生与社会的接触日益频繁,接触面已超越一般的时空限制,使其暴露于各种社会意识的交叉、冲突、交锋之下。作为社会群体中的大学生,他们的政治态度、思想意识、言行举止等无时无刻不在接受社会生活的洗礼,他们的政治素质也正是在各种社会关系和社会意识的综合作用下形成的。大学生政治素质的形成与发展不是一个自发的、独立的过程,而是大学生个体政治特征与外在环境共同作用下,多种社会因素与个体因素相互交织的结果。也就是说,当代中国大学生政治素质形成和发展受多方面因素的影响,无论从宏观、中观还是微观的角度看,这些影响因素均具有复杂多样性和鲜明的时代特征。

第一节　影响大学生政治素质优化的宏观因素

大学生政治素质与其所处的宏观环境密不可分,对大学生政治素质产生影响的宏观环境包括经济、政治、文化和社会四个方面。正如马克思所指出的那样,"人创造环境,同样,环境也创造人"。[①] 在这种双向的"创造"中,环境对大学生政治素质发挥着双向功能,当宏观环境中存在有利于大学生政治素质提高的因子,环境对大学生政治素质的提高便发挥正向、积极的影响;环境中也存在不利于大学生政治素质提高的因子,当这样的因子影响到大学生时,势必对大学生政治素质的提高发挥负向、消极的作用。

---

① 《马克思恩格斯选集》第1卷,人民出版社1995年版,第92页。

一 政治环境对大学生政治素质优化本质的影响

大学生政治素质的形成与发展是客观环境作用于主观世界后的内化过程,大学生从政治环境中学习、体验、吸收社会主导的政治文化、理念、规范,从而获取相关政治信息,并将所获取的政治信息内化后与个体心理结构进行融合,从而建立稳定的政治心理、政治自我。在此过程中,政治环境对大学生政治素质的形成与发展起着主导性的制约作用,在不同的政治环境条件下,对大学生的政治素质有不同程度正向或负向的影响。良好的政治环境有助于大学生政治素质的提高,要受到政治文明、政治关系、政治制度、政治事件等因素的约束。

首先,政治文明影响大学生政治素质形成的本源性因素。在社会政治生活中,程序的公正性、政策的正确性、信息的准确性等政治状况,对大学生政治素质形成与发展产生影响。公开的政治信息、通畅的参政渠道、具有公信力的政治人物、灵活转换的政府职能都是政治文明的具体表现形式,而政治文明中政治信息获取渠道和政治参与的状况在影响大学生政治素质的方面均起着关键的作用。大学生政治素质是社会主义政治文明的重要标志,也是社会主义政治文明建设的重要内容。大学生政治素质是社会主义政治文明在高等学校建设和发展当中的本质表现。社会主义国家的政治文明的根本特征是国家的一切权力属于人民,人民当家做主。只有使广大青年大学生在政治素质的过程中充分表达政治愿望和利益要求,参与学校政策制定和决策产生的过程,才能使政策和决策体现群众的意志,符合学生的愿望和需要。否则,人民当家做主在高等学校只能是抽象的理论和空中楼阁。因此,政治素质是实现人民当家做主的重要环节,是社会主义政治文明的本质要求。大学生是参与政治文明建设的一支不可忽视的力量。随着高等教育的发展,高等教育的招生和在校生规模持续快速增加,越来越多的青年大学生将成为社会发展的重要推动力量。近年来,大学生参与各种社会实践,成为宣传实践国家大政方针的生力军。另外,大学生党团员的比例也逐年上升,在学校的民主选举、民主决策等政治生活中发挥着越来越重要的作用。

其次,政治关系影响大学生政治素质发展的方式和幅度。"政治关系是人们在社会生活中,基于特定的利益要求而形成的,以政治强制力量和权利分配为特征的社会关系。"① 改革开放使中国社会主义民主政治取得了巨大进步,与之相伴随的是社会主义政治关系的长足发展。但是在现阶段乃至今后相当长的一段时间内,由于受到我国人口众多、阶层复杂、多民族等国情的限制,当前人民群众的政治意愿只能更多地采用间接的代表制形式表达,人民群众的政治资源只能通过民主集中制原则进行使用,社会主义政治关系的确存在一些不尽如人意的地方。而存在于政治关系中的这些局限性严重制约了大学生政治地位、限制了大学生的政治参与、干扰了大学生的政治实践,影响着当代大学生政治素质发展的方式和幅度。改革开放以来,积极稳妥推进政治体制改革,我国社会主义民主政治展现出更加旺盛的生命力。政治体制改革作为我国全面改革的重要组成部分,必须随着经济社会发展而不断深化,与政治参与积极性不断提高相适应。

再次,政治制度是影响大学生政治素质发展的经常性因素。"政治制度是统治阶级利用政治权利实现其政治统治的原则和方式,是每个政治主体活动的框架和基本准则,贯穿政治主体活动的各个方面和整个过程。"② 大学生作为政治主体的一部分,必然受到政治制度框架的影响,这种影响主要表现在以下两个方面:一方面,政治制度为大学生提供政治行为模式和基本准则;另一方面,政治制度通过重塑大学生的政治性格而影响其政治素质。我国的政治制度逐渐成熟,特别是改革开放30多年来,政治体制改革随着经济发展步伐的加快,取得了重大成就,这就使得包括大学生在内的广大人民群众的政治地位发生了翻天覆地的变化,其政治热情、政治参与程度得到了前所未有的提高。但是鉴于世界范围内可供参考的符合我国现阶段国情的政治制度较少,我国在政治建设领域仍然存在诸多不足,我国当前的社会主义政治制度建设仍然任重而道远。当代大学生政治素质的形成和发展是在我国社会主义政治制度发展完善的进程中实现的,政治制度不仅提供了大学生政治行为的原则和模式,还培养了大学生积极主动的政治性格。

最后,政治事件对大学生政治素质的形成与发展起推波助澜的作用。在社会政治环境相对平稳和安定时,大学生政治素质形成和发展的速度也相对平稳。但当爆发重大政治事件、政治斗争日益激烈、政治派别针锋相

---

① 王浦劬:《政治学基础》,北京大学出版社1995年版,第49页。
② 金太军:《论政治行为的动因及其制约因素》,《江苏社会科学》2000年第2期。

对、政治分化严重时，大学生群体特有的政治敏感性导致其最先觉醒，并以极大的政治热情投身政治事件当中，往往成为重大社会政治变动的先锋。许多政治事件成为大学生政治素质形成和变化的契机，通过政治事件，大学生可以较全面地、较深刻地认识政治生活的本来面目，而不受各种偶然的、片面的、假象的东西所迷惑。在政治事件发展中，不论引发的社会思潮正确或是错误，进步还是反动，总会首先在大学生中引起反响，得到回应，成为大学生政治素质不断发展的催化剂、加速器和调节阀。

二　经济环境对大学生政治素质优化条件的影响

在影响大学生政治素质形成与发展的诸多因素中，起决定作用的是经济关系。物质生活的生产方式制约整个社会生活、政治生活和精神生活的过程。只有当人的基本物质生活需求被满足了，才有可能去追求政治素质水平的提高，而经济因素是决定整个社会意识形态的最基础性因素，它将最终影响和制约大学生政治素质的发展。纵观社会发展历史，当个体处于一个经济发展速度快、水平高并且社会成员普遍受益的经济体系时，这个经济环境下的社会成员对该经济体系所倡导的政治文化的认同感、依从感便会更强。

一方面，社会经济的发展为大学生政治素质优化提供了更多的机会，激发了他们参与政治生活的积极性。实践证明，当经济发展到一定水平的时候，公民政治参与的愿望便会明显增强。改革开放促使我国社会生活各个方面、各个领域都发生了历史性的变化，人们的物质生活水平有了大幅度提高。30多年以来，我国社会经济呈现平稳快速增长的态势，国际地位和综合国力不断提升，各领域均取得了举世瞩目的成就，特别是最近十年，我国综合国力大幅提升，国际地位和影响显著提高，人民生活得到更多实惠，这些都不断激发和提高大学生的爱国主义热情和民族自信心。

另一方面，市场经济的发展尚不够充分及其发展过程中出现的一些问题，对大学生政治素质发展又构成一定限制。一是由于我国经济发展的不平衡和经济结构的调整，就业问题突出，使得部分大学生将主要精力放到择业上，无暇顾及政治参与，影响到他们政治素质水平的提高，不可避免地会给我国民主政治的发展造成一定的消极影响。二是我国经济发展水平还不高，至今仍存在大量的贫困人口，许多地区生活并不富裕，来自贫困家庭和生活不宽裕家庭的贫困大学生占有相当比例。这部分学生经济困难，很多时候要为生活发愁，主要关心与其利益密切相关的事物，因而他们中的大多数政治参与意识相对淡薄，实际的政治参与也很少，政治素质状况不容乐观。

与此同时，经济发展水平与政治参与程度之间关系密不可分。社会经济发展促进政治参与的扩大，造就参与基础的多样化，并促使自动参与代替动员参与。当代大学生正面临着社会转型和经济体制改革的攻坚阶段，经济生活和社会生活中的矛盾、摩擦、漏洞还存在，主要表现在改革的客观历史进程与其主观愿望、理想目标之间的矛盾；伴随改革的日益深化，各方面权利和利益的调整势必形成不同利益群体之间的矛盾；社会主义市场经济的发展和市场体制的形成，也必然造成价值观的冲突等。这些变化在大学生思想认识上必然产生触动，使其思想观念出现了复杂多样的变化，失衡、失序、失范的思想和行为现象逐渐增多。可见，经济发展水平较高往往伴随着政治参与程度较高；经济越发达的社会，政治参与程度也更趋积极。因此，提高当代大学生的政治参与能力和意识，必须先从发展生产力入手，提高经济发展水平、完善就业体系、改进经济模式，为大学生政治素质提高提供更好的物质条件。

三 文化环境对大学生政治素质优化内涵的影响

文化环境不仅通过影响政治体系间接影响大学生的政治行为，还可以对大学生的政治素质形成与发展产生深远的、持久的影响。政治文化是文化环境中的重要组成部分，"政治文化是社会成员在一定生产方式基础上，于特定经济、政治、文化环境中形成的关于国家政治生活的政治心理倾向和政治价值取向的总和"。[①] 它通过融合在大学生周围的各种教育因素间接地、潜移默化地影响大学生的政治思想和价值观念，深刻影响其政治素质的形成和发展过程。

中国特色的社会主义主流政治文化，通过有目的、有计划的、系统的政治教育在当代大学生中加以保持和传递，影响他们的信仰意识、政治感受和政治态度，进而规范他们的政治行为。大学生在接受主流政治文化的熏陶后，对政治文化进行认知和选择，并确定自己的政治价值标准，设定自己的政治行为方向。我国当前的社会性质决定了社会主义政治文化在政治生活中的主导地位，以社会主义核心价值体系为轴心的社会主义政治文化，对当代大学生树立正确的政治价值观、积极的政治态度、健康的政治

---

① 王松、王邦佐：《政治学》，高等教育出版社1991年版，第189页。

心理具有导向作用，并且这种作用是潜移默化而又持久的。社会主义核心价值体系通过多方面、全方位的渗透，调节大学生的政治参与意识与能力，校正大学生政治意识的偏颇、克服政治行为的失范，最终将大学生政治素质发展引向积极、正确的方向上来，使大学生的政治行为与整个社会的政治要求保持一致，和谐发展。

与此同时，中国传统的政治文化对大学生政治素质的形成和发展也有一定的影响。我国传统政治文化的核心是爱国主义，爱国主义精神贯穿中国历史发展的各个阶段，并在每个历史时期发挥着巨大的作用，成为中华民族传统政治精髓的心理积淀，这种精神的传承和发扬对大学生的政治素质培养发挥了积极的作用。但是，长期的封建专制制度及其派生出来的专制文化是中国传统政治文化的最大缺点，服从权威、崇拜权力是中国传统政治文化一直以来的诟病。大学生在崇拜权力的同时又对权力充满恐惧，而这种崇拜与恐惧之间的矛盾严重抑制了大学生对公平、公正的判断，导致了有些大学生在政治生活中的盲目崇拜、迷信权势、消极参政等，这些都对大学生政治素质的培养和提高起到负面消极作用。与此同时，西方政治文化的不良导向也会对当代大学生政治素质起到负面的引导作用。这些不良的政治文化因素将阻碍大学生政治素质的发展，使大学生产生冷漠的政治心理、消极的政治意识、错位的政治行为等表现，极大地降低了大学生对主流政治文化的认同程度。

由此可见，政治文化对政治素质的影响是双重的，既有积极的一面，也有消极的一面。因此，在实际工作中应弘扬社会主义主流政治文化，有利于大学生政治思想、政治行为沿着主流政治文化的路径前行，从而对大学生政治素质产生持久而深刻的影响。

四 社会环境对大学生政治素质优化过程的影响

社会建设影响大学生政治素质形成和发展的全部过程，而大学生的政治素质状况将反作用其参与社会建设的广度与深度，往往成为衡量社会民主化程度和发展水平的重要指标。大学生的社会参与是个体或群体实现利益需求的一种社会表达方式，其社会参与行为往往成为社会运动的先导。社会主义社会建设主要是正确处理人民内部各阶层之间的利益关系，激发社会活力，促进社会公平和正义，维护社会安定团结，形成全体人民各尽其能、各得其所而又和谐相处的社会，为经济、政治、文化建设提供良好的社会环境。改革开放以来，我国综合国力大大增强，在世界上逐渐树立起大国形象，但在国内和国际两个方面都出现了一些新的问题与挑战：国内方面，我国在经济飞速发展过程中出现了大量的社会问题，如收入分配不平等问题愈演愈烈、城乡社会经济差距增大、生态环境与生态系统日渐恶化以及下岗失业问题与农民工问题等；国际方面，中国的崛起必将打破过去的国际政治与经济格局，形成新的国际关系格局，其间隐藏着复杂的摩擦和冲突。当前我国的社会矛盾问题必须从社会建设的高度去认识、用社会建设的手段去解决，这样才能更好地继续推动经济发展和社会进步。

中国特色社会主义社会建设有其自身的特殊性，主要表现在：一是建设中国特色社会主义制度的自我完善过程；二是社会主义计划经济结构向市场经济结构的转变，计划与市场的根本差别使得转型过程中两种体制之间的冲突和摩擦十分激烈；三是由建立在伦理基础上的"人治"社会向建立在民主法制基础上的"法制"社会转型。市场经济在一定程度上促进了政治文化向更有利于社会主义现代化的方向发展。市场经济带来物质与精神生活的改善和进步，从而坚定了社会各阶层走中国特色社会主义道路的政治信仰；市场经济的公平观念使民众的政治认同有所加强；市场经济倡导的自主性、创造性、开放性观念，调动了民众的参与意识；市场经济推动法制建设和政治体制改革，推动民众的民主意识。转型期的政治文化在一定程度上促进了大学生政治素质的发展。

大学生在新的发展阶段，期待过上更加美好的生活，对教育、卫生、社会保障、公共服务、生活环境以及个人全面发展等方面提出了更高的要求，全社会的公共需求快速增长，也更加需要加快社会事业发展。要完成这样的历史任务，就必须坚持经济建设、政治建设、文化建设和社会建设协调发展，缺少其中任何一个方面，都很难实现建成全面的更高水平小康社会的目标。社会转型带来的政治、经济、文化的变革也使我国大学生政治素质受到新的挑战。首先，社会转型促进了利益结构的深刻转换。在几十年的深刻社会转型中，社会主义市场经济体制逐步确立和发展；政治体制改革不断推进；利益群体和利益阶层分化、个人的利益和权利意识凸显；原有的社会关系、政治权力关系和利益格局被不断地调整和重构；不同的利益主体之间产生广泛的矛盾和冲突，主要体现在城乡差别、贫富悬殊、地区发展不平衡等问题的矛盾冲突。这些矛盾和冲突可能在大学生中引起政治认同、政治信仰、政治价值观方面的震荡和不利影响。引导大学生正确认识、理性对待这些冲突，认同社会主义政治文化，成为大学生政治素质优化不可忽视的任务之一。其次，社会转型引起政治价值体系的深刻变革。在社会转型过程中，与市场经济原则相适应的政治价值体系还处于建立过程中。因此，目前我国社会政治价值体系有双重性的特征。在现实生活中，出现了政治选择上以经济效果衡量一切、政治体系的定性认识和理性认识淡化、政治评价狭隘、政府官员行为腐败等问题。因此，克服旧的政治心理，促进和完善新的价值规范，是大学生政治素质优化面临的又一历史问题。

综观影响大学生政治素质形成和发展的宏观因素，社会建设作为中国特色社会主义总体布局的重要组成部分，与社会主义经济建设、政治建设、文化建设，既紧密联系、相互作用、不可分割，又有各自的独特地位和发展规律，对大学生政治素质的形成与发展均产生重要的影响。其中，经济建设为大学生政治素质形成和发展提供物质基础，只有坚定不移地以经济建设为中心，大力发展社会生产力，才能为政治、文化、社会建设提供坚实的物质基础。政治是经济的集中体现，对于经济、文化和社会建设有着重要的保证作用。只有积极发展社会主义民主政治，建设社会主义政治文明，才能为社会主义经济、文化和社会建设提供坚强的政治保障，为大学生政治素质的形成与发展提供方向保障。文化建设是政治和经济的反映，又对经济和政治产生重要的影响。只有大力发展社会主义先进文化与和谐文化，才能为经济、政治、社会建设提供精神支撑，对大学生政治素质形成与发展产生持久性的深远影响。社会建设是经济、政治、文化建设在社会领域的综合体现。只有大力加强社会建设，构建社会主义和谐社会，才能为经济、政治、文化建设创造良好的社会条件，影响大学生政治素质形成和发展的全部过程。总之，和谐的社会环境为其他三个方面建设的顺利推进起到了良好的润滑作用。强调"四个建设"全面协调发展，有利于促进人的全面发展，影响大学生政治素质形成与发展的条件、本质、内涵和过程。

第二节 影响大学生政治素质优化的中观因素

一 学校教育是影响大学生政治素质优化的主要因素

学校是影响大学生政治自我发展的主要组织，其功能是通过有目的、有计划、有组织的系统教育，指导学生选择正确的政治价值取向。作为向大学生系统传授灌输政治知识、政治技能和政治价值观的专门场所，学校实际上是一个微型社会，有其独特的地位、角色和价值标准。在学校教育中，通过有目的、有计划、有组织的政治教育活动将系统的政治知识和政治规范传递给学生；在学校教育中，大学生通过与教师、同学的日常交往，也经历了对社会政治生活的初步体验。

学校作为社会主导政治文化灌输与播散的载体，通过多种途径，采取多种措施，对大学生进行政治教育，进而影响、规范、引导大学生形成良好的政治素质。其一，思想政治理论课作为主渠道，对大学生进行政治理论认知教育，进而培养大学生马克思主义理论素养和积极向上的思想道德修养与良好的政治素质。高校思想政治教育有目的、有计划、有组织地开展教育活动，指导大学生树立正确的政治价值观、形成理性的政治参与意识，增强大学生对党的路线、方针、政策的理解和认同，提高其政治认知水平和政治行为能力方面具有不可替代的作用。高校政治教育的向度、强度，对大学生政治参与意识和行为具有极其重要的影响。其二，利用党团组织开展校园政治文化活动，为大学生提供参与政治的机会和结构模式，引导当代大学生树立正确的、科学的政治价值观。其三，通过提供健康、和谐的政治文化氛围，影响大学生政治思想、培育大学生的政治情感。其四，通过思想政治理论课教师、辅导员、学生干部、学生党员等教育主体发挥示范引领作用，具有最直接、最明显的影响。特别是思想政治理论课教师、辅导员，他们作为大学生政治素质教育的中坚力量，首先应该具备高水平的政治素养，才能对帮助大学生树立正确的政治价值观、塑造坚定的政治人格起到积极的引导作用。

学校教育在大学生政治价值观确立、政治态度和政治情感培养方面，发挥着主要作用，这其中最主要的是通过思想政治教育的途径来实现的。改革开放30多年来，在党中央有关加强和改进大学生思想政治教育文件精神的指导下，在广大思想政治教育者的努力下，大学生思想政治教育取得了明显成效。各高校通过思想政治理论课教学、日常思想政治教育、社会实践等形式，对大学生进行了深入的政治素质教育，帮助大学生树立正确的世界观、人生观、价值观，促进大学生的政治社会化，塑造大学生的政治人格，提高大学生的政治参与能力方面起到了重要的作用。可以说，新时期的大学生思想政治教育在大学生政治素质提高中起到了非常正面的、积极的作用，这是必须充分肯定的。但同时我们也应看到，目前大学生思想政治教育也还存在一些问题，如教育内容与政治生活联系不紧密、教育方式的单向度、纯理论和理想化的教学模式等，都对大学生政治素质优化产生了消极的影响。

总之，优化大学生的政治素质，更好地培养大学生的政治参与意识和政治参与能力，就必须大力加强大学生思想政治教育。在教育过程中，一是要增强大学生对政治教育的信任度，包括教育和宣传者政治态度的鲜明性、政治行为的表率性等。二是要提高政治教育和政治宣传的可信度，提高政治信息的真实性、可靠性。三是要增强政府在大学生心目中的公信度，政府要时刻以民为本，任何决策的制定都要充分论证以确保决策的科学性和可行性，使大学生从内心深处产生对党和政府的信任。因此，要充分利用学校教育这一平台，积极引导大学生政治素质沿着正确的方向发展，为大学生政治素质优化打下坚实的基础。

二 家庭环境是影响大学生政治素质优化的直接因素

家庭作为社会的基本组成单位，是大学生参与政治活动的最初组织形式，也是他们认识世界的第一环节和直接桥梁，自然也就成为影响大学生政治素质形成与发展的最为直接的因素。对大学生而言，相对独立的大学生活，使得家庭环境对其政治素质的即刻影响似乎不十分明显。但实际上，家庭环境对大学生最初政治素质的启蒙影响举足轻重，有的甚至影响他们一生的政治观念，因为每个人从出生开始，就已经与自己的家庭建立起了经济、文化、政治上的密切联系。

（一）家庭结构对大学生政治素质的影响

家庭结构可分几代同堂的联合家庭、只有父母与子女组成的核心家庭，以及由于父母一方因离婚、死亡、出走、分居等原因造成的残缺家庭三种类型。核心家庭，特别是独生子女家庭，规模小，人口少，家庭成员关系简单，家庭气氛和谐、愉快，父母有较多的精力、财力和时间教育孩子。为孩子的全面发展，提高创造良好的物质精神条件，在子女政治教育问题上意见若一致，孩子在家庭中有更多的机会与父母交往，家长的政治价值观、政治个性特点、政治思想和政治品德修养对孩子的政治素质发展有极大的影响。联合家庭、残缺家庭的大学生则更多表现出消极情绪，并因此影响到他们的政治情感的养成及社会性发展。可见，家庭结构给子女构成了最初的"社会政治环境"，正是由于家庭结构的这种差异性，通过平常的、大量的、具体的、潜移默化的作用，对大学生的政治素质产生深刻而久远的影响。

(二) 家庭人际关系对大学生政治素质的影响

由于亲缘关系，从父母那里传递给大学生的政治观念、政治评价、政治判断等政治意识非常容易被他们接受和认可。父母的政治经历、政治地位、政治行为对子女的政治素质形成有着重要的影响，不同政治经历、政治地位的父母其表现出来的政治风貌、政治关注、政治兴趣往往相去甚远。家庭是血缘和利益的共同体，从个体成长角度讲，父母是子女成长过程中政治社会化的输入者。通常，父母会将自己的政治价值和政治信念传输给自己的子女，完成家庭对子女政治社会化中的作用。在中国的传统观念中，子女的使命主要表现为血缘关系、家族地位、家族精神的传递者，大学生与其所在家庭持有的政治意识倾向之间存在着天然的、密不可分的联系。在我国，由于计划生育政策的施行，家庭结构逐渐趋于简化，大学生在家庭中的地位较之以前多子女家庭结构更为突出，个体意识更为强化。

(三) 家庭气氛对大学生政治素质的影响

家庭情绪氛围对大学生政治素质的影响具有情感性和亲和性的特点，并且其影响也是经常、持久的。家庭气氛的紧张与放松、和谐与对抗、专断与民主、封闭与开放都对大学生政治素质有着不可忽视的影响。家庭中父母所创造的对孩子充满爱的氛围，会使大学生身心放松，心情舒畅地感受父母关爱的幸福，从而进一步激发大学生对父母的热爱之情，以及扩展到对他人，对美好生活的热爱和向往。长期生活在良好家庭情绪氛围中的大学生精神饱满、心情愉快、兴趣广泛、性格开朗、喜欢交际。反之，长期生活在不良家庭情绪氛围中的大学生往往产生过度焦虑、心情压抑、自我封闭、思维不灵活。

(四) 家长自身政治素质对大学生政治素质的影响

虽然父母并非有意把自己的政治观点、政治态度、政治意愿等作为子女教育的内容传递给孩子，但其政治素质在各个方面的表现将直接被孩子学习和内化，从而直接影响着孩子的政治素质。因为父母的言谈举止、家庭环境直接影响大学生最初的政治意识的萌发。父母作为大学生成长的第一任老师，其所持有的政治态度、所奉行的政治见解、所实施的政治行为都会对其产生潜在的影响。随着个体成长，大学生也会自觉地采纳家庭中大部分成员所持有的政治态度。父母对政治理论的掌握程度决定了大学生政治意识、政治态度、政治参与程度。如果家长的政治人格完善、符合规范,那么,他们就为大学生提供了理想的模仿对象,使大学生的政治性格无意识中也达到完善,符合社会规范。另外,如父母的政治意志、政治兴趣等也无不潜移默化地影响大学生的政治素质。

(五)家庭教养方式对大学生政治素质的影响

由于家长的社会地位、经济条件、价值观念以及教育观念的差异,也决定了其教育方式的不同。以民主、和谐、平等核心理念为主的家庭,发挥着与社会主导政治文化相一致的教化功能,通过开放的政治信息交流等活动把政治价值观、政治行为代际传递,提高家庭成员的政治素质,进而增强家庭对大学生政治参与意识、能力的培养和政治人格的塑造,强化其政治责任感和义务感;支配型家庭中的一些不符合社会主导政治文化的教化,对大学生的政治社会化则会产生消极的影响;放任型家庭的孩子由于缺少必要的约束和管理,其在政治生活中往往表现出政治意识淡薄、政治责任淡化、政治参与冷淡等消极倾向。不同的家庭教养方式将直接导致大学生政治素质水平的差异。

总之,大学生政治素质的启蒙最初来自家庭。家庭作为大学生成长的初始环境,通过民主氛围、经济条件、家长素质、成员情感等潜移默化地影响大学生的政治素质形成与发展,大学生在成长过程中要经过个人政治历练,不断校验和调整最初的政治观念,形成较为稳定的政治意识和政治行为取向。

三 大众传媒是影响大学生政治素质优化的重要因素

杂志、报纸、广播、电视和网络是大学生获得政治信息的主要来源,对当代大学生政治素质的形成与发展有着深刻的影响,而且这种影响随着现代科学技术日新月异的飞速发展,特别是互联网的广泛应用,对大学生政治素质的影响越来越大。其一,大众传媒提高了大学生获得政治信息的普及程度。其二,大众传媒对大学生政治认知、政治态度的形成发挥着重要影响作用。其三,大众传媒利用广泛的信息传播途径吸引了大学生的政治兴趣。大众传播媒介具有涉及范围广、传播速度快、形式新颖多变、寓教于乐的特点,与正规的学校教育相比,更容易被大学生接受和认可。但是随着网络的普及,对传统政治教育的时空概念造成冲击,导致那些缺乏辨别能力和社会阅历的大学生常常会迷茫于现实与网络之间,造成对现实生活中政治参与的漠不关心。

大众传媒通过对大学生政治意识、政治态度形成的影响，从而直接或间接影响着大学生的政治素质。由于大众传媒对公众的影响巨大而广泛，世界各国政府对其都有不同程度的监控。各个国家的主流传播媒介在政府的控制下总是反映和代表着一定阶层和集团的利益和倾向。在我国，坚持马克思主义新闻观，宣传党的基本路线、方针、政策，实事求是地报道生活中重要政治事件是我国主流媒介的职责所在，通过大众传播媒介使大学生领会我国现有的政治制度、政治体制等基本政治知识，通过大众传播媒介的舆论导向作用，帮助学生树立正确的马克思主义政治观，对构建积极的政治情感，形成高尚的政治信念起着不可或缺的作用。不容忽视的是，大学生对政治信息的选择总是受着个体家庭教育、学校教育、自身阅历、政治态度、政治知识等的综合影响。另外，大众传媒中的不良信息也会影响到大学生政治素质的形成和发展，大学生由于政治经验相对缺乏，导致其政治辨别能力往往不够成熟，容易被不良信息所误导。因此，学校、家庭、社会监督就显得尤为重要，应及时了解大学生的思想动向，对其偏执、片面的政治观点加以引导和监督，提高其政治鉴别能力，从而帮助大学生提高政治素质水平。

在迅猛发展的现代媒介中，尤其值得关注的是网络媒介对大学生政治素质的影响。在当今信息化时代，互联网把整个世界联系成一个信息网络，每个大学生网民与世界各地的公民几乎在同时即可获知公开的政治信息。网络给大学生和世界提供了双向互动平台，并且互联网庞大的资源优势使得大学生在获取政治信息的同时，也具有了自主的选择性。以何种视角筛选政治信息，往往与大学生的政治意识有关，这些经过自己选择的政治信息对已有的政治素质可能发挥促进或减弱的作用。同时，由于网络媒体的发展，打破了传统纸质媒介、广播媒介、电视媒介的单向信息沟通的模式，大学生能够通过网络媒体第一时间掌握社会的发展动态，更重要的是大学生可以借助网络媒介，成为政治信息的主动传播者。而当前新一代大学生属于社会群体中思维最为活跃、网络关注和应用最为普遍的群体，对社会事件的独立感知和辨别能力也在逐渐增强，不再是传统舆论和话语的被动接受者。

任何传播媒介都会受到所在政治体系制约的同时，传播媒介也通过传播政治信息、引导政治方向发挥对政治系统的影响。传播媒介可以通过新闻报道、舆论渲染引起大学生的注意，增加他们对政治的关注程度和兴趣，从而引导其政治素质的发展方向。此外，传播媒介还可以在各种宣传报道中表达出某种倾向性的政治观念，以引导和左右公众舆论，从而对大学生的政治认知、政治情感、政治行为产生深远影响。但是，传播媒介中信息量庞杂，良莠不分，其中不正确、不科学的政治文化对大学生政治素质培养有极大的负面效应。由于大众传媒所播散的各种政治信息并非全部正确，其中所夹杂的错误的、偏激的、消极的政治信息将对大学生政治素质形成和发展构成不利的影响。

第三节 影响大学生政治素质优化的微观因素

人是社会的人，人的发展不能不受社会发展的推动和制约，我国目前的政治、经济、文化、社会发展仍然处于社会主义初级阶段的现实，相应地决定了我国公民政治素质的发展：一方面已经取得了显著的成就，另一方面也仍然存在诸多的不足和缺陷。基于社会与人辩证发展的规律，实现我国现代化进程中的大学生政治素质优化，毫无疑问，既需要大力发展社会主义的政治、经济和文化，着力于大学生政治素质优化所需环境的塑造，也需要大学生发挥主观能动性，在社会主义现代化建设的进程中，使自己的政治素质逐步得到锻炼和提高。

一 朋辈团体对大学生政治素质优化的影响

所谓朋辈群体就是年龄相近，教育程度、身份地位、兴趣爱好和价值观念大体相同的人们的自愿组合。这是一种非正式的社会结构，有其特有的行为规范、价值准则以及以此为核心的亚文化，有较高的心理认同感和内聚力，成员间的关系基本上是平等的，且交流的内容十分广泛。朋辈群体是一个人成长发展的重要影响因素，尤其在大学时期，朋辈群体对大学生的价值观、思想和行为发展的影响日趋重要，甚至有可能超过父母、老师和社会大环境的影响。大学生从家庭逐步走向社会，首先就是进入朋辈群体，而且大学生大部分时间是在学校度过的，与朋辈群体之间的沟通交流占大多数，受朋辈群体的影响也最广泛、最明显。

同辈群体广泛存在于大学生之中，具有强大的亲和力。当代大学生思维活跃，崇尚自由与独立，成员之间关系自由平等，成员之间容易交心，沟通层次较深。另外，通过群体核心人物的感召，广大学生在主动参与中接受熏陶，在思想行为上潜移默化中受到影响，个体往往会依从核心人物的思想和行为方式。通过成员交往，彼此可以获取海量的社会经验和信息。在平等交往中，他们不仅充分展现了自我，而且在群体中获得了归属感，体验了受尊重和自我实现的快乐。在群体中，他们尝试学习适应自己的角色，学习宽容和理解他人，懂得了团结协作的重要性，不断学习社会规范，加速了大学生政治社会化的进程。在大学生朋辈群体中，群体成员交往频繁，在朋辈的交往中大学生探讨有关政治、经济、文化等各个方面的话题，这既是他们进行相互学习的方式，也是他们参与政治生活的方式。在朋辈交往中，大学生容易产生共同的政治心理感受，容易形成一致的政治认同。大学生群体由于身心发展的不成熟性，使得他们在思想行为上具有很强的模仿性和学习性，朋辈群体的政治价值观念和政治行为范式在相互交往中传递和渗透。大学生朋辈群体是一个广泛的群体，其自身受到群体成员多方面的暗示和引导，并在这个群体中发挥着对其他群体成员的影响，如何发挥朋辈群体对大学生政治素质的影响作用，是值得我们关注的问题。

朋辈群体对大学生政治素质的形成和发展发挥着广泛的影响作用，但这些作用并非都是积极的，难免有一些消极的因素，朋辈群体中的部分成员可能持有与主流政治导向相悖的政治观念，并通过朋辈交往中将这些政治观念传递给其他群体成员，对其他成员政治素质产生不良影响，这种不良影响往往具有潜隐性，需要格外关注。在实际工作中，我们要充分利用形式多样的学生社团对大学生进行政治教育，在学生社团活动中发挥朋辈影响的优势，使大学生在相互学习探讨中得到启发和引导，在朋辈群体的相互启发和引导下，使每个成员建立科学的政治认知、树立正确的政治信仰、养成规范的政治行为，最终实现朋辈群体政治素质的整体优化。

总之，影响当代大学生政治素质形成与发展最为广泛性的朋辈群体，对大学生政治价值观念、政治行为都有着重要的影响作用。朋辈群体对大学生政治素质的影响具有双重性，积极和消极的影响并存。因此，应加强对朋辈群体的引导，注意发挥其对大学生政治参与的积极影响，抑制并消除其消极影响。

二 自身个性对大学生政治素质优化的影响

大学生政治素质形成与发展在受到外界的政治、经济、文化等社会因素的影响和制约的同时，其形成过程和表现形式上也不可避免地受到自身因素的影响和制约。任何个人都不可能孤立地存在于某种政治体系之外，而是必须存在于某种政治体系当中。但是，即便处于同一政治体系当中，面对同样的政治环境每个独立的个体对政治事件的见解、态度、判断也并不完全一样。所有这些都充分说明，大学生政治素质的形成与发展，不仅受客观环境的影响和制约，而且还要受个体自身因素的影响和制约。

首先，大学生的身心发展状况对大学生政治素质形成和发展的影响。大学生个体能否达到政治规范对其提出的要求，受大学生个体身心发展状况的制约，在不同的身心健康水平和不同的认知状态下，不同的大学生对政治行为规范的理解、接受能力都不尽相同。此外，大学生的健康状况、自制能力、智力水平等是否允许其接受所面临的政治教育的内容信息。从某种意义上说，大学生身体素质、心理素质发展不和谐同样会严重干扰到大学生政治素质的发展。

其次，政治阅历是政治素质形成和发展的出发点和关键。每个人所经历的事件不同，导致其在知识、见解、观念、经验、情感、意志的积累和发展趋势上也不尽相同。个体的政治认识、政治态度往往建立在其所经历的政治过程的观察和体验之中。大学生所做出的政治选择和政治行为往往是基于以往的政治经验。大学生的政治经验主要来源于他们所经历的政治生活，一定的政治生活经历所塑造的政治观念相对稳定和持久，并对其政治行为和政治心理的定位和发展产生深刻影响。大学生的政治经历最初从家庭开始，同时接受十几年的学校教育，父母通过表达政治态度潜移默化地向孩子传递着政治态度和政治价值观，学校通过有目的、有计划、有组织地提出明确的政治要求，为大学生树立正确的政治观念夯实了坚实的基础，在特定的社会政治事件中，政治经历对大学生政治认同的影响深刻而巨大，对政治素质发展产生强大的影响。因此，大学生政治阅历对于其政治素质所产生的影响不容忽视，从某种角度上讲，政治阅历既可以促进大学生政治素质向正向发展，也可能影响大学生政治素质向逆向发展。

最后，政治个性支配大学生政治参与意识和行为的效能。大学生在参与政治生活中所表现出不依赖政治活动目的和内容为转移的，稳定的、典型的政治心理活动特征，受不同的政治环境和政治生活的感染而表现各异，主要表现为政治觉醒速度、政治思维的灵活度、政治关注稳定时间等政治心理活动过程。大学生的政治气质是个人气质在政治生活中的表现，尽管一个人的政治气质并非是决定其政治价值的客观性因素，但是政治气质却对个体政治态度、政治行为发挥着主观影响作用。此外，政治气质还对政治性格发挥着重要的影响作用，影响着政治性格的形成方式和形成速度，政治气质不同的大学生所表现出的政治性格形式也不一样。由于大学生先天素质各具差异、人生经历以及参加政治生活所获得的经验阅历各不相同，所以他们的政治个性也不完全一样。

综上所述，影响当代中国大学生政治素质优化的因素是多方面的，影响的程度和向度也是多样的。这期间是一个内在的辩证互动过程，无论是各影响因素之间，还是各因素与政治素质各要素之间，都是相互渗透、相互作用的，而影响大学生政治素质优化的众多因素形成合力，将最终决定大学生政治素质优化的速度、方向和水平。因此，对大学生政治素质形成与发展的现实基础、动力机制、互动趋势、走向规律的考量，就自然成为本书接下来研究的重点问题，也是构建大学生政治素质优化体系的重要前提。

第五章 当代中国大学生政治素质优化的作用机制

第一节 大学生政治素质优化的现实基础

政治素质作为大学生综合素质的有机构成部分，是客观环境、主观意识和政治实践交互作用的产物。大学生政治素质形成与发展的现实基础包括客观基础、主观基础和实践基础。

一 大学生政治素质优化的客观基础

大学生政治素质优化的客观基础是指存在于政治主体外部，促使其政治素质形成和发展的客观条件的总和。具体来说，大学生政治素质优化的客观基础分为政治客观环境、主体客观环境和社会客观环境三大类。

1. 社会客观环境就是社会客观存在，具体而言就是人类社会生活物质方面和物质过程的总和，主要指的是人类生产力和生产方式所构成的社会生产关系。人类社会的物质生活决定着精神生活和政治生活，物质生活是大学生综合素质形成的客观基础，也是大学生全面发展的首要前提，因而也是大学生政治素质形成的客观基础。社会客观存在为大学生全面发展提供了物质动因，也丰富了大学生心理反应的社会内容。从根本上讲，社会生产力的发展水平以及人们所享有的物质生活的发展程度，在一定程度上决定和制约着大学生政治素质的内容和发展水平。

人类在物质生活中形成的生产关系是人类社会物质关系的高度浓缩，也是其他社会关系产生的物质胚胎。生产关系的本质是利益关系，它对大学生政治素质的形成有重大作用。一般而言，共同的生产关系和共同的利益要求，是大学生政治素质差异的根源。由此可知，一个社会的生产关系是大学生政治素质产生的直接根源，而生产方式则是其政治素质形成的客观基础。在社会客观环境中，经济关系和经济利益对大学生政治素质形成和发展具有决定性作用，它不仅规定大学生政治素质的最终发展方向，而且规定着大学生政治素质的价值取向。

2. 政治客观环境主要指政治存在，政治存在与社会存在具有一定的交叉内容，但二者具有不同的定位。社会存在的内容主要指经济存在，政治存在作为经济存在的派生物，是建立在经济基础上的政治建筑，它已超出了社会存在范畴。政治存在是建立在政治生活基础上的政治关系和政治制度的总和。政治制度作为政治关系的延伸而存在，它们共同构成大学生政治素质形成的客观基础。社会政治制度作为大学生政治素质形成的客观来源，是政治存在的直观内容，也是大学生政治素质产生的制度环境，它不仅决定着大学生政治素质的内容和特征，也决定着其发展水平。特定的社会政治制度决定着特定的政治素质结构，社会政治制度的发展变化也必然促进政治素质的与时俱进。因而，政治制度是塑造大学生政治素质的重要手段，也是大学生政治素质优化的主要途径。

3. 主体客观环境反映在大学生个体自我发展的政治历程中，积淀和浓缩着大学生个体政治活动的感性经验。无论是大学生个体或是大学生群体都会历史地构建出大学生自身的客观环境。大学生的社会经历和政治活动，不断内化并积淀为大学生的政治素质，构成政治实践内化的逻辑形式。大学生政治素质的构成要素，直接反映了他们所承担的政治关系，特别是反映了他们自身的政治地位、政治资源、政治利益、政治追求及其相互关系。

总之，社会客观环境和政治客观环境是大学生存在和发展的外部环境，它们通过大学生内化而形成政治素质；主体客观环境则是大学生存在和发展的内部环境，它通过大学生自我内化而形成政治素质。其政治素质的形成与发展就是政治主体外部环境主体内化以及政治主体内部环境自我内化的二维交叉，是两大客观环境双重内化的动态过程。

二 大学生政治素质优化的主观基础

大学生政治素质优化的主观基础是指影响大学生政治观念的环境，主要包括大学生所处的社会文化背景和已经形成的主体心理背景两个层面。

1. 大学生不仅生活在一定的社会形态和物质条件下，还生活在一定的物质文化氛围中。因此，大学生政治素质的形成摆脱不了自身所处的主流思想文化氛围的干扰和影响。社会文化背景对大学生政治素质的影响，往往是通过长期的潜移默化形式实现的。同时，对大学生的思维方式、价值取向、行为模式等方面均有深远影响，它包括社会意识形态以及各种文化传统，其中政治文化是社会文化背景的主要内容。

政治文化作为社会意识形态，是政治经济生活的理性反映，是理性思维活动的观念形态，成为支配人们政治生活和政治行为的主要因素。不同政治文化的熏陶会造就不同的政治人格，产生不同的政治态度，形成不同的政治素质。其中，哲学思想作为社会文化系统的最高层次，包含着人类政治生活的价值观，对政治素质的形成具有理性的引导作用。只有世界观正确的大学生才会有积极的人生观，才能产生正确的政治观，进而形成方向正确的政治素质。人的政治素质是在世界观、历史观和政治观影响下形成的，其核心部分是人的价值观。因而，大学生必须树立科学的核心价值体系，充分发挥它在政治素质形成与发展中的支配作用。

2. 主体心理背景包括影响大学生的政治倾向、政治性格、政治心理过程和政治心理状态的主要方面。政治倾向是指决定大学生对事物的行为和态度的动力系统，它以积极性和选择性为特征，其中包括政治需要、政治兴趣、政治动机、政治信念和政治理想等不同成分。这些不同成分以不同的态度和不同程度的积极性支配大学生的政治行为，有目的、有选择地对客观政治现实进行反映。政治性格是指在心理活动中所表现出来的比较稳定的成分，它包括气质、能力、性格。政治素质形成的过程是大学生个性特征和个性倾向的动态过程，是个性心理特征和个性心理倾向的表现。政治心理状态是个性心理特征的直接存在形式。主体心理特征则是从大学生不断变化的政治素质状态中抽象出来的稳定的基本特征。同时，政治素质状态也是政治素质发展过程向主体心理特征转化的中间环节。

总之，主体心理背景就是大学生进入政治生活时已形成的心理模式。主体心理背景是通过政治活动内化的方式逐渐形成的，表现为一种稳定的政治认知倾向、政治情感倾向、政治意志倾向，构成一种政治心理定式。这种心理定式在对来自外界政治信息的构建中，表现出以自身为范式的政治素质必然带有大学生的主观特征。政治主体的心理背景是大学生政治素质形成的最重要的主观基础。

三 大学生政治素质优化的实践基础

大学生政治素质优化的根本动力是在政治实践中不断出现新的政治需要与原有的政治素质发展水平之间的矛盾。大学生政治素质的内部矛盾，是通过大学生参与政治实践活动而体现出来的，随着矛盾的解决，其政治素质水平也就得到了逐步提高。大学生政治素质是在政治社会化过程中产生的，更是在政治实践中发展的，脱离了政治实践，政治素质水平也就不可能得到提高。

1. 政治实践是大学生政治素质形成和发展的基本过程。大学生只有通过政治实践活动才能产生政治认知、政治情感、政治意志、政治信仰、政治行为等政治素质的过程要素，并在不断的政治实践过程中提高政治素质的层次性。大学生在平等、相互理解的基础上进行的政治实践互动，经受锻炼，增长才干，实现政治认知到政治行为的有机统一。大学生只有不断地进行政治实践交往，才会不断形成新的政治需求，提升大学生政治参与的自觉意识，提高政治参与的知识和技能，在政治参与的过程中构建大学生的政治认同，使大学生理解、践行、维护当前的社会主义核心价值体系。

2. 政治实践是大学生政治素质发展的创新动力和源泉。首先，新的政治实践不断为大学生政治素质提升提出新的问题。因为社会是在实践中向前发展的，这就要求我们不仅要关注正在发生的事情，还要着眼于新的政治实践和政治趋势，政治实践中发生的新变化、新形势要求大学生进行自我调整。大学生适应政治环境的发展变化和政治实践的发展要求是其生存发展的基本能力，也是大学生政治素质优化的必然要求。

3. 政治实践是大学生政治素质成熟完善的重要途径。大学生在政治实践中存在两种心理状态，即积极心态和消极心态，只有抱着积极心态参与政治实践的大学生，才能在实践磨炼的基础上提高自己的政治素质。大学生在自我调整适应过程中有两种态度，即主动调适和被动调适。主动调适的大学生能做到能荣能辱、能屈能伸，体现出较高的政治素质水平。可见，大学生根据政治环境的变化，积极调适政治心理状态以适应变化的政治现实，这是政治素质优化的一个重要途径。

第二节　大学生政治素质优化的动力机制

一　大学生政治素质客体的外部环境制约

大学生政治素质优化受制于外部社会环境的制约。国际社会环境对大学生政治素质的影响是多方面的，如国际经济形势、国际政治斗争、全局或局部战争、科技重大发明和文化艺术交流等。当前,主要表现为社会主义与资本主义两种社会制度之间的对立和斗争对大学生政治素质的影响。事实证明,两种社会制度斗争的长期性和复杂性,决定了国际社会环境诸因素对大学生政治素质形成与发展影响的长期性和复杂性。国内社会环境分为国内社会的物质环境和国内社会的精神环境。国内社会的物质环境包括物质生产方式、物质生活条件和社会制度三个方面。物质生产方式是生产力和生产关系的统一,生产力和生产关系的诸因素对大学生政治素质的形成与发展有重要影响;物质生活条件在一定条件下决定大学生的政治品德境界的高低和发展方向;社会制度更是直接影响和规范大学生的政治立场。国内社会的精神环境包括政治生活状况、文化生活氛围、政治思想规范以及政治素质教育等社会意识形态因素,他们都对大学生政治素质形成与发展有着重要影响。

社会环境对大学生政治素质优化的影响,是以大学生参与政治实践为中介,把社会环境与政治主体连接起来而实现的。在大学生政治素质优化的外部制约过程中,一方面,社会环境的影响通过政治实践施加于大学生,影响大学生的政治素质面貌;另一方面,大学生把其政治素质所决定的参与政治实践活动产生的影响反作用于社会环境,积极地、能动地改造社会环境。社会环境的影响和政治主体的主观能动作用构成了大学生政治素质形成与发展的外部制约过程中的双向作用,而这种双向作用是以政治实践为中介来实现的。因此,大学生政治素质优化的外部制约过程是社会环境对大学生的政治素质的影响作用和大学生对社会环境的主观能动作用,以参与政治实践为中介而构成的双向运动过程。

二 大学生政治素质主体的内部矛盾运动

政治素质的形成与发展固然离不开外部社会环境的影响,但归根结底是要通过政治素质主体内的矛盾运动来实现的,任何事物内部矛盾运动是事物得以发展的根本原因。大学生政治素质主体内在矛盾运动包括两个方面。一方面是指在外部社会环境影响下,在政治素质的内在转化过程中,主体内部的政治价值、政治心理、政治思想、政治品德、政治实践五个子系统、诸多要素之间在发展方向和发展水平方面不断地由不平衡到平衡、由不适应到适应的运动。在政治素质形成与发展过程中,各系统间的要素是相互联系、相互制约、相互渗透、相互促进的。但是,由于外部社会环境各因素的复杂性和大学生内在心理因素的复杂性,有时政治素质各要素在发展方向和发展水平上并不平衡和相互适应，这就构成了诸因素之间的矛盾。只有在社会主义核心价值观影响下，诸要素才能相互作用、辩证发展，逐步达到政治素质的发展方向和水平上的平衡和适应，形成相对稳定的政治素质结构。

三 大学生政治素质主体客体间的平衡协调

大学生政治素质是在后天的外部社会环境影响下形成的，客观因素对大学生政治素质的形成与发展具有决定性的影响。影响大学生政治素质形成和发展的客观因素纷繁复杂，他们都以各自不同的方式对政治素质的形成与发展施加影响。大学生作为不同的政治主体，有着千差万别的个性特征，在接受外部社会环境影响形成政治素质的过程中，他们绝不是消极的、被动的。客体因素能否产生预期作用，关键不在于客体因素，而在于主体因素，在于主体因素与客体因素之间的平衡和协调。

只有在主体因素和客体因素与一定社会的政治需求相互平衡、相互协调的前提下，才能形成符合时代发展的政治素质。大学生政治素质形成和发展的过程，也是政治素质主客体之间相互平衡、相互协调的辩证统一过程。同时，这个过程是在政治实践的基础上实现的。客体因素的影响只有通过政治实践与主体相互联系，才能达到主客体的相互协调与平衡，使政治主体形成符合时代要求的政治价值、政治心理、政治思想、政治品德、政治实践五个子系统的过程，经过内化再转回到政治现实中去，变为实际的政治行为能力，并坚持下去。接着在政治实践中通过政治评价和自我评价的反馈，开始新一轮的主客体间相互平衡、相互协调的运动，获得一个新的更高水平的政治素质，由此循环往复、螺旋式上升。由此可见，政治素质形成与发展的过程，是政治主体在长期政治实践基础上，主客体之间相互平衡、相互协调的过程。

第三节 大学生政治素质优化的演进趋势

马克思主义认识论认为，主体反映客体的过程是充满矛盾的过程，是矛盾不断产生和解决的过程，是在实践基础上由感性认识到理性认识、再回到实践的过程，是实践—认识—再实践、再认识无限曲折发展的过程。在大学生政治素质形成和发展过程中，政治价值、政治心理、政治思想、政治品德、政治实践五个子系统诸要素之间的联系是必然的。政治素质的形成和发展过程，就是各要素相互作用、制约和促进的结果，由知到行的转化，是矛盾运动的过程。而这个过程的演进规律，实际上就是大学生经过内外因的交互作用，使知、情、意、信、行在发展方向上由不一致到一致，发展水平上由不平衡到平衡的循环往复、螺旋上升、曲折发展的过程。

一　大学生政治素质优化的总体形态

大学生政治素质优化的过程，既是个体习得一定政治体系的政治认知、政治情感和政治价值观并在该政治体系的社会政治生活中表现出政治行为的过程，也是一定政治统治体系中占统治地位的政治组织运用各种社会机构向其成员传输政治文化并使成员在政治生活中发挥作用的过程，同时还包括这两大主要过程联系的具体的、分层的、分阶段的过程。这些大大小小的过程交相互动，形成了政治素质发展的总体形态。

大学生政治素质形成和发展的总体形态是复杂的、动态的、多层面的。为了便于把握这种互动规律，本研究把政治素质的形成与发展划分为三个线性过程模块：一是大学生与环境的互动过程；二是政治素质的内化过程；三是政治素质的外化过程。政治主体与社会环境的互动，主要通过政治教育和政治实践两种基本方式进行。大学生政治素质的内化过程，就是政治主体通过多种途径，获得政治认知、政治情感和政治价值观，习得主导政治文化，将政治素质内化形成一个观念形态的政治人格的过程。大学生政治素质的外化过程，就是政治主体通过政治行为将习得的主导政治文化付诸政治实践，形成一个现实形态的政治人格的过程。

二　大学生政治素质优化的互动过程

大学生政治素质优化的过程，就是大学生对一定政治统治体系的认知、情感、态度、动机和评价并在该政治体系的政治生活中表现出一定政治行为的过程。它由复杂的多系统、多环节、多要素构成，其中每个系统、每个环节都可以构成一个相对独立的具体过程。各要素之间的平衡是暂时的、相对的，不平衡则是永恒的、绝对的，由此也形成了各要素之间自始至终的矛盾运动。各要素无论在发展方向上还是水平上的不平衡，都会对政治素质的形成和发展带来不利的影响。

1. 大学生政治素质优化的过程是遵循政治心理发生与发展规律的过程。大学生政治素质形成和发展的过程就是形成一定的政治态度、政治意识和政治行为取向的过程。这个过程经历三个阶段：一是政治顺从阶段。大学生在社会影响下或内心自发需要促动下，从表面上表现出自己的政治观点和态度与别人保持一致，这是一种被动状态的外显行为，其内心的政治认知和情感因素都没有真正发生变化，只是在政治行为方面表现出服从或顺从。这是一种浅层面的政治素质表现。二是政治认同阶段。此时，其政治态度和政治行为不再是被迫顺从或停留在被认知状态，而是主动、自愿地接受他人的政治观点、政治信念、政治态度和政治行为，使自己的政治态度和政治行为方式与他人沟通。这是一种能够表现出理解和认同他人的政治态度与政治行为的较高层次的政治素质表现。三是政治内化阶段。此时，大学生真正从内心深处相信并接受了某种政治观点，并彻底把他人的政治观点、思想、行为纳入自己的政治价值体系之中，成为自己原有政治素质中的一个有机组成部分。政治主体一旦进入内化阶段，便具有坚强的政治信念、不会轻易改变。这一阶段也是政治价值、政治心理、政治思想、政治品德、政治实践五个子系统稳定发展的阶段，是政治素质发展的最高层次。

2. 大学生政治素质优化的过程是在政治实践中受社会环境制约的过程。大学生政治素质的形成既不是政治主体自身所独立决定的，也不是社会政治文化环境所独立决定的，而是大学生个体的主观能动作用于社会环境的影响作用下互动形成的。不可否认的是，特定的社会历史文化环境对大学生政治素质的影响和制约作用具有相对独立意义，一方面表现为政治主体发展的具体环节上，有时起着关键的决定性作用；另一方面表现为家庭背景、学校环境、社会氛围、政治活动等客观外部条件受到政治主体主观能动作用后能够自主调节、制约和影响政治素质的发展，使政治素质更具有方向性、时代性和目的性。

3. 大学生政治素质优化的过程是政治人格与政治行为互动互控的过程。一方面，政治素质形成与发展的过程是其政治人格形成和完善的过程。所谓"人格是现实的有特色的个人，是人经由社会化获得的，具有内在统一性和相对稳定性的个人特质结构，是人的思想和行为的综合"。[①] 大学生的政治人格是相对稳定的、内在政治观念、思想和行为的外在政治行为的现实统一。它的形成和完善要经历两个阶段：一是形成政治自我。

---

① 陈秉公:《思想政治教育学》，吉林大学出版社1992年版，第101页。

即大学生个体在政治社会化过程中形成的并为自身所意识的政治态度、政治观念和政治知识的总和，表明大学生政治态度和政治信仰基本形成，政治关系的认识加深，政治思维方式趋于稳定。二是完善政治人格。大学生政治自我形成以后，由于环境的变化，社会化组织与群体的数量和相互关系的变化，以及个体自身能力的发展，以至于在政治素质外显行为上发生明显变化，特别是随着政治知识和政治实践的不断积累，获得政治角色后，政治技能和政治经验积累，政治人格在政治素质形成与发展过程中得到逐步完善和发展。另一方面，政治素质的形成与发展过程是政治行为表现的过程。所谓的政治行为是指政治主体对政治环境刺激的反应。通过政治环境刺激大学生的感觉、动机、需求和利益，从而形成理性和非理性的价值判断，形成政治态度。在政治目标明确时，大学生的政治态度转化为政治意志，从而引发一定的政治行为。

可见，大学生政治素质优化的过程是其政治人格与政治行为互动互控的过程。一方面，大学生政治人格的形成和发展受政治行为的影响。政治人格的发展，绝不是主体内部结构的独立显现，也不是一个静止的过程，不是对外界环境的简单复本，而是包括政治主体和外在社会环境的连续不断的相互作用中逐步建立起来的现实的、动态的、复杂的政治人格发展过程。另一方面，大学生政治人格的发展过程又矫正和影响政治行为。政治人格内在的动力结构、运行机制和发展规律推动着大学生的政治意识、政治价值观念不断变化、丰富，不断地完善，成为独立的政治自我和稳固的政治信念，这样的政治主体由于本身的主观能动性，就会对一定的政治规范做出选择或拒绝、信任或怀疑等理性上、态度上、情感上、信仰上的判断，做出认同与否的判断，进而做出认同性或矫正性或反对性的政治行为。政治人格与政治行为之间的这种互动互控贯穿政治素质形成与发展的全过程。

4. 大学生政治素质优化的过程是政治个性化与政治社会化互动的过程。公民政治素质介于宏观层面的国家政治、社会政治与微观层面的个体政治心理、政治行为之间。宏观层面作为系统与整体的政治生活的外部与内部的生态结构过程的政治演变与发展过程，微观层面作为个体与群体行为体系的政治生活的行为结构与演变过程，政治素质的形成与发展就是处于宏观层面与微观层面之间的互动，即社会化表征为系统性和整体性与个体性表征为个体性或群体性之间的运动之中。

这一互动过程的主要特征是政治社会化制约大学生政治素质的发展方向；大学生政治素质对政治社会化具有反作用。政治素质形成与发展的过程表现为政治主体形成、维持、传播和发展以统治阶级的政治取向为核心的政治文化的过程，这一过程可以分为两个层面，从宏观层面看，政治统治体系采取种种手段，传播自己的主导性政治文化；从微观层面看，大学生通过实践学习，逐渐掌握政治信息，产生政治信仰和政治情感，模塑成相对成熟的政治人格。

综观大学生政治素质优化的横截面，其逻辑上的形成和演进过程是在特定社会环境影响下，始终遵循政治心理发生和发展的规律，并伴随政治人格和政治行为的互动互控，实现政治主体的政治个性化与社会化的过程，这个过程不仅发生于政治素质的内化阶段，也同样发生于政治素质的外化阶段。

三　大学生政治素质优化的形成特征

大学生政治素质的优化过程是三个模块间趋于双向互动、循序渐进的过程。大学生较为完整的政治素质形成过程，均需经历"政治素质与环境互动—政治素质内化—政治素质外化"这三个线性模块。政治素质形成与发展的总过程是由这样一些具体的模块组成的，某个具体环节的完成并不是整体素质形成的完结，而是多个不同的、不断向前推进的、不断发展变化的过程组成的。在政治素质形成与发展过程中，有时并没有完整的实现，在某种程度上的终止或部分实现，就会导致一个具体要素的形成，另一个或几个要素的开始，这样构成了三个模块之间的双向互动、循序渐进的运动。

大学生政治素质的形成与发展过程是五个子系统紧紧围绕社会主义核心价值观的内核，相互之间趋于无限发展、螺旋上升的过程。大学生政治素质发展水平和方向均取决于社会生产力水平和同期社会政治、经济、文化共同作用的结果，社会发展为大学生政治素质提升创造了物质基础和精神源泉，二者具有内在一致性。大学生政治素质包含的各系统、诸要素之间的目标与结果之间的不一致是趋于永恒的。当各系统间的目标与结果存在着某种不一致，不平衡时，这种张力和矛盾推动着政治主体和客体之间不停地适应、调整、再适应，这就使政治素质发展的过程趋于无限。另外，大学生政治素质优化的目标会随着政治主体主观意向的变化而变化，这就使大学生政治素质的发展始终保持螺旋式的上升。

总而言之，大学生政治素质的发展总是在反复、曲折中呈现上升的态势。大学生政治素质形成和发展过程是复杂的、由低级到高级、由量变到质变的矛盾和运动过程。这个复杂过程在改革开放和社会主义市场经济条件下，由于政治环境的影响和价值观的变化直接导致了当代大学生政治素质变化的轨迹也是在反复、曲折中向前运动发展。在某一复杂矛盾解决后，又会不断产生新的矛盾，再根据新情况，解决新问题。这样循环往复，必然呈现出螺旋上升的规律。

四 大学生政治素质优化的基本趋势

大学生政治素质将延续高度分化的基础上逐步走向整合。我国当前一个阶段，经济体制改革深入推进和社会主义民主政治逐步发展和完善，势必要求当代大学生具有稳定的政治心理和较高的政治参与意识，这就必然使大学生政治素质将延续高度分化并逐步走向整合。大学生面对物质利益重新分配、社会关系重新调整等一系列重大问题时，表现为在政治社会与个体之间寻求共识，在政治主流与亚文化中寻求平衡，在政治心理与政治认知中寻求合理，在政治意识与政治行为间寻求认同等趋势。大学生政治素质各系统、诸要素之间多样分化并逐步走向整合，贯穿政治素质形成与发展的过程，其中内化是外化的基础，内化是社会个体客体性的表现，不经过内化，个体就不能成为具有政治素质的政治人，也谈不上外化，但内化并不意味着政治素质的发展终结。外化是政治素质外显的实现手段和方式，只有在外化的过程中，才能体现其在社会生活中的主体性。内化和外化的关系是前提基础和目的归宿的关系。

大学生政治素质与主导价值观之间的互动态势更加明显。政治素质的形成与发展是政治主体逐渐学习和接受被特定社会采用和确定价值体系的过程。换言之，大学生政治素质始终都要围绕社会主导价值观变化而变化，这就意味着大学生的政治素质要接受反映时代潮流的社会主导价值观的调控、辐射，而主导价值观也将在一定条件下吸纳大学生政治素质中的积极成分，二者之间的互动反应将更加灵敏、迅速，将更加有利于大学生确定政治行为的目标和方式。

大学生政治素质的发展与政治环境之间的需求趋于吻合。从总体上说，政治环境和政治素质是一种相互影响和制约、相互作用，以求得动态平衡和协调稳定发展的关系。首先，政治环境是政治素质存在的基础。政治环境是政治素质活动的客观条件，它们对政治素质的存在与发展有着巨大的影响。但是，政治素质绝不是环境的附属物，它会依据自身运行的规律来选择结构方式和运行模式，以适应环境并对环境产生巨大的反作用。其次，政治环境能够促进政治素质结构和功能的优化。实现政治素质结构和功能的优化，既是社会政治生活良性运行与协调发展的标志，又是政治素质发展的基本目标，而这能否实现在很大程度上依赖于政治环境。再次，政治环境为政治素质优化主要目标的实现提供条件。政治环境要素是广泛而多样的，对政治素质的作用也是普遍而复杂的，因此，认识政治环境首先必须坚持全面的观点，充分把握各环境要素的属性及其发生作用的特点，并充分估计环境要素的变化可能给政治素质带来的影响。最后，政治环境对维持政治素质的稳定、实现可持续发展有重要作用。政治素质的稳定持续发展，除了取决于政治主体的性质和政治素质内部矛盾运动的整体状况外，还受制于政治素质与政治环境关系的协调状况和互动程度。这是政治素质保持稳定和实现持续发展的基本保证。

　　大学生政治素质优化是一个动态的过程，通过政治主体与特定政治环境相互作用实现的不断内化和外化的过程。在整个过程中，大学生政治素质与社会环境之间不断磨合与调试。一方面，不断接受外在政治环境的影响而形成自己特有的政治素质；另一方面，又不断地将这种政治素质表现为政治态度和政治行为并作用于政治环境。这种磨合与调试，即政治素质内化和外化的过程使其政治心理和政治行为模式不断变化、发展，使其成为符合一定政治需要的政治角色，将成为大学生政治素质发展的主流趋势。

第六章 当代中国大学生政治素质的现实考量——以辽宁省高校为例

为了进一步说明当前大学生政治素质的时代特征与现实困境，本调查以辽宁省高校为例，将在校大学生视为研究对象，采用随机抽样的方式选取样本，对大学生的政治素质现状进行调查。考虑到不同年级、专业、性别的大学生之间的区别，本调查以最大限度保证样本能够反映整体的情况，调查样本的学校、地区分布情况见表6-1，样本的自然情况分布见表6-2。

表6-1　　　　　　　　样本选取学校类型分布

	类别	取样数量	统计数量	有效率（%）
学校类型	部属院校	600	589	98.2
	省属院校	900	875	97.2
	高职高专	450	431	95.8
	民办高校	350	313	89.4
	合计	2300	2208	96.0

注：（1）统计数量：指取样数量减去未收回数量及填答不全数量之和而得。
（2）有效率（%）：指以统计数量除以取样数量而得。

表6-2　　　　　　　　有效样本自然情况分布

	类别	人数	频率（%）
性别	男	1077	48.8
	女	1131	51.2
年级	大一	905	41.1
	大二	447	20.2
	大三	480	21.7
	大四	376	17.0

续表

	类别	人数	频率（%）
专业	理工类	1214	55.0
	文史类	670	30.3
	艺体类	324	14.7
政治面貌	党员	145	12.9
	团员	898	79.6
	群众	85	7.5
是否为学生干部	是	588	26.6
	否	1620	73.4

本书采用自编的《大学生思想政治素质调查问卷》为测量工具，该问卷共76个问题。第一部分，主要依据本书界定的政治素质内涵编制而成，主要测验当前大学生的政治素质的实际情况。测验的内容包括政治认知、政治情感、政治动机、政治态度、政治认同、政治价值取向等子要素。全部题目为多选一的单项选择形式，设置一种为大学生所熟悉的具体情景，让他们选择在这种情景下通常的想法或做法，统计分析中以百分比的大小作为大学生政治素质高低的指标。第二部分，首先列举政治价值观念，以了解大学生对它们重要性的看法，采用五等评定量表的形式填答。其次，要求大学生从所列的政治价值观念中挑选最重要的三项，以进一步了解大学生对它们重要性的看法；同时，要求大学生对同辈大学生实践这些政治价值观念的情形做一评价，挑选出同辈大学生最缺乏的三项。这与第一部分共同测验当前大学生政治素质的实际状况。第三部分，探讨影响大学生政治素质水平的主要因素。列举了可能影响的宏观、中观、微观因素，采用五等评分量表的形式填答，由填答者填列各种影响因素在他们政治素质优化中所发挥的作用。统计分析中以百分比、平均数评定各影响因素的作用力。其中填答者的性别、年级、政治面貌等个人特征也是影响大学生政治素质水平的重要因素。第四部分，列举了日常思想政治教育工作，这些日常性工作与大学生政治素质的优化紧密相关。采用五等评定量表的形式填答，了解填答者对这些工作的满意程度和实际状况。这部分数据既可以用来作原因分析的论据，也可以作为发展对策的佐证。统计分析中以百分比的大小作为学校工作状况的指标。

本问卷是根据研究目的，参阅了大量理论文献及相关调查问卷而编制的，先在大连大学随机抽取 100 名大学生进行预调查，并对调查结果进行试题分析，修订不适当的题目，然后确定正式的调查问卷。在确定样本量时，采用了保守估计法。也就是当置信区间为 95%，允许误差为 2% 时，样本量应该为 2000 份。实际发放问卷 2300 份，受访者自填问卷，当场回收，剔除无效问卷，共回收有效问卷 2208 份，有效回收率为 96%，估计调查误差应在 2% 左右。

本调查研究首先采取定量分析的方法，一方面是为了尽可能避免研究者的先入之见的影响，同时也为今后的研究提供基础性的资料。但是需要指出，本调查在对数据分析结果进行描述的过程中，并非单纯为描述而描述，而是描述与论述结合，在展现客观情况的同时加入历史的分析、思辨性的探讨，强调价值判断与数据描述的有机结合。具体来说，我们进行问卷调查时，将在校的大学生视为研究总体，考虑到不同类别、专业大学生之间的区别，我们保证样本能够最大限度地反映研究总体的情况。根据已经掌握的大学生人口学特征资料，再与历年调查的结果作比照，我们认为这种抽样可以满足研究需要。其次通过个案访谈进一步强化定性分析。选取个案访谈对象，主要考虑到政治面貌、性别、专业等因素。进行个案访谈，注重深入的"点"上的把握而非泛泛的"面"上的一概而论；注重"个别"的特殊性而非普遍的一致性。

第一节 大学生政治素质的总体表现

从总体上看，大学生具有高度的政治热情，政治素质正沿着健康的轨迹发展，主流趋势呈现良好的态势。当代大学生已经普遍意识到所处的政治环境对自身成长的影响，所以对国内外重要事件给予了高度的关注，他们充分肯定改革开放 30 多年来取得的巨大成就和基本经验，广泛关注党的十八大的召开，对社会主义制度优越性认同感增强，对中国的政治经济前景充满信心，对重大政治问题的认识和分析日趋理性。调查数据显示，当代中国大学生政治素质表现出政治思想主流积极、健康、向上，各方面的政治素质均处于较高水平，追求全面发展，表现出良好的时代风貌。特别是对改革开放和现代化建设充满信心，政治思想觉悟高，民主和法律意识健全，政治情感浓厚，当国家和民族利益受损时，表现出强烈的爱国主义情感和社会主义正义感,政治责任感增强,政治品德意识提升,能够利用节假日和课余时间,走向企业、街道、社区、深入祖国最需要的地方,宣传科学理论、传播科学知识,在政治实践中了解国情、社情,为当地经济建设和社会发展作出了积极贡献。

一 大学生普遍接受先进的政治文化

(一)对社会主义核心价值体系的接受与评价

大学生作为社会上最富有朝气、创造性和生命力的群体,历来是接受先进政治观念中最为积极的一支重要力量。调查发现,对社会主义核心价值体系"非常了解"和"知道"的大学生占总调查比例的76.4%,说明当代大学生对社会主义核心价值体系这一政治理论知识的认知情况较好。

表6-3 大学生对社会主义核心价值体系的认知情况 (%)

选项	非常了解	知道	模糊	不知道
您了解社会主义核心价值体系吗?	27.8	48.6	17.1	6.5

表6-4 大学生对"社会主义核心价值体系在我国社会主义建设中的作用"的评价 (%)

选项	赞同	基本赞同	不赞同
向世人展现了我们党思想上、精神上的旗帜	35.5	41.9	22.6
有利于增强民族凝聚力、提高国家竞争力	30.3	53.2	16.5
是我们党、国家、民族赖以存在和发展的根本前提	37.9	44.7	17.4
有利于建设和谐文化	24.1	51.0	24.9
有利于引导全社会思想道德上的共同进步	19.1	34.4	46.5

大学生对"社会主义核心价值体系在我国社会主义建设发展过程中的作用"评价中,77.4%的大学生赞同或基本赞同"向世人展现了我们党思想上、精神上的旗帜";83.5%的大学生认为"有利于增强民族凝聚力、提高国家竞争力";82.6%的大学生是赞同社会主义核心价值体系"是我们党、国家、民族赖以存在和发展的根本前提";75.1%的大学生认为"有利于建设和谐文化"。综合上述调查结果可见,大学生对社会主义核心价值体系在我国社会主义建设和发展中的作用评价较高。但同时,大学生对当前社会思想道德水平表现出一定程度的忧虑和担心,虽然大学

生对"社会主义核心价值体系有利于引导全社会思想道德上的共同进步"的认同度仅为53.5%,不过这种忧虑是建立在社会主义核心价值体系对我国、我党的建设发展充满信心和希望基础之上的,表现了当代大学生日趋理性、成熟的政治辨别能力。

(二)对马克思主义中国化理论成果的认知与评价

表6-5　　大学生对中国特色社会主义理论体系的认同　　(%)

选项	邓小平理论是我国改革开放和社会主义现代化建设的科学指南	"三个代表"重要思想是推进我国社会主义自我完善和发展的强大理论武器	科学发展观是发展中国特色社会主义必须坚持和贯彻的重大战略思想
赞同	61.5	64.8	63.7
基本赞同	26.2	25.5	28.1
不大赞同	4.4	2.4	2.9
不赞同	1.7	0.8	0.2
说不清	6.2	6.5	5.1

表6-5数据显示了当前大学生对马克思主义中国化理论成果的认知评价,大学生对"邓小平理论是我国改革开放和社会主义现代化建设的科学指南"、"'三个代表'重要思想是推进我国社会主义自我完善和发展的强大理论武器"、"科学发展观是发展中国特色社会主义必须坚持和贯彻的重大战略思想"持赞同或基本赞同的比例分别高达87.7%、90.3%、91.8%。上述调查表明,大学生普遍认同马克思主义中国化的理论成果,认同运用马克思主义解决中国革命、建设和改革的实际问题,并已经普遍认同在不同的历史发展时期,马克思主义的基本原理均能够和中国革命建设实际情况相结合,并取得巨大的成果。从另一个方面也体现了当代大学生从小接受中国特色社会主义教育和熏陶的实际效果。其中,大学生对科学发展观的认同程度最高,主要原因可能与当前在校大学生的成长经历有关。他们亲身经历了科学发展观给国家带来的巨大变化,这种高度认同是建立在大学生亲身感受基础之上的理性思考的结果。科学发展观是我们党立足于社会主义初级阶段的基本国情,为适应新的发展要求提出来的,这一重大战略思想充分考虑到了党和人民事业发展全局。但为什么还有8.2%的大学生予以"不太赞同、不赞同、不清楚"的评价呢?这与部分

大学生自身缺乏政治常识和政治理论分析的兴趣与能力有一定的关系。同时，大学生在现实生活中的政治经历也会影响到他们对所有现实政治观念的评判。这一点也提示我们，在大学生政治素质优化过程中，如何把新的政治观念以通俗易懂的方法渗透并介绍给大学生，是非常值得关注的问题。

二 大学生的政治视野日渐开阔

调查问卷结果与访谈结果均显示，当代大学生不仅高度关注有关我们国家进步与发展的国内政治事件，对涉及我国主权与领土完整的国际政治事件也予以高度关注。当代大学生突破了传统政治视野仅仅专注于国内事件，而是自觉地将自身政治视野拓展到了更为广阔的国际视角。此外，大学生关注和议论的政治内容范围也极其广泛，大到政府的换届选举，小到个人的自主创业。

表6-6　　　　大学生对国际、国内热点事件的关注程度　　　　（%）

选　项	非常关注	比较关注	一般	完全不关注
朝鲜最高领导人金正日逝世	35.6	39.3	11.7	13.4
英国女王伊丽莎白二世登基60年	30.4	29.4	21	19.2
中央部委公开"三公"经费	34.8	30.2	16.4	18.6
民进党主席苏贞昌公开支持"台独"	23.8	52.3	14.8	9.1
俄罗斯大选	36.4	40.5	8.8	14.3
美国击毙"基地"组织领导人本·拉登	41.8	22.6	17.2	18.4
日本强震引发海啸和核泄漏	42.8	42.9	6.4	7.9
朝鲜核问题	22.2	39.2	21.5	17.1
西亚北非局势发生剧烈动荡	20.4	43.3	13.4	22.9
中菲黄岩岛事件	55.6	31.7	7.9	4.8
中日钓鱼岛事件	50.2	30.2	9.4	10.2
中国共产党第十八次全国代表大会	35.5	39.3	13.3	11.9
西藏和平解放60周年	22.9	38	25.6	13.5
"蛟龙"号深潜突破7000米	32.1	30.1	18.9	18.9
神舟九号飞船与天宫一号首次对接成功	49.7	43.7	2.7	3.9
大学生村官选拔制度	35.3	46.8	14.1	3.8
大学生自主创业政策	38.8	50.5	5.1	5.6
公务员考试	48.6	42.9	2.6	5.9

表 6-6 列举出了大学生对国际、国内热点事件的关注程度，依据调查结果可以看出，大学生关注度较高的政治事件主要有两类：一类是与国家民族利益、发展密切相关的重大事件，例如"神舟九号飞船与天宫一号首次对接成功"93.4%，中菲黄岩岛事件87.3%，日本地震引发海啸和核泄漏85.7%，中日钓鱼岛屿事件80.4%，中国共产党第十八次全国代表大会74.8%，"蛟龙"号深潜突破7000米62.2%。第二类是与大学生自身利益直接相关的政治和民生事件，例如，公务员考试91.5%，大学生自主创业政策89.3%，大学生村官选拔制度82.1%。此外，大学生对国外其他政治事件也有较高的关注度，例如朝鲜最高领导人金正日逝世、俄罗斯大选、美国击毙"基地"组织领导人本·拉登、朝鲜核问题的关注度均超过了60%。

上述调查结果和我们在实际工作中掌握的情况基本一致，大学生首先关心的是党和政府的决策，这个比例远高于其他选项。这的确是处于转型时期的中国政治中最重要的问题，党和政府的每一项决策几乎都会影响大学生的生活。大学生对这些问题的认识反映出大学生关心政治的敏锐性和准确性。然而对于其他的一些政治重大事件，尤其是对于国外发生的一些有特殊意义但是又与大学生没有直接利益关系的事件的关注程度很低，如"英国女王伊丽莎白二世登基60年"、"西亚北非局势发生剧烈动荡"等事件被大多数大学生列入了"不关注"的类别中。我们可以看到大学生关注政治的焦点正转向与自己利益有关的政治活动，对与自身利益不密切的活动，关注程度较小，但这并不意味着大学生们不关心其他的政治活动，只是关注程度上有所不同而已。上述调查结果显示出大学生更加关注与自己生存发展直接相关的问题，表现出务实化的特点，这是由于随着改革开放和社会主义市场经济的发展，利益原则逐渐在社会中得到了普遍的认同，从而表现出对创业和就业等问题的高度关注。

综合上述调查结果不难发现，当代大学生十分关心政治，视野开阔。大学生对影响社会进程与发展的重大事件予以普遍关注，并且对社会政治热点问题表现出更高的关注度，体现出当代大学生强烈的社会责任感和高度的政治热情。大学生对政治的关注和参与程度对优化大学生政治素质起着至关重要的作用，因此适当引导大学生的政治关注内容并对其进行正确的评价就显得尤为重要。

三 大学生的政治认同显著增强

政治认同是人们在社会政治生活中产生的一种感情和意识上的归属感。因此，考察当代中国大学生的政治素质现状，还应当从政治认同程度入手，重点分析大学生对社会主义制度、中国共产党以及当前政府的认同期望值与契合度，因为上述这些评价与期望在很大程度上影响着大学生的政治认同感与政治参与态度。调查结果显示，大学生高度认同在中国共产党的领导下，走中国特色的社会主义道路是我国广大人民群众在漫长的革命和建设过程中顺应历史潮流做出的正确选择。

（一）对社会主义制度的认同与期望

大学生对社会主义制度的总体认同程度很高，对建设中国特色社会主义的信念更加坚定。数据显示（表6-7），87.6%的大学生赞同或基本赞同"坚持党的领导，走中国特色社会主义道路一百年不动摇"，但大学生的政治面貌对大学生的政治认同程度仍有一定的影响。通过交叉分析，我们发现，共产党员（94.7%）和共青团员（86.4%）对"坚持党的领导，走中国特色社会主义道路一百年不动摇"的认同明显高于普通群众（81.7%），而完全不认同的比例（0.3%和1.6%）则明显低于普通群众（3.1%）。这个结论与共产党员、共青团员在政治上的进步性是一致的，此外也因为党团组织一般比较健全，能经常通过开展教育活动不断提升社会主义制度的影响力，党团组织的工作对增强大学生的政治认同起着十分积极的作用。

调查显示（表6-8），大多数大学生（82.4%）对于"社会主义具有资本主义无法比拟的优越性"这一命题较为认同。但认同程度似乎比对社会主义制度的总体认同度略有降低。我们分析认为，这里可能存在多方面的原因。

表6-7　　大学生对"坚持党的领导，走中国特色社会主义
道路一百年不动摇"的态度　　　　　　　（%）

选项	比例	政治面貌		
		共产党员	共青团员	群众
赞同或基本赞同	87.6	94.7	86.4	81.7
不大赞同	6.3	2.1	6.5	10.4
不赞同	1.7	0.3	1.6	3.1
说不清	4.4	2.9	5.5	4.8

表6-8 大学生对"社会主义具有资本主义无法比拟的优越性"的认同 （%）

选项	比例
赞同或基本赞同	82.4
不大赞同	8.5
不赞同	3.9
说不清	5.2

其一，虽然全球经济危机放缓了各国的发展速度，但西方发达资本主义国家仍有雄厚的资本积累，对青年学生仍具有一定的吸引力，加之青年学生好奇心较强，对新鲜事物很容易接受和认同；其二，我国改革开放以来虽然取得了巨大的成就，但政治、经济、文化、社会保障等制度仍有许多不尽如人意的地方，社会主义制度需要不断地加以完善；其三，随着改革开放的进一步深入，西方经济、文化、思想、生活方式等方面的渗透对涉世未深的大学生会产生一定的消极影响。因此，思想政治教育工作需要不断加强和改善，帮助大学生学会用历史、辩证和全面地看待当今的中国和世界，以免受资产阶级腐朽思想的冲击。

（二）对中国共产党的认同与期望

中国共产党是我国现代化建设事业的领导核心，当代大学生对党的领导能力、执政能力、建设能力的认同度直接影响着党组织的方针、政策贯彻落实情况，也直接决定着大学生为现代化建设事业奋斗的热情和决心。在调查中我们发现，绝大多数大学生对"中国共产党是当代中国不可替代的领导力量"和"中国共产党在社会主义现代化建设中取得了辉煌的成绩"持正面态度，赞同或基本赞同的比例分别达到91.6%和93.3%。这与访谈的结果高度吻合，大学生对抗击汶川特大地震、青海玉树地震、甘肃舟曲泥石流等自然灾害和灾后重建过程中，我党表现出的卓越领导能力表示了极高的认同度，并为我们党在经济建设和政治建设中取得的成就感到骄傲和自豪。饮水思源，当代大学生是改革开放政策最大的受益者，是沐浴着社会主义现代化建设的春风、感受着社会主义现代化建设成果成长起来的一代，广大大学生从实践中深刻领悟到，只有坚持共产党的领导，走社会主义道路，才能发展中国，才能真正实现现代化。认同党的领导地位，是大学生用亲身经历和感受做出的理性选择。在新的历史条件下，广大大学生不仅表现出对中国共产党的领导能力的高度认同，对党的执政能力也表现出很高的认同，其中87.2%的受访者认为"政治文明建设必须在中国共产党领导下进行"，81.4%的受访者认为"只有坚持党的领导，我国才能实现现代化"。

表6-9　　　　　　　大学生对中国共产党的认同态度　　　　　　　（%）

选项	赞同	基本赞同	不大赞同	不赞同	说不清
中国共产党是当代中国不可替代的领导力量	57.9	33.7	3.7	1.9	2.8
政治文明建设必须在中国共产党领导下进行	49.6	37.6	5.4	3.2	4.2
只有坚持党的领导，我国才能实现现代化	37.1	44.3	6.4	4.3	7.9
中国共产党有能力把自身建设好	29.2	44.2	8.9	7.5	10.2
中国共产党在社会主义现代化建设中取得了辉煌的成绩	49.2	44.1	2.5	2.0	2.2

大部分大学生对党的建设能力持肯定态度，对于"中国共产党有能力把自身建设好"的赞同率为73.4%，其中29.2%的人完全赞成，44.2%比较赞成，这一认同度仍然有待提高。在新的历史条件下，我们党面对的执政考验、改革开放考验、市场经济考验、外部环境考验是长期的、复杂的、严峻的；在面临这些考验的同时，我们党内的确出现了精神懈怠、能力不足、脱离群众、消极腐败等危险信号，这都是当代大学生对党的建设能力未显现出较高信心的原因。

当问及"共产党员的首要素质应当是什么"时，大多数大学生（70.4%）认为，应当是不怕牺牲、无私奉献，全心全意为人民服务的精神。表明大学生对党的性质和宗旨的肯定和支持，表现出大学生对党员的充分信任与理解，也表明了大学生对党的执政地位和执政信念有信心。

当前大学生对党的认同度很大程度上取决于身边党员的表现，本书以大学生对近几年共产党带领全国各族人民在抗击汶川地震、青海玉树地震、甘肃舟曲泥石流等自然灾害以及灾后重建过程中的表现，来考察大学生对共产党员的认同程度。数据显示，绝大多数大学生（88.2%）对共产党员在这些没有硝烟的战争中的表现有较高的评价，认为他们起到了一定的带头表率作用，冲锋在前，奉献在最危险的地方，发挥了突出的作用。广大共产党员的实际表现征服了大学生，在大学生心目中共产党员践

表 6-10　　　　　大学生对共产党员首要素质的理解　　　　　（%）

选项	比例
对共产主义的信仰	13.6
不怕牺牲、无私奉献，全心全意为人民服务的精神	70.4
学习成绩、业务技术过硬	6.5
作风正派，老实清白	11.1
说不清	1.6

行了全心全意为人民服务的宗旨，体现了共产党员的先进性，顺应人民群众的期望。

表 6-11　大学生对共产党员在抗击自然灾害以及灾后重建中表现的评价　（%）

选项	比例
大多数能冲锋在前，勇于奉献，是抗灾重建的中坚力量	49.5
大多数能遵守各项规章制度，起到了一定的带头作用	38.7
大多数与一般群众没什么两样	10.6
大多数还不如一般群众，甚至带头违反规定	1.2

（三）对当前政府的认同与期望

大学生的政治认同，还体现在对当今各级政府或政务的事实判断和未来预期方面。调查显示，85.7%的大学生对近五年党中央和国务院的工作表示满意，其中很满意的为54.5%，比较满意的为31.2%。对中央政府的职能评价结果显示，55.9%的大学生认为"中央政府的行动改善了国家的状况和民众的生活"，36.9%的大学生认为"有时改善，有时没有"，仅有7.2%的人认为中央政府的工作"不起作用或反而起负面作用"。回答"我国改革开放以来的主要变化是"时，认同"中国经济总量跃居世界第二，综合国力提高"的占66.2%，认同"人民物质文化生活水平提高"的占53.4%，认同"国际地位上升"的占50.9%，多数大学生对我国目前政府开创的经济发展形势表现出肯定态度。

我们还就大学生对政府政务建设的总体认同和评价进行了考察。数据显示，广大学生对各级政府在办事效率、依法行政、决策科学、办实事、得民心、权威性等方面均有较高的评价和满意度，满意或基本满意率均达到了80%以上。大学生普遍认为,当今政府是一个值得信赖的政府。

表6-12　　　　　　大学生对政府政务建设的看法　　　　　　(%)

选项	满意或基本满意	不大满意	不满意	说不清
廉政建设	69.8	18.8	5.9	5.5
办事效率	81.5	12.3	4.4	1.8
依法行政	80.4	13.9	2.8	2.9
决策科学	87.5	7.9	1.7	2.9
办实事	84.2	12.1	1.8	1.9
得民心	83.5	11.6	2.3	2.6
权威性	86.8	8.0	1.7	3.5

上述调查结果表明,当代大学生对我国基本政治制度、对党的领导、对当前政府有着高度的认同感,但不容忽视的是,调查中也暴露出大学生对党的建设能力的信心、对政府廉政建设的满意度仍有待提高。从总体上而言,当代大学生有较强的政治意识和正确的政治价值观,他们热爱祖国,拥护社会主义政治制度,并对国家政治文明建设的前途相当乐观,充满希望。广大青年学生愿意在党和政府的正确领导下,在我国建设成为富强、民主、文明的社会主义现代化国家的征途上建功立业,创造新的辉煌。

四　大学生的政治效能感逐渐提升

政治效能是指一个人认为他自己的参与行为影响政治体系和政府决策的能力,是对自己政治能力的主观感受。为了解大学生对自己的政治能力评价如何,我们设计了两个相互联系的题目,分别从直接和间接两个角度考察大学生政治效能感。首先,让大学生自己评价自己的政治能力到底如何;其次,让大学生评价自己对政策的影响能力,这是政治能力的另一个重要方面。即使大学生认为自己很有能力,倘若认为他的政治参与能力不会影响政府的决策和其他活动,他的参与积极性就有可能下降。

在问及"您觉得自己参与政治活动的能力如何?"的问题中,有8.5%的大学生认为自己参与政治的能力很强,有34.6%的大学生认为自己参与政治活动的能力强,有47.9%的大学生认为自己的能力一般,只有7.1%和1.9%的大学生认为自己的政治活动能力较差或者非常差。可以看出,只有不到一成的大学生对自己参与政治活动的能力表现出不自信,而近四成的大学生对自己参与政治的能力非常自信,还有将近一半的大学生对自己的能力持折中态度,不肯定也不否定。

表6-13　　　　大学生政治效能的主观评估（1）　　　　（%）

选　项	很强	强	一般	较差	很差
您觉得自己参与政治活动的能力如何？	8.5	34.6	47.9	7.1	1.9

进一步交互分析之后的数据显示：在性别上,男大学生的主观政治能力高于女大学生。在男大学生中,35.9%的大学生认为自己的政治能力很强或较强,持有相同看法的女大学生则只有25.8%,两者相差10个百分点。而认为自己能力较差或很差的女大学生比率则高于男大学生3个百分点。可见,男女大学生在政治能力的主观评价上存在较大的差异,男大学生比女大学生在政治能力上表现得更为自信。与政治面貌进行交互分析之后发现,共产党员的主观能力评价最高,对自己的政治能力持肯定意见的比率达到34%,其次是共青团员,比率为30.6%。尤其值得注意的是,群众对自己的政治能力评价,他们对自己的政治能力持肯定意见的只达到20%。此外,不同专业大学生对其政治能力的评价是不平衡的,从表6-14的调查结果可以分析出来,对自身政治能力持积极态度的比例较高的是文史类和理工类,分别达到了53.2%和50.4%,而艺体类相对较弱,为33.1%,这与大学生所在的专业背景、学生所在的主题社团及将来从事的职业有直接关系。

表6-14　　　不同专业大学生对自己政治能力的主观评估　　　（%）

选　项	文史类	理工类	艺体类
很强	13.5	11.2	5.5
强	39.7	39.2	27.6
一般	31.9	29.3	51.6
较差	5.3	7.2	8.1
很差	9.6	13.1	7.2

当问及"假设政府正在考虑制定一项政策,而您有很多想法,您有信心使政府采纳您的意见吗?"的问题时,结果显示,大学生评价自身对政策的影响力还是很高的,正面评价为46.9%,这与直接考察大学生政治效能评估结果相吻合,说明大学生不仅认为自己很有政治能力,并且坚信自己的政治参与会影响到政府的决策。

表6-15　　　　　大学生政治效能的主观评估（2）　　　　　（%）

选项	一定会	会的	不确定	不会	一定不会
假设政府正在考虑制定一项政策,而您有很多想法,您认为政府会采纳您的意见吗	13.4	33.5	33.4	11.3	8.4

综合上述分析结果,当代大学生整体政治效能感较高,虽然存在性别、专业、政治面貌上的不平衡,但大学生政治效能总体评价是积极的,较高水平的政治效能感不仅有助于激发大学生政治参与热情,而且有助于大学生提高对政治的关注度。

五　大学生的政治分析趋于理性

政治分析能力就是对政治现象、政治事件、政治关系、政治形势的判断、鉴别,以及把握政治本质的能力。理性的政治分析能力是大学生在面临复杂政治环境时坚定政治立场、坚持政治方向、明确政治观点、遵守政治纪律、始终保持政治上的清醒和坚定的保障,也是大学生必须具备的政治素质之一。因此,本书选取了国内外一些政治热点事件,以考察大学生的政治分析判断能力。总体调查结果显示,绝大部分大学生可以正确、恰当地认识和分析各种错综复杂的政治问题、政治现象和政治事件,并能够在此基础上客观地、理性地评价现实社会中的政治现象和政治事件。

表6-16　　　　　　大学生对"法轮功"的看法　　　　　　（%）

选项	比例
真实可靠,具有可信性,论据充分	0.5
貌似科学,需要进一步进行推理	4.5
蒙骗广大群众,蛊惑群众参加其具有政治目的的"法轮功"组织	38.4
"法轮功"具有邪教性质,应该予以取缔	56.6

通过问卷调查，我们了解到56.6%的大学生能够意识到"'法轮功'具有邪教性质，应该予以取缔"，38.4%的大学生意识到是蒙骗广大群众，蛊惑群众参加其具有政治目的的"法轮功"组织的阴谋，仅有0.5%的大学生选择了"真实可靠，具有可信性，论据充分"。上述调查结果充分说明尽管法轮功具有极高的隐蔽性和欺骗性，而且利用了貌似具有科学依据的事例进行蛊惑人心，但大学生对其邪恶本质的分析还是非常透彻的，说明当代大学生能够运用科学的方法、科学的精神来观察政治事件并分析其政治本质。

表6-17　　　大学生对"中国在新疆屠杀少数民族，压制宗教，破坏人权"言论的看法　　　（%）

选项	比例
任何谣言都不能改变新疆民族团结的大局	33.8
这是在刻意制造民族矛盾和仇视	21.4
这是"疆独"势力对新疆历史和实施的歪曲宣传	44.5
新疆是维吾尔族的，汉族和其他民族都是外来者，是维吾尔族的敌人	0.3

表6-18　　　大学生对"3·14西藏事件"的认识　　　（%）

藏独分子的极端行为	这是分裂祖国的行为，坚决反对	不了解
54.5	42.1	3.4

在"疆独"与"藏独"的问题上，由于受到国内、外反华势力在舆论、政治、经济上的胁迫与攻击，有些国外媒体和政治团体甚至公开支持"疆独"与"藏独"，广大学生很容易受到国外媒体和政治势力不实宣传的误导。通过本次调查，我们可喜地发现当代大学生对待国外反华势力所谓的"民权"、"人权"论调有清醒的认识，对"中国在新疆屠杀少数民族，压制宗教，破坏人权"的错误言论有44.5%的大学生认识到这是"疆独"势力对新疆历史和事实的歪曲宣传，21.4%的大学生分析出这是在刻意制造民族矛盾和仇视，33.8%的大学生相信任何谣言都不能改变新疆民族团结的大局，反对"疆独"支持民族团结的大学生总人数占调查总数的99%以上。另外，96.6%的大学生认为"3·14"事件、"7·5"事件分别是藏独分子、疆独分子的极端行为，对分裂祖国的行迹坚决反

对。上述结果同样说明，广大学生对"藏独"、"疆独"问题有着清醒的、理性的认识。虽然"藏独"、"疆独"分子骗取了部分国际社会的同情，并以争取"民族自决、宗教自由和基本人权"为面具，开展了一系列伪装行动，但当代大学生还是认清了其分裂祖国、亵渎宗教和侵犯人权的罪行，大学生对"藏独"、"疆独"问题具有如此清晰的辨识，不仅仅是基于浓厚的爱国热情，也是基于大学生对共产党领导各族人民所取得的建设成果，特别是亲眼见证了新疆维吾尔自治区成立近60年、西藏和平解放60多年取得翻天覆地变化的真实写照，做出的冷静客观判断。

需要强调的是，大学生面临社会转型时期形形色色的诱惑，容易走上歧途，在这样一个特殊时期大学生要保持冷静的政治头脑，一方面需要好好学习，掌握马克思主义理论，特别是对马克思主义中国化的最新理论成果的深入研究，都有助于大学生坚定政治信仰；另一方面还要通过参加社会实践，很好地了解国情、世情，建立起正确的世界观、人生观、价值观。

表6-19　大学生对"政治文明建设首先应该反腐败"的认同　　（%）

选　项	比　例
赞同或基本赞同	88.3
不大赞同	7.4
不赞同	1.9
说不清	2.4

此外，在调查中我们还发现，绝大多数大学生（88.3%）认为反腐败问题是政治体制改革的重要内容，政治文明建设首先就应该反腐败。这表明，腐败是当代大学生最深恶痛绝的问题之一，广大大学生希望通过政治体制改革，加强对政府权力的监督和制约，从源头上消除腐败现象滋生的根源，保持人民政府的廉洁形象。

第二节　大学生政治素质的时代特征

任何事物的变化发展都与它所处的特定历史时代分不开，政治素质也不例外。当今世界正处在大发展大变革大调整时期。世界多极化、经济全球化深入发展，世界经济格局发生新变化，综合国力竞争和各种力量较量更趋激烈,世界范围内生产力、生产方式、生活方式、经济社会发展格局正在发生深刻变革。

对我国来说,当前和今后一个时期是全面建设小康社会的关键时期,是深化改革开放、加快转变经济发展方式的攻坚时期。当代中国正处于社会发展过程的转型时期,面临着从计划经济向市场经济转轨、从工农业经济向知识经济转型、从传统文化向中西文化交融等一系列转换的客观现实之中。尤其是随着当前社会经济增长方式的改变,大学生政治素质发生了显著的变化,并呈现出一些带有规律性的发展趋势。研究大学生政治素质的时代特征,不仅可以优化大学生的政治素质,还可以为拓展思想政治工作的方法和途径提供理论指导。本书立足于当代大学生所处的时代背景,重点分析当代大学生的政治价值观、政治参与途径、政治评价、政治行为等方面的时代特征,从中揭示出当代大学生政治素质的时代特征和发展趋势。

一 大学生政治价值主导的一元化

中国特色社会主义理论是马克思主义中国化的最新成果。调查中,我们选用"马克思主义理论是科学真理"和"中国特色社会主义理论能够指导中国科学发展"两个命题来测评大学生的政治价值取向。结果显示,在"马克思主义理论是科学真理"一题中,选择"非常赞同"和"赞同"的比例分别高达41.0%和35.9%,而16.8%的人选择"说不清楚",仅有6.3%的人选择"不赞同"。在"中国特色社会主义理论能够指导中国科学发展"一题中,选择"非常赞同"和"赞同"的比例分别高达46.6和36.5%,仅有1.8%的人选择"不赞同"。由此可见,大学生普遍认同中国特色社会主义理论体系,对马克思主义和中国特色社会主义理论具有较高的认同度。这一数据也印证了访谈结果,马克思主义理论与中国实践相结合,展现了其科学性、先进性的魅力,成为大学生个人成长的科学世界观和方法论,成为大学生探寻真理、实现价值的必然选择。马克思主义中国化、时代化、大众化,使党的理论立足中国、引领潮流、贴近大学生实际,成为大学生追求进步的真理。

表6-20　　　　大学生对中国特色社会主义理论的认同　　　　　　(%)

	非常赞同	赞同	说不清楚	不赞同
马克思主义理论是科学真理	41.0	35.9	16.8	6.3
中国特色社会主义理论能够指导中国科学发展	46.6	36.5	15.1	1.8

由表 6-21 可见，86.5%的人"愿意加入中国共产党"，说明中国共产党 90 多年的奋斗历程和光荣传统深深吸引着当代大学生。5.0% 和 5.3%的人"不愿意"或"暂时没考虑"，3.2%的人"希望加入民主党派"。

表 6-21　　　　　大学生对加入中国共产党的基本态度　　　　　（%）

选项	愿意加入	不愿意	暂时没考虑过	希望加入民主党派
对加入中国共产党的基本态度	86.5	5.0	5.3	3.2

近年来，出现了一种对中国政党制度的质疑声音，提出将西方政治理论和制度模式应用于中国，实行西方发达国家的自由主义宪政和两党制或多党制，这是对中国当前政党制度的严峻挑战。因此，我们选择了"你认为中国政党制度对构建和谐社会有意义吗？"和"你认为中国政党制度健全吗？"两个问题，以考察大学生对中国政党制度的态度。从表 6-22 可见，当代大学生充分肯定了中国共产党领导的多党合作和政治协商制度的重要性，73.7%以上的同学认为中国政党制度对构建和谐社会意义重大，这是大学生充分考虑了我国的国情和党在社会主义现代化建设阶段所取得的成果后做出的正面评价。整体上看，当代大学生对当前政党制度还是持肯定态度的，选择"非常健全"和"基本健全"的总人数达到了 78.4%，但不可否认仍然有 48.0%的人选择了"仍有需要改进的地方"和"有待实践改进"，这不仅表现出大学生对政党制度的关心，还体现出当代大学生对政党建设存在一定的担忧，这种担忧正说明大学生对中国政党制度及党的自身建设的高度负责精神和充满期待与信心。但也不排除个别学生由于受到来自西方敌对势力的意识形态渗透，导致大学生孤立、静止地看当代中国政党制度，忽视了中国政党制度的历史形成过程，简单地将中国当前政党制度与西方国家的政党制度进行比较，从而对我国政党制度进行了片面曲解。另外也需要强调，中国政党制度正处在不断发展和完善之中，并非完美无瑕。在现实工作中，我们要挖掘当代中国政党制度与其他政党制度之间的差异，积极吸收属于人类政治文明的有益成果，继续完善中国的政党制度。

表 6-22　　大学生对"你认为中国政党制度对构建和谐社会有意义吗?"的态度　　（%）

意义重大	一般	影响不大	没有意义
73.7	10.2	8.4	7.7

表 6-23　　大学生对"你认为中国政党制度健全吗?"的态度　　（%）

非常健全	基本上健全，仍有需要改进的地方	问题很大，有待实践改进	不清楚
42.6	35.8	12.2	9.4

综合上述调查结果，绝大多数大学生政治价值主导具有一元化的特征，坚信马克思主义信仰，对中国特色社会主义充满信心，爱祖国爱人民，有共产主义理想和抱负，对党的领导力量和领导能力充满信心。究其原因，很大程度上源于中国政党制度在构建和谐社会中所展现出的巨大成就，得到大学生的高度认同、积极回应和衷心拥护。特别是近几年国家采取多项措施提高人才培养质量；并采取多项倾斜政策对贫困学生进行助学、奖学、帮学支持；广泛拓宽大学生就业创新的新渠道，对大学生的培养与发展倾注了大量的关注，这些措施和举动都激发了大学生的感恩之心、爱国之情、报国之志，成为大学生坚定政治信仰的内在动力。此外，中国共产党在对我国未来前景规划上表现出的前瞻性和科学性，也深深吸引了大学生，成为建设中国特色社会主义的感召力量。

二　大学生政治参与途径的多样化

随着社会政治体制改革的不断深入，大学生政治参与途径与过去相比都有了很大的不同，呈现出新的发展态势，本书列出了几条可能作为参政议政途径的选项，让大学生们选择，通过调查结果分析当代大学生参政议政的特点。我们发现，除了有 47.2% 的大学生选择了"参加合法的社会团体和大学生组织"以外，每一个选项的比例都不是特别高。处于前几位的是参加合法的社会团体和大学生组织（47.2%）、参加选举人大代表（15.3%）、当公务员（13.6%）。其他如"给领导人和政府部门写信或提建议"、"向人民代表大会和政协委员反映情况"、"向新闻媒体发表意见"等比例都在 10% 以下。

由此可见，在所有这些参与途径中，"参加合法的社会团体和大学生组织"以绝对优势赢得了大学生群体的信赖,成为大学生参与政治的最主要的途径,这种现象应当引起各级政府和教育工作者的重视。与传统的政治参与方式相比,这种方式有以下几个优势:第一,大学生以兴趣或者以共同的爱好参加这些社团,大学生对自己的团体有很强的归属感和认同感,比较满足大学生的心理需求。第二,各类社会团体可以满足大学生参与的愿望和提高自己的参与能力。第三,一般各类社会组织都有较大的规模,成员之间信息流通非常快,在争取自身利益的过程中容易产生规模效应。因此,在社会主义精神文明的建设中,必须发挥大学生通过社会团体和大学生组织参与政治的优势,同时也要引导大学生正确有序地参加合法的社会团体和大学生组织。

不同性别大学生对政治参与途径的选择不尽相同。交叉分析发现,在男女大学生中,女大学生选择"参加合法的社会团体和大学生组织"、"向新闻媒体发表意见"等选项的比例略高于男大学生。但男大学生在选择"当公务员"、"选举人民代表"和"给领导人和政府部门写信或提建议"等的比例略高于女大学生。说明女大学生更倾向于通过组织的方式来参与政治,而男大学生则更倾向于采取个人的形式来参政议政。

除了上述几种制度化的参政议政途径外,网络参政议政值得关注。如何积极引导大学生参与到这种非制度性的参与途径当中,并逐渐将其纳入制度化轨道,是我国政治体制改革又一个重要的方向。因此本研究还对网络参政进行了单独考察。调查结果显示,尽管目前大学生在网上谈论政治的人还是少数,只有15.2%的大学生在网上发表过言论,讨论过。但是我

表6-24　　　　不同性别大学生对参政议政途径的看法　　　　（%）

选　项	男生	女生	总体
当公务员	15.9	11.4	13.6
选举人大代表	16.0	14.6	15.3
参加合法的社会团体和大学生组织	44.9	49.5	47.2
给领导人和政府部门写信或提建议	7.2	3.9	5.6
向人大代表和政协委员反映情况	3.6	6.5	5.1
向新闻媒体发表意见	5.9	4.2	5.0
其他	6.5	9.9	8.2

们看到有 59.1% 的大学生尽管没发表过意见，但是看过别人的帖子；选择"上网，但是没接触过这种话题"的大学生只有 21.0%。可见网络已成了大学生关注政治、沟通信息、发表观点的重要场合，对大学生政治参与具有重要影响。

为了进一步深入了解大学生网络参政的特点，我们分别考察了性别因素、专业因素、年级因素对大学生网络参政的差别。由表 6-25 可见：从性别而言，17.5% 的男大学生"发表过言论，讨论过"，比例明显高于女大学生的 13.0%。从大学生的专业而言，文史类专业学生曾经在网上发表过言论，讨论过政治的比例明显高于理工类专业大学生和艺体类大学生。从年级而言，三年级大学生在网上参与讨论政治的比例最高，达到 24.8%。

表 6-25　　　　　　大学生参加网上讨论交互分析的情况　　　　　　（%）

选项	比例	性别		年级				专业类别		
		男	女	一	二	三	四	文史	理工	艺体
发表过言论，讨论过	15.2	17.5	13.0	11.5	9.2	24.8	19.1	17.0	14.6	13.9
没发表过意见，但是看过别人的帖子	59.1	59.8	58.4	58.8	61.7	56.9	59.6	69.1	54.2	56.8
上网，但是没接触过这种话题	21.0	19.5	22.5	24.2	21.7	16.0	18.9	6.6	27.8	25.3
没上过网	4.7	3.2	6.1	5.5	7.4	2.3	2.4	7.3	3.4	4.0

总体来说，改革开放 30 多年来，我国的社会结构发生了重大而深远的调整。在政治领域，随着政治体制改革和社会主义民主政治建设的逐步推进，朝气蓬勃的大学生在政治参与也表现出非常高的积极性和主动性，政治参与途径逐步扩大。与 20 世纪八九十年代的大学生相比，大学生在政治参与途径的选择上日趋理性，他们把政治参与的途径已经转移到通过参加合法的社会团体和大学生组织、参加选举人大代表等合理合法的渠道上来。另外，随着信息技术和传媒技术的飞速发展，网络、电视、无线等传媒手段日渐成为大学生获取政治经济信息的和表达政治态度的重要渠道，因此要充分利用大众传媒的载体作用，用积极、正确、主流的政治文

化引导大学生。

三 大学生政治评价取向的实用化

(一) 对政治体制改革必要性的评价

调查显示，大学生认为在当前中国最重要的改革中，政治体制改革远远超过了国有企业改革、社会保障制度改革、教育科技改革等，名列首位。绝大多数大学生（95.1%）认为，需要通过政治体制改革，对现有政治制度进行不断的改进和完善。

表 6-26　　　　大学生对"当前中国最重要的改革"的认识　　　（%）

选 项	比 例
国有企业改革	19.2
人事制度改革	6.2
政治体制改革	26.1
住房医疗等社会保障制度改革	12.9
教育科技改革	12.5
收入分配制度改革	8.1
农业、农村和农民问题改革	11.7
其 他	3.3

在经济建设与政治体制改革的关系方面，绝大多数大学生认为，政治体制改革应当与经济建设协调发展。95.2%的大学生认为，完善的政治制度是经济保持快速、健康发展的重要保证；73.2%的大学生不赞同或不大赞同"经济发展可以优先于民主政治建设，经济发展可以弥补民主滞后"的说法。

表 6-27　　　大学生对"我们现有的政治制度需要
　　　　　　　　不断的改进和完善"的认同　　　　　（%）

选 项	比 例
赞同或基本赞同	95.1
不大赞同	1.9
不赞同	1.4
说不清	1.6

表6-28　　大学生对政治体制改革与经济建设的关系的评价　　（%）

选项	经济发展比民主政治建设更重要；经济发展了，哪怕民主滞后一些也能接受	没有完善的政治制度，经济发展就无法保证
赞同或基本赞同	22.5	95.2
不大赞同	45.9	2.9
不赞同	27.3	0.4
说不清	4.3	1.5

（二）对政治体制改革内容的评价

政治体制改革是一项系统工程，涉及国家政治生活的方方面面，包括领导与执政方式、决策机制、行政管理体制、司法体制、干部人事体制、权力制约与监督机制等诸多方面的改革。调查显示，大学生希望政治体制改革首要解决的内容排序：提高行政效率，改进政府作风，反对官僚主义（24.5%）；党政分开（16.3%）；反腐败和权力制约（15.1%）；依法治国（11.6%）；破除领导人职务终身制（11.7%）等。这一组数据也从一个侧面反映出，当代大学生对政治体制改革不同领域的关注程度。

调查显示，男女大学生最关注的政治体制改革的内容略有差异。相对而言，男大学生对政治民主化、依法治国和切实保障公民权利与自由更为关注，而女大学生则对破除领导人职务终身制和提高行政效率，改进政府作风，反对官僚主义更为关注。这从一个侧面表明，男大学生的政治参与意识更强，他们更希望政治体制改革能为他们维护自身权益，参与政治实践提供机会和保障，而女大学生则更关注政府工作本身的改善问题。

表6-29　　大学生对政治体制改革首要内容的评价　　（%）

选项	男	女	比例
党政分开	15.1	17.4	16.3
破除领导人职务终身制	11.2	12.1	11.7
政治民主化	12.1	7.7	9.9
依法治国	14.2	9.0	11.6
反腐败与权力制约	15.9	14.3	15.1

续表

选　项	男	女	比　例
切实保障公民权利与自由	5.8	4.4	5.1
提高行政效率，改进政府作风，反对官僚主义	22.5	26.5	24.5
改善党的领导方式和执政方式，巩固执政基础	1.1	2.5	1.8
加大机构改革力度，裁减冗员	1.9	2.1	2.0
其　他	0.2	4.0	2.1

（三）对政治体制改革方向的评价

在我国政治体制改革与西方民主政治的关系问题上，大多数大学生（81.2%）对"只有实行西方多党制才能实现真正的民主"的说法持否定态度。在我国的政治体制改革能否以及应该如何借鉴西方民主政治的问题上，半数以上的大学生（54.6%）的观点是"西方民主政治的观念、制度都有一些地方值得我们借鉴"，而持完全保守态度的大学生比例很低。这说明当代大学生对政治体制改革基本方向的把握是较准确的，多数大学生能认识到民主政治和制度文明也是全人类的共同财富，具体观念与制度是可以学习和借鉴的。但我们在学习和借鉴的过程中要防止一味照搬，要警惕"西化"和"分化"，调查中持"全盘西化"的错误思想的大学生只占总人数的1.9%，而且主要集中在一般群众中，中共党员和共青团员的比例更低。这说明当代大学生在政治立场坚定、素质过硬的，是完全可以信赖的。

表6-30　　　大学生对"只有实行西方多党制才能实现真正的民主"的评价

（%）

选　项	比　例
赞同	2.6
基本赞同	5.1
不大赞同或不赞同	81.2
说不清	11.1

综合上述调查结果，当代大学生对当前政治体制改革必要性、改革内容、改革方向的评价结果符合我国当前国情和未来发展目标。大学生能够

充分考虑到当前我国正处于经济转型、社会转型时期,认为政治体制改革做出任何变化都要充分规避风险、深思熟虑、统筹兼顾、逐步推进,不能急于求成,因此对"政治制度改革需要不断完善"予以了高度的认同。就当前政治体制改革的方向而言,当代大学生能够以实际情况出发,充分认识到现代西方民主政治,既是资产阶级统治的产物,也是资产阶级统治的需要,不适合中国的国情。西方民主与我国政治体制的目的不同、要求不同,不能完全搞西方议会制度,但同时也意识到完善我国政治制度必须在具体的某些制度,必须坚持中国共产党的领导下多党合作制及政治协商制度基础上,逐步完善我国现存的政治制度。

表6-31　不同政治面貌的大学生对中国与西方民主政治的评价　（%）

选项	中共党员	共青团员	群众	比例
中国政治在观念上是先进的,但具体的某些制度、措施应该学习西方	37.9	35.4	24.1	32.5
西方民主政治的观念、制度都有一些地方值得我们借鉴	57.1	50.5	56.2	54.6
西方民主政治不适合中国国情,中国根本不必去学	1.7	4.5	2.5	2.9
在姓"资"姓"社"的原则问题上,我们不能马虎,绝不能"西化"	2.4	3.9	3.5	3.3
西方民主政治是目前人类政治最高境界,要用它彻底改造中国政治	0.3	1.3	4.0	1.9
其他	0.6	4.4	9.7	4.8

四　大学生政治行为选择的理性化

大学生运用政治权利开展的政治行是多种多样的,既有法律规定的正式方式,也有非正式方式。在所有这些政治行为方式中,大学生比较喜欢哪些,在什么情况下选择什么方式,时代特点又是什么?围绕上述问题,本书选取了"涉及个人利益"与"涉及国家利益问题"两个方面的典型事例,考察当代大学生政治行为选择方式的时代特征。

（一）涉及个人权利问题时

对个人权利问题的解决涉及社会稳定、发展和进步,虽然当代社会中国民生问题已经得到了极大的改善，但仍然存在尚待改进的地方。本调查研究根据近年来的新情况和宪法规定，列出了几种可能的政治行为方式供大学生选择，以更好地显示大学生对不同政治行为选择的偏好程度。

表6-32　面对个人民主权利受损时，大学生政治参与方式的选择　　（%）

选　项	比例
向人大代表或政协委员反映	18.4
上法院直接提起行政诉讼	16.6
到所在地区政府（包括信访部门）反映	22.1
向自己所在学校领导反映	9.5
通过私人关系托政府官员帮忙解决	2.3
联系新闻媒体进行曝光	10.2
联系相同境遇的人，申请在政府门前游行或静坐	1.5
不经批准，在政府或领导家门前静坐或拦领导的车	1.2
利用网上论坛公布事情真相，引起公众注意	8.2
自认倒霉，不了了之	4.6
其他	5.4

表6-32结果显示，当涉及民生问题和个人利益时，大学生选择的政治行为方式处于前三位的是"到所在地区政府（包括信访部门）反映"、"向人大代表或政协委员反映"和"直接提起行政诉讼，将政府告到法院"。值得注意的是，"联系相同境遇的人，申请在政府门前游行或静坐"、"不经批准，在政府或领导家门前静坐或拦领导的车"是大学生选择率最低的两个选项。从上述结果综合分析，当代大学生政治行为的选择日趋理性化。与改革开放前相比，当代大学生在面临自身利益受损时，不再以冲动方式解决，不再通过静坐、游行、拦车等非理性行为解决对抗，而是更愿意选择依靠政府、信任组织，通过向政府反映，向人大代表或政协委员反映等正规途径解决问题。尽管学校对大学生的生活依然举足轻重，但是，在改革开放中成长的大学生不再习惯于有困难找领导的思维模式，因此向学校领导反映的比例明显较低。另外，在参与方式的选择上，"直接提起行政诉讼，将政府告到法院"竟然在所有的参与方式中处于第三位。在中国传统思想里，政府是绝对的权威和拥有至高无上的权力，民

告官是不可思议的事情。但是，现代的大学生敢于对政府提起诉讼，以争取和维护自己的正当权利。这是思想观念的解放，也是大学生民主意识不断增强的有力见证。

(二) 涉及国家、民族利益问题时

近年来，国际反华势力不断公开制造事端，借题发挥，以实现其西化、弱化、分化中国的图谋。如日本蓄意篡改历史，试图掩盖侵华真相；反华势力阻碍奥运火炬传递事件；菲律宾、日本与我国争夺黄岩岛、钓鱼岛事件，均引起国内民众爱国热情不断高涨，尤其以血气方刚、热血沸腾的青年学生更为突出。

表6-33　面对国家利益受损时，大学生对各种政治参与方式的偏好　　(%)

选项	比例
努力学习，把爱国热情转化为建设祖国的实际行动	76.3
游行示威，组织同学上街，给对方施加压力	3.1
有礼有节，在互联网上表达自己的强烈愤慨	11.6
以暴制暴，以牙还牙，用武力解决	3.2
经济制裁，抵制该国商品	3.9
无动于衷，这事情离我比较遥远	1.9

由表6-33可以看出，当大学生面临"涉及国家利益问题"时，其政治行为选择更为理性化，选择"努力学习，把爱国热情转化为建设祖国的实际行动"的大学生比例在50%以上，选择"以暴制暴，以牙还牙，用武力解决"的大学生比例低于10%，说明我国大学生充分考虑到"和平"与"发展"是我国当前的战略需要，面对国内外反华势力的恶意破坏，当代大学生选择了勇敢面对这种困境，大部分学生选择了努力学习，把爱国热情转化为建设祖国的实际行动。但这并不是说，大学生没有爱国的实际政治行为，选择"游行示威，组织同学上街，给对方施加压力"、"经济制裁，抵制该国商品"的比例排在了政治行为选择的第二、三位置，这说明当代大学生更倾向于选择有礼有节、依法办事的行为对待政治事件，而不是激进地、鲁莽地选择"以暴制暴，以牙还牙，用武力解决"的政治行为方式。

表 6-34　　大学生对待游行示威中打砸日本餐馆、
　　　　　企业，剐伤日本车等现象的态度　　　　　（%）

专业	支持			反对		
	憎恨日本	混乱中会做	其他	这样伤及不到日本政府	违法	其他
文史类	8.6	0.5	3.1	35.8	33.1	18.9
理工类	19.2	2.1	4.9	37.8	22.7	13.3
艺体类	16.4	0.6	4.1	30.4	35.8	12.7
总计	14.7	1.1	4.0	34.7	30.5	15.0

调查结果显示，针对"游行示威中打砸与日本有关的餐馆、商场、企业，剐伤日本车等现象"大学生所持的态度总体上趋于冷静、理性，80.2%的大学生持反对意见，而且意识到该行为违法的比例达到了30.5%，说明大学生在充分表达爱国热情的同时清醒地意识到在游行中出现危害公共安全或严重破坏社会秩序情况，均是违法行为，要以合法方式表达爱国诉求。访谈中大学生回答"如何处理中日关系"问题时，70%以上的学生认为应该发展中日友好合作关系，必须排除来自"左"和右的各种干扰。60%以上的同学认为不能因为仇视日本军国主义而把这种情绪无限制地扩大到整个日本，从而影响两国人民的友好交往。80%以上的同学认为不能为了顾全两国关系大局而故意混淆两种不同性质的"国家诉求"，容忍日本军国主义的恶性膨胀，从而危及中国的核心国家利益。由此可见，当代大学生处理中日关系时，能够理性冷静、以大局为重，依法依礼地解决涉及国家主权和领土完整的问题，自觉用实际行动维护来之不易的团结发展局面。

此外，不同专业大学生对待中日关系问题存在着一定的不平衡性。由表 6-34 可见，文科生比理科生怀有更加理性的爱国心态和行为，由26.2%的理科生支持在游行示威中打砸与日本有关的餐馆、商场、企业，剐伤日本车，比持同样观点的文科生高出14.0%。在支持理由中，文理科生的差异主要是在"支持，憎恨日本"的选项上；持此观点的理科生比例为19.2%，比持同样理由的文科生高出10.6个百分点。在反对理由中，文理科的差异主要在"违法"这一选项上，持此观点的理科生比例为22.7%，比持同样理由的文科生低出10.4个百分点。可见，在爱国方面，理科生比文科生更容易冲动，而文科生具有更强的法制观念。这可能是由于文科生受到更多的政治信息、法制信息熏陶。

当代中国大学生随着政治素质的逐步提高，政治思想日渐成熟，其政治行为也相应表现出由感性、自发、从众向理性、自觉、独立的转变。究其原因，其一，大学生对改革开放的认识有了提高，特别是随着改革开放力度的加大，当代大学生普遍对改革开放的勇气、魄力和胆识颇为赞赏。其二，对坚持四项基本原则的认识有了明显的提高；积极追求政治进步，有相当数量的大学生努力向党组织靠拢。其三，树立了坚定的社会主义信念，坚持社会主义方向，对中国的发展和社会主义制度的前景充满了乐观和自信。大多数大学生能够运用马克思主义理论和观点，以其为行动的先导，洞察和鉴别各种社会思潮、政治现象。总之，当代中国大学生的政治行为表现出更加理性、冷静、沉稳、自觉的特征。

第三节 大学生政治素质的现实困境

从大学生主流群体的政治素质上看，呈现出积极、向上的发展趋势。但部分大学生政治素质的表现，仍旧存在种种失衡现象。这些失衡现象虽然是少量的、局部的，但影响大学生政治素质的整体水平，而且对整个社会主义建设损害颇大，因而要高度重视。

一 部分大学生政治主体意识亟待提高

随着我国政治文明建设的不断推进，当代大学生的民主、平等和自觉意识逐渐增强，社会主人翁意识也不断扩大，展示出当代大学生政治素质走向成熟。但是大学生的政治主体意识到底怎么样，本书从政治权力意识、政治责任意识、政治参与意识三个层面展开调查。

（一）部分大学生政治权力意识淡薄

表6-35　　　　　　大学生对于下列观点的态度　　　　　　（%）

选项	赞同	基本赞同	不大赞同	不赞同	说不清
政府在做什么事情，老百姓有权了解	56.7	19.3	2.4	2.5	19.1
政府制定新的政策法规，应该听取老百姓的意见，召开听证会	72.9	14.5	1.6	1.9	9.1

表6-35中的第一项可以视为公民政治"知情权"，第二项则可视

为"参与权",都是现代政治文明中政治主体意识的基本内容,也是被所有民主政体宪法所保证的公民基本政治权利的重要部分,受访大学生对于这两项的"赞同"与"基本赞同"的比率,分别达到了76.0%和87.4%,说明当前大学生政治主体意识较高,但不容忽视的是大学生对"知情权"的政治权利意识相对淡薄,选择"说不清"的比例均高达19.1%,说明这部分学生对自己的政治权利意识并不十分清楚,带有模糊性。

表6-36 大学生对"为政府献计献策是每一个公民的责任"的看法 (%)

选项	赞同	基本赞同	不大赞同	不赞同	说不清
为政府献计献策是每一个公民的责任	21.1	52.7	8.1	6.9	11.2

当调查问到是否对"为政府献计献策是每一个公民的责任"的看法时,21.1%的大学生表示赞同,52.7%的大学生表示基本赞同,两者之和达到73.8%,而选择不大赞同、不赞同和说不清的人数占到了26.2%。上述调查结果说明绝大部分大学为政府献计献策方面有着很高的权利意识,但仍然有少部分大学生不愿意积极参与政治事务。综合上述情况,我们可以得出这样的判断:目前绝大多数大学生清楚自己的政治参与权利,并具有较高的政治参与权意识,但大学生的政治知情权意识状况并不乐观,不清楚自己有哪些政治知情权,就无法判断自己有哪些政治监督权利,难以实施有效的监督责任。

(二)部分大学生政治参与意识淡漠

大学生对政治参与的基本态度在一定程度上决定了其在政治认知方面的主动性。在调查中发现,48.9%的大学生对政治表现出了十分积极的态度,愿意主动参与政治实践,明确表示"不介入政治"的大学生只占总人数的9.5%。不容忽视的是:有超过30%的大学生表现出政治态度较为折中,在面对参与政治实践参与情况时表示"尽可能少参与"和"说不清"。上述结果综合分析可见,当代大学生对待政治实践总体态度比较积极,但仍有部分学生表现得较为谨慎。提示学生工作者仍需要付出不懈的努力,鼓励大学生积极参与到政治实践当中来。

表 6-37　　不同政治面貌的大学生对政治参与的基本态度　　（%）

选项	中共党员	共青团员	群众	比例
积极参与	55.0	49.4	42.2	48.9
尽可能少参与	19.3	19.2	20.9	19.8
不介入	6.8	8.7	12.9	9.5
说不清	18.9	22.7	24.0	21.9

此外，调查数据还显示，不同政治面貌大学生的政治参与意识呈现出一定的差异性。中共党员（55.0%）和共青团员（49.4%）对待政治参与相对于普通群众（42.2%），表现出更高的积极性。这表明，大学生对自身政治上进心的要求对于其政治参与意识有直接的影响，强化普通群众对自身政治进步要求有助于提高大学生整体政治参与意识。

担任学生干部是提高学生参与政治活动能力的一个主要方式，而受访同学中，仅有23.3%的同学表示"如果可能会争取"，而选择"如果同学选我当也无所谓"和"不愿意当学生干部"分别达到了46.3%和30.4%。不难看出，较高比例的大学生表现出对通过担任学生干部、参加学生工作的方式来提高自身的政治参与能力的意识很淡漠。而学生实践社团的选择结果也证实了这一趋势，35.4%的同学表示最喜欢参加"社会实践类"的学生社团，而对参与理论学习类学生社团的同学却只有13.2%，更多的同学比较喜欢参加"文化科技类"和"文艺体育类"的学生社团。

表 6-38　　大学生政治参与的意愿状况　　（%）

题目	选项	比例
您是否愿意担任学生干部	如果可能就争取	23.3
	如果同学选我当也无所谓	46.3
	不愿担任	30.4
您所愿意参加的社团类型	社会实践类社团	35.4
	理论学习类社团	13.2
	文化科技类社团	23.7
	文艺体育类社团	27.7

在调查中，我们也注意到，仍有部分大学生对政治参与抱有漠不关心

的态度。究其原因,主要包括认为个人影响政治的可能性太小,关心了也没用(44.1%);政治多风险,少涉足为妙(21.7%);课程学习所得的知识已经足够(11.5%)等。而认为政治与自己无关而不去关心的比例只占4.9%。但由于我国目前政治实践的渠道还不够开放、广泛和便捷,相当一部分大学生对如何运用民主途径,行使公民的政治权利,将政治知识转化为政治参与缺乏了解,从而产生了对政治知识"关心了也没有用"的想法。同时,传统的对政治谨慎、惧怕的思想在当代大学生中还有不小的影响,需要政府不断引导大学生通过亲身参与和实践,逐渐消除这种由于"政治风险论"造成的心理障碍。

表6-39　　　　　大学生政治参与意识淡漠的原因　　　　　　（%）

选项	比例
课程学习所得的知识已经足够	11.5
政治是领导人的事情,与我无关	4.9
作为普通老百姓,影响政治的可能性太小,关心了也没有用	44.1
政治多风险,少涉足为妙	21.7
其他学习、工作、生活更重要,无暇关心政治	3.6
其他	14.2

(三) 部分大学生社会责任意识淡化

大学生的责任感就是大学生的社会责任意识,可以说也是大学生的基本政治态度的一部分。大学生只有具有强烈的社会责任感,才会积极关注国家的各项政治活动和政治生活,因此大学生的责任感是大学生参与政治的重要部分。

表6-40　　　　　大学生社会责任意识调查结果　　　　　　（%）

选项	尽可能帮助	不是一个人的事,我无力去管	不会去帮助	没考虑过
毕业后响应"三支一扶",为祖国经济落后地区的发展作贡献	57.5	19.7	11.3	11.5
像"活雷锋"郭明义一样,帮助身边有困难的人	57.9	18.4	8.1	15.6

访谈中，我们让大学生表达"国家兴亡，匹夫有责"的态度。72.4%的大学生选择了"赞同"，22.7%的大学生选择了"基本赞同"，两者之和超过了95%，可以说绝大多数的被调查者都认为大学生应对国家的兴亡承担责任，说明当代大学生对国家和社会仍具有强烈的责任感，总体趋势是好的。但通过情景式问卷调查我们发现，"毕业后响应'三支一扶'，为祖国经济落后地区的发展作贡献"的调查结果显示，有57.5%的大学生选择"尽可能帮助"，而选择回避和拒绝的比例却高达42.5%。当问及"你是否会像'活雷锋'郭明义一样，帮助身边有困难的人"时，选择回避或者拒绝的比例为42.1%。从上述调查结果不难看出，部分大学生社会责任意识相对淡化，无私奉献精神不足。此外，在访谈中我们也发现部分大学生在理直气壮地强调个性张扬和自我价值实现，人生价值目标趋于功利化和世俗化，致使这部分学生的社会责任意识淡化。

二　部分大学生政治理论认知水平相对较低

大学生政治认知主要包括两个方面的内容，是对政治知识的了解和情况的掌握，例如大学生对国家政策、政府执政、社会意识形态等政治体系运作方式的总体了解，此外，对国内外重大事件的关注也属于这一范畴，主要表现为事实性认知，反映的主要是大学生政治知识的累积情况。二是基本的政治认知判断是什么，政治认知判断是在政治知觉、政治印象的基础上对认知客体的评价和推论，其结果是形成对某种客体的综合分析，主要表现为理论性认知。调查结果表明，当前大学生对政治的了解和对政治知识的掌握具有一定的理解力，事实性认知水平较高，对比而言，其理论性认知水平较低。

调查结果提示，绝大多数大学生能够准确说出我国的现阶段国情、基本政治制度、党的指导方针等有统一标准答案的政治常识，但是对于需要结合政治理论和政治现实进行分析的问题答案就相对分散，如表6－41显示出大学生对待民主的认识状况，答案非常分散。

本次调查结果还暴露出了相当部分大学生政治理论水平停留在政治问题的表面，对政治问题的本质核心缺乏深层次的理解和研究。例如在访谈中，93%以上的大学生对邓小平理论和"三个代表"重要思想有所了解，但是能完整正确说出具体内容的不到40%，能完整正确说出对社会主义核心价值体系的大学生比例不到一半，对其他政治理论知识也表现出"知其然，不知其所以然"，在本次调查中半数大学生说对民主化进程说不清楚是怎么回事。

表 6-41　　　　　　　大学生对民主的认识状况　　　　　　　（%）

选　项	比　例
民主就是在集中指导下的民主和民主作风	33.9
民主是人民群众当家做主	35.7
民主就是为民做主	23.4
说不清	7.0

除此之外，我们对当代大学生政治理论知识掌握的途径进行了调查。数据显示，对当代大学生的政治认知产生最大影响的是学校教育（32.1%），其次是上网了解和家庭教育（27.1%）。这充分表明，大学生了解政治的途径多样化，学校的政治教育是大学生认知政治知识最主要的途径，对大学生政治素质的养成具有十分重要的影响作用。传统的主流媒体如电视、报纸、电台还是占了主导地位，发挥着重要的作用。这与本书第四章的研究结论一致。值得注意的是，网络已经成为第二重要的途径，呈强劲的上升势头，所以有必要加强对大学生的网络政治行为引导和监控。

由此可见，部分大学生的政治认知缺乏深厚的理论根基，科学的理论准备还不够。而缺乏理论根基就会使大学生对政治认知的深度不够，看问题仅停留于表面，抓不住实质。尤其是在改革开发的大潮下，西方思潮的大量涌入，会严重干扰一些政治理论根基不牢大学生的思辨能力，导致一些大学生出现政治立场动摇，加之大学生处于自我意识形成发展的关键时期，部分大学生政治心理还不成熟，政治意识也容易偏颇，因而往往容易形成片面的政治认知和感受。当代大学生对于马克思主义经典理论、中国特色社会主义理论、我国现实政治制度都有一定的了解，但缺乏系统的学习，钻研深度有待加强。

三　部分大学生政治理想信念相对淡漠

当代大学生是在我国主流政治文化的熏陶和培养下成长起来的，因此对主流政治信仰比较容易接受。但大学生作为青年群体，其还具有年轻人思想活跃、认知不成熟等特点，在政治社会化过程中面临着复杂多变的社会现实和多种政治文化的冲击。因此，部分大学生的政治信仰状况并不让人乐观，访谈中发现有些学生在面临复杂的政治现象时表现出迷茫无措，常常人云亦云,出现了一些盲目的、非理性的信仰;还有一部分学生消极看待政治社会化中的现象,产生对政治现实和未来丧失信心、政治理想淡化;甚至极少部分大学生存在政治信仰真空的现象。

表 6-42　　大学生认为中国特色社会主义的前景是什么　　(%)

选 项	比 例
政治上的社会主义加经济上的资本主义	17.9
社会主义和共产主义	49.1
彻底告别社会主义	18.5
说不清楚	14.5

表 6-42 通过考察当代大学生对中国特色社会主义前景的态度用以评价当代大学生的社会主义信念。结果显示有 17.9% 的大学生认为"中国特色社会主义的前景就是政治上的社会主义加经济上的资本主义",上述结果出乎我们的预料,出现了理想信念教育结果与实际不符,这部分学生政治信念不牢固,政治追求上表现出随意性。

表 6-43　　　　大学生对马克思主义理论体系的认识　　　　(%)

选 项	比 例
无论过去、现在还是将来,都是中国社会主义革命和建设的理论基础	83.9
只是众多理论的一种,不易成为唯一的指导理论	7.5
基本已经过时,不适应当前社会	5.8
说不清楚	2.8

表 6-43 考察了大学生对"马克思主义理论体系"的认识,调查结果显示,绝大多数学生选择"无论过去、现在还是将来,都是中国社会主义革命和建设的理论基础",但仍有 7.5% 的大学生认为"只是众多理论的一种,不易成为唯一的指导理论",5.8% 的认为"基本已经过时,不适应当前社会",该项调查结果显示出部分大学生政治认识上存在模糊与偏差,极少部分大学生对马克思主义理论还停留在感性的、片面的、模糊的认识,未能理解如何将马克思主义理论与中国具体实际紧密结合起来。大学生对马克思主义理论体系的认识的偏颇产生原因主要有两个方面:一

方面是源自大学生自身政治理论基础薄弱,少部分大学生在政治理论学习中表现消极,不能用发展的眼光理解马列主义和毛泽东思想;另一方面是受到社会上实用主义、利己主义、功利主义思潮的影响,导致部分大学生在处理社会矛盾时,直接从自己的实际利益、实际感受、实际得失出发,导致政治理想信念不坚定。

表6-44　大学生是否希望马列主义继续成为中国人的信仰　　（%）

选　项	比　例
希望,并且很有信心	72.1
希望,但是信心不足	23.5
不希望	1.0
说不清楚	3.4

表6-44列举了大学生对马列主义是否继续成为中国人的信仰的态度,结果显示95.6%的大学生在政治信仰总方向上与政治素质教育目标保持了一致,但仍然有部分学生对这种认知较肤浅;选择"希望,但是信心不足"的大学生比例占到了23.5%,说明这部分学生虽然对马列主义的信仰前景抱有希望,但对其实现的预测表现出信心不足。

四　部分大学生政治动机现实功利性较强

对于当前新一代大学生的政治动机的测评,分别以参加中国共产党、参与政治活动两个方面进行。从入党的动机来看,排序依次为:"有利于就业和前途"26.7%、"为社会多作贡献"23.0%、"个人能力的一种证明"17.7%、"信仰共产主义"13.6%、"父母或者老师要求的"8.6%、"受周围党员影响"7.9%、"别人入了自己也就入了"2.5%。上述调查结果显示:单从入党动机来看,当代大学生更倾向于将个人前途作为入党的先决考虑因素。也就是说,当代大学生对于入党的现实功利性追求高于对理想信念的追求。这与座谈的结果基本一致,讨论结果显示,当前大学生主要有两种观点:其一,认为入党是由信仰决定的,如果不坚信党的宗旨和信念就不应该盲从入党;其二,认为入党与否主要取决于是否对自己未来发展有利,如果入党能够拓展自己未来的发展空间,那么就选择入党。上述两种观点反映了两种不同的价值取向,也映射出大学生政治理想信念所面临的挑战。

表 6–45　　　　　　　大学生申请入党的动机　　　　　　　（%）

选　项	比　例
有利于就业和前途	26.7
为社会多作贡献	23.0
个人能力的一种证明	17.7
信仰共产主义	13.6
父母或者老师要求的	8.6
受周围党员影响	7.9
别人入了自己也就入了	2.5

　　从表 6–46 可以看出，对于没有申请入党的主要原因，绝大多数大学生（78.1%）认为"个人条件暂不成熟"，选择"党员形象不佳，党的威信下降"、"只愿加入民主党派"、"党的宗旨不符合个人信仰"、"各方面受约束、不自由"、"和个人成才没什么直接关系"的比例分别为 7.2%、6.3%、5.4%、1.5%、1.5%。上述调查结果证明当代大学生的政党选择动机是值得肯定的，选择了"入党为了全心全意为人民服务，为了实现共产主义"。因为它与党的性质、宗旨、奋斗目标和党员条件是一致的。

表 6–46　　　　　　大学生没有申请入党的主要原因　　　　　（%）

题　目	选　项	比　例
没有申请入党的主要原因	个人条件暂不成熟	78.1
	党的宗旨不符合个人信仰	5.4
	党员形象不佳，党的威信下降	7.2
	各方面受约束、不自由	1.5
	和个人成才没什么直接关系	1.5
	只愿加入民主党派	6.3

表 6–47　　　　　　　大学生报考公务员的动机　　　　　　（%）

选　项	比　例
为社会多作贡献，实现个人价值	23.0
参与政治改革进程，实现政治理想	25.4
工资、养老、医疗等保障好	30.9
社会地位高，工作体面	20.7

当前,大学生在政治取向上存在一些功利性倾向。以大学生报考公务员动机为例,半数以上的大学生考公务员的动机是"工资、养老、医疗等保障好"和"社会地位高,工作体面",仅仅把考公务员看作是自己成长的客观条件,功利倾向较明显。为什么大学生在入党、考公务员动机上有如此浓厚的现实功利性?从主观讲,这些大学生的人生观、价值观出了问题,不是浮躁攀比就是盲目顺从;从客观讲,改革开放以来,随着经济的高速发展、社会就业压力的加剧,导致大学生在理想信念上有所动摇,容易随波逐流。

第四节 大学生政治素质的问题归因

当今社会在政治、经济、文化领域发生着日新月异的变化,大学生正处于不断变化的社会现实当中,他们政治心理和政治思想也随之呈现了多元化的趋势。通过调查结果显示,当前大学生政治素质主流是值得肯定的,但仍有部分学生存在着对政治现实认识不清、政治心理幼稚、政治思想偏颇等问题,深入讨论和揭示上述问题的成因对于根本解决大学生政治素质中存在的隐患具有重要的意义。

一 中国传统政治文化内聚与西方政治文化扩张的博弈

中国政治文化的"内在要旨早已和中国的血缘关系以及家国同构的政治结构紧密结合在一起"。[①] 儒家文化一方面是思想文化的主流,另一方面更是中国人生存和生活的政治哲学,它已经深深根植于大学生的日常行为方式之中,具有巨大的凝聚力,很难从中国人的政治哲学中去除。尽管"五四"以来,中国屡次发动了对传统政治文化的批判,但最终都没能把传统政治文化从中国人的内心世界中去除。虽然中国政治文化深层结构具有一定稳定性和传承性,但也不可避免受到外来西方政治文化的影响。西方政治文化主要是以私有制为基础的资本主义文化,发展至今已经具有了强大的历史背景和政治空间。随着全球化进程的推进,西方发达国家在政治、经济、文化、科技方面取得的成就的确引人注目,青年大学生

---

① 李艳丽:《政治亚文化:影响当代中国政治发展的特殊因素分析》,武汉大学出版社2008年版,第121—122页。

容易迷惑于其表面的成就而忽视对西方政治文化经济基础的考量，从而对西方政治文化做出肤浅、片面的判断，这一方面是西方政治文化通过多种传媒渠道扩张的结果，另一方面是由于大学生政治理论学习不足造成的。改革开放以来，尤其是加入世界贸易组织的十多年来，我国与世界交流的窗口日渐开阔，西方资本主义政治文化随着双方经济、科技、信息交流的拓展也逐渐扩张到中国，这种扩张具有广泛性、直接性、隐蔽性，对大学生政治素质形成和发展发挥着多维度的干预作用。

二 社会共同理想与当代大学生个体政治需求的失衡

解放生产力、发展生产关系、消除两极分化、消除剥削、实现全面共同富裕是社会主义的本质需求，也是我国社会的共同理想。社会主义共同理想的实现过程不是一蹴而就、一步到位的，而是循序渐进、由点及面的过程，也就是说在实现的过程中要通过使一部分人先富裕起来，先富带后富，最终实现共同富裕。这一社会共同理想的实现过程是由我国现存的经济基础决定的，我国虽然地大物博，但生产力基础落后、人口众多、经济发展不平衡，上述社会现实决定了社会共同理想的实现过程是曲折而又艰辛的，要求包括大学生在内的每位社会成员都要坚信共同理想、坚韧不拔、艰苦奋斗、团结一致、无私奉献。当代大学生作为共同理想的实现者，应自觉将共同理想内化到个人理想之中，从而更好地实现共同理想。然而，当前市场经济在进行资源配置的过程中，出现了局部的不平衡，加之大学生思想尚不完全成熟，部分大学生在受到局部先富起来现象的刺激后，强化了其追求个人利益的欲望，从而将追求个人成功、个人利益、个人发展放在了理想信念要求的首要位置。在片面强调个人利益的驱动下，政治动机不端正，因而在处理个人利益与社会共同理想间出现矛盾时，就会不顾及社会共同理想和团体利益，而显现出自私、功利的政治行为。当个人利益实现欲望膨胀时，部分大学生表现为政治信仰、政治理想上的功利驱动、追求实惠，难以坚持社会共同理想，就会变得功利和世俗。

三 家庭政治观念与当代大学生成长成才背景的碰撞

当代大学生出生于和平年代，成长于改革开放的进程中，投身于社会主义现代化建设事业中，这些外部环境对大学生政治素质形成均发挥着重要作用。此外家庭环境，尤其是家长的政治观念也深刻而长远地影响着大学生的政治素质。当代大学生是幸运的，成长的社会背景和政治背景都比较稳定，但是他们的父母在成长过程中往往经历了自然灾害、"文化大革命"、经济落后等社会现实,这些父母既怀有对新中国的忠诚和对社会主义的理想,又对政治动乱、自然灾害、经济落后有深刻的体会。他们父母在青春时的遭遇和遗憾有些是可以弥补的,有些是弥补不了的,甚至成为永远遗留的缺憾,导致父母在对待自己孩子的培养方面出现两种倾向:一种是对孩子提出较高的成才目标,而忽略对孩子政治素质的教育,表现为对子女物质需求极大满足,而在子女的政治志向、政治品德、政治行为培养上的忽视;另外一种是由于部分父母甚至长辈深受"文化大革命"等政治事件的迫害,导致政治冷漠甚至政治恐惧,主观故意让子女回避政治问题、躲避政治实践。父母的政治经历、政治知识、政治观念深深地影响着大学生政治素质的形成和发展,父母对子女政治教育的目标、方法、手段如果滞后于时代要求,就会影响大学生政治素质的发展,从而使大学生表现为政治思想不成熟、政治信仰不坚定、政治行为冲动,面临政治疑惑时容易陷入迷茫和苦闷。当代大学生生活和成长的社会背景总体是积极的、平稳的,父母在对待腐败问题、官僚主义、不正之风等消极社会现实时,应该以积极、冷静、客观的情绪去分析、解决问题,分清楚社会主流趋势,对待不良社会现象坚决抵制,言传身教,让孩子学会抵制各种歪风邪气,树立正确的政治观念和政治行为。

四 高校政治教育平面化与政治信息来源立体化的冲突

高校不仅是大学生获得专业知识也是大学生获得政治知识增加政治阅历的场所,大学生在经过大学阶段的系统学习后,政治观念也逐渐成熟。高校思想政治教育是否有效将直接影响到大学生政治素质的水平高低。当今大学生思想活跃、精力充沛、好奇心强,具有强烈的政治主体意识,对社会变革怀有迫切的愿望,当自己的政治愿望与现实世界发生冲突时,他们容易出现政治困惑,如果高校政治教育不能适时地为其答疑解惑,加以有效疏导,就会导致大学生政治上的迷茫和无助,有可能出现政治信念不坚定,当他们遭遇政治困惑时,如果不能得到有效的疏导必然会盲目地自发寻找出路,容易出现政治理想异化、政治价值错位、政治信仰弱化。然而当前部分高校政治教育中存在着诸多弊端,例如教育内容枯燥,形式单调,手段僵化,这些都对大学生政治素质培养构成严重的干扰。我们应该充分利用现代化教学手段、拓宽教育渠道、丰富教育内容从而激发大学生的学习兴趣,还要重视理论与实践结合,将政治理论教育融入学生社团实践、学生课堂讨论、学生民主对话当中去。我们以往在高校教育中沿袭的集中式、说教式、填鸭式教育方式忽视了大学生的主观能动性和思想上追求新鲜事物的特点，导致教育理论内容不能被充分吸收，政治教育目标不能实现等问题。针对当前高校政治教育中存在的问题，应该重视政治教育规划、革新教育方式。

综观大学生政治素质的现状调查结果，我们不难发现当代大学生政治素质主流是值得肯定的，但局部仍然存在着亟待提高的问题。大学生政治素质整体状况令人鼓舞，大学生政治视野开阔、政治认同感较高、政治效能感增强、普遍接受中国先进的政治文化、政治分析趋于冷静，这些都决定着当代大学生具备较高的政治素质，能够胜任未来社会主义现代化建设的需要。同时不容忽视的是出现在部分大学生中的一些政治困惑，例如政治主体意识亟待提高、政治理想信念不容乐观、政治理论性认知水平相对较低、政治动机现实功利性较强等现实问题。这些问题多数是认识态度上的问题，并非是系统的、根深蒂固的思想问题，大学生本身具有极高的可塑性，因此纠正和改进这些现存政治困境是可行的。如何通过学校、家庭、社会的政治教育全面提高大学生政治素质是政治教育的最终目标。当代大学生政治素质发展还有很大潜力，我们应该通过深入研究大学生政治素质的形成和发展的规律，激发、优化大学生政治素质进入更高的发展阶段。

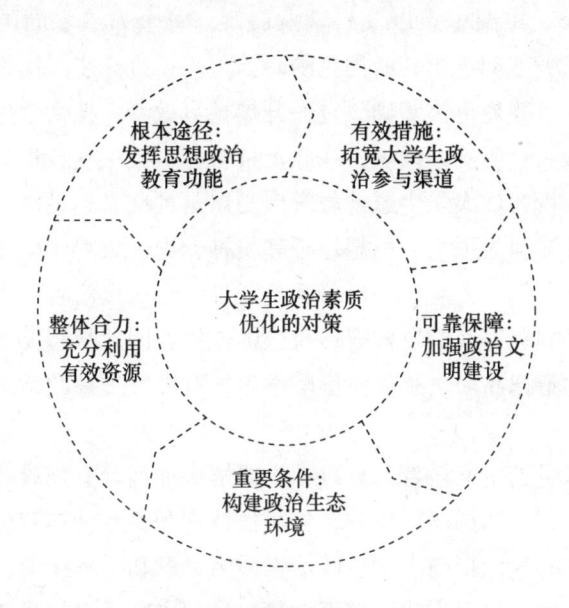

第七章 当代中国大学生政治素质优化的对策思考

　　优化是个体改变或选择使外部条件达到优良状态的实践过程。因而，大学生政治素质优化具有明显的性质选择和理想期待。大学生政治素质优化归根结底是个教育问题。优化大学生政治素质是一项全方位、多角度、多层次的十分复杂的系统工程，只有从大学生现实状况出发，需要各方力量共同努力形成良好的运行机制，才能保证培养出具有良好政治素质的大学生，以适应21世纪我国社会主义现代化建设对人才的需要。总之，大学生政治素质优化是政治素质系统内部各要素之间、系统与外部环境之间形成合理结构，发挥最佳功能的过程。

图 7-1　大学生政治素质优化的对策

第一节 根本途径：发挥高校思想政治教育功能

大学生政治素质优化的根本任务就是帮助大学生用中国特色社会主义的核心价值体系武装头脑，正确看待我国的国情，树立正确的世界观、人生观和价值观，有良好的政治品德，认清自己的责任，不辱使命，信心百倍地沿着中国特色的社会主义道路前进。有效地发挥思想政治教育功能直接关系到大学生政治素质优化的成效。实践证明，通过明晰思想政治教育内容、加强主流意识形态教育、培养政治主体意识、完善课程体系环节，真正发挥思想政治教育在政治素质优化中的主渠道作用。

一 明确教育内容，提高大学生政治认知能力

第一，以理想信念教育为核心，使大学生正确认识国家走什么道路、举什么旗帜和自身社会责任的问题。以科学理论为支柱，教育引导大学生从思想上掌握马克思主义中国化的最新理论成果，把握党的指导思想、明确党的奋斗目标和现阶段的任务、坚定共产主义信念；教育引导大学生从行动上严格要求自己，自觉地贯彻执行党的基本路线和基本纲领，积极践行"三个代表"重要思想以及科学发展观，将个人追求同国家命运发展联系起来，积极主动承担其所担负的政治责任，进一步提高政治素质。

第二，以道德规范为基础，全面开展德育教育，使大学生对做什么样的人、如何做人有明确的认识，在政治社会化过程中养成良好的道德品质和规范的政治行为。大学生道德教育应当以马列主义、毛泽东思想和邓小平理论的基本知识为强大的思想保证和精神动力，培养学生良好的政治品质和科学的世界观、人生观、价值观。此外，还应该注意到教师的示范作用在学生道德规范养成中发挥言传身教的作用，因此教师要用自己崇高的人格、高尚的道德品质去感染、影响学生，有助于提高政治素质教育的信度和效果。

第三，以爱国主义教育为重点，主要解决如何确立民族和国家意识的问题，进行培育和弘扬民族精神，将时代精神和民族精神有机整合。加强爱国主义教育必须以提高大学生政治素质为目的和基本指向，从而制定相对应的教育内容、教育方法、教育途径。爱国主义教育的目的是弘扬民族精神并使学生明确社会主义现代化建设的宏伟目标，将祖国的前途命运与

个人发展紧密联系起来,激发学生树立共同理想和信念,将学生的爱国之情、报国之志转化为实际行动,以高度负责的精神为祖国繁荣富强而奋发成才。

第四,以大学生全面发展为目标,提高大学生综合素质,把大学生培养成德才兼备、全面发展的社会主义事业建设人才。对大学生进行全面发展的培养过程中,着重从政治理论学习、哲学思想培养、专业知识水平提高、实践能力锻炼等方面着手,逐步完善思想政治教育体系,以思想政治教育引领学生工作,促进学生健康成长,把大学生培养成综合素质全面、创新意识强烈、专业技术能力过硬的应用型高级人才。

二 加强主流意识形态教育,坚定大学生政治方向

在当代中国,国家性质决定了在大学生中应该强调政治认同的意识形态教育。加强主流意识形态教育就是将爱国主义、集体主义和社会主义教育融入政治素质优化过程中,使学生坚定正确的政治方向,坚持正确的政治信念,能够清晰辨明非主流的政治意识形态,并坚决抵制反马克思主义的思潮。

其一,把成才教育与时代精神教育结合起来,坚定大学生政治方向。主流意识形态教育的宝贵资源既在书本里,又在实践中,把成才教育与时代精神教育统一起来,充分挖掘和利用成才教育平台,设计和开展形式多样的教育活动,引导学生参与投身实践,向实践学习、向人民学习,了解历史、了解国情、了解社会。在认识规律、明辨是非、把握政治方向上,使学生坚定:每个人都应该无条件地热爱自己的祖国,爱国主义情感不仅是一种政治立场,更是一种政治信念;只有坚持社会主义,坚持中国共产党的领导才能发展中国,西方资本主义政治制度不适应中国的发展;中国当前的历史时期,爱国主义和社会主义的目标是统一的;中国特色社会主义是我国各民族共同奋斗的旗帜,必须坚持这一政治方向不动摇。

其二,充分利用形式多样的教育载体营造好的教育氛围,坚定大学生政治方向。例如,通过校内的政治、学术、业余活动营造爱国主义、集体主义和社会主义教育氛围。此外,还应该重视和扶持学生的社团活动,开展爱国主义、集体主义和社会主义教育。利用校报、校刊、广播、校园网等传播媒体对爱国主义、集体主义和社会主义精神进行宣传。通过创新教育载体营造爱国主义、集体主义和社会主义教育的氛围,使大学生在各种活动中,政治情感得到熏陶,政治品德得到升华,政治方向更加坚定。

其三，优化教育过程，促进大学生把理性认识转化为爱国主义、集体主义和社会主义的实际行动，坚定政治方向。通过优化教育过程，按照大学生政治素质形成的知、情、意、信、行的过程规律，以事知之、以理明之、以情动之、以行导之，引导学生通晓事实、通明事理、提升大学生的政治理想和政治追求。通过马克思主义理论和我国社会主义现代化建设成就的宣传教育，以事实为依据，让大学生通过历史真相受到启迪，正确认识我国的前途和命运，明确自己的历史责任，树立正确的政治方向和理想。此外，还应该在教育过程中引导大学生将政治理想转化为政治行动，将自己的发展和祖国的发展、社会的发展结合起来，自觉地将爱国之情、报国之志贯穿于政治行动当中，在建设中国特色社会主义伟大事业中实现自己的美好人生。

三 培养政治主体意识，增强大学生社会责任感

从大学生政治素质优化的角度来看，培养政治主体意识就是引导大学生热爱祖国、热爱人民，将来走向社会自觉地履行对国家、对社会的责任感和使命感。社会责任感以人类的未来命运和社会整体利益为目标指向，一个人具有强烈的政治主体意识，才能自觉地将自己的一生与民族的命运紧密联系在一起，为国家、民族、社会作出应有的贡献。大学生只有具备了政治人的主体意识，才会明确判断什么该做、什么不该做。如果离开了社会责任感和使命感，大学生政治素质优化就会事倍功半、收效甚微。大学生的政治责任感反映个人的政治社会化和政治素质优化的程度。这就是说，大学生担当社会责任的状况和政治素质有着一种内在正相关的关系。

培养政治主体意识主要从三个方面入手：一是培养政治责任感。大学生是社会力量中最积极、最有生气的团体，担负着开拓祖国未来的光荣使命，特别是我们国家正处于政治、经济体制改革的关键时期，更需要大学生将个人的前途和国家的命运联系起来，开动脑筋、积极地进行创造性思维和实践，为实现祖国繁荣富强和民族伟大复兴贡献力量。二是培养集体责任感。目前，我国正处于社会主义市场经济快速发展的黄金时期，国际国内竞争空前激烈，集体意识、团队合作越来越受到社会的重视。集体责任感的培养对统一思想、统一认识、统一行动，起着巨大的作用，集体责任感的培养主要表现为衷心拥护党的领导，自觉地与党中央保持一致，与祖国的前途同呼吸、共命运。三是培养主人翁责任感。随着社会的进步，我国民主建设不断取得新的进展，大学生主人翁意识不断增强。实践证

明，大学生不仅有权利、有能力参加民主管理，他们还有权利参与民主决策、民主监督，通过主人翁责任感的培养使他们在政治参与中懂得如何正确使用民主权利。

大学生要充分培养自己的国际视野，把文化知识学习和思想品德修养紧密结合起来。要认真学习中国特色社会主义理论体系，牢固树立正确的世界观、人生观、价值观，胸怀远大理想，陶冶高尚情操，培育科学精神，立为国奉献之志，立为民服务之志，牢牢把握人生正确航向，把个人成长成才融入祖国和人民的伟大事业之中，以实际行动创造无愧于人民、无愧于时代的业绩。把创新思维和社会实践紧密结合起来，要坚持理论联系实际，积极投身社会实践，在基层一线砥砺品质，在同人民群众的密切联系中锤炼作风，在实践中发现新知、运用真知，在解决实际问题的过程中增长才干，不断提高实践能力、创新创业能力，切实掌握建设国家、服务人民的过硬本领，为走上社会、成就事业打下坚实基础。把全面发展和个性发展紧密结合起来。要坚持德才兼备、全面发展的基本要求，在发展个人兴趣专长和开发优势潜能的过程中，在正确处理个人、集体、社会关系的基础上保持个性、彰显本色，实现思想成长、学业进步、身心健康有机结合，在德智体美相互促进、有机融合中实现全面发展，努力成为可堪大用、能负重任的栋梁之材。

总之，培养当代大学生政治主体意识，需要大力弘扬爱国主义精神，就是要坚持爱国主义与社会主义的高度统一，使大学生时刻心系民族命运、心系国家发展、心系人民福祉，使爱国主义精神在新的时代条件下发扬光大。使大学生不断深化对我国历史和国情的认识、对改革开放30多年伟大进程的认识，进一步增强民族自尊心、自信心和自豪感，进一步坚定跟党走中国特色社会主义道路、实现中华民族伟大复兴的信念。要切实强化大学生的社会责任感和历史使命感，把个人的成长进步融入推动国家发展、民族振兴的时代洪流中去，矢志为实现远大理想而不懈奋斗。当前，要把爱国热情转化为立足岗位、刻苦学习、发奋工作的实际行动，倍加珍惜我国安定团结的良好局面，自觉维护社会稳定，维护国家利益。

四 完善课程体系，提升大学生政治理论水平

其一，利用思想政治理论课的系统课程对大学生进行政治教育，树立正确的政治方向，提升大学生的政治理论水平。当前，由于受到西方思潮及社会现实主义、功利主义的影响，部分大学生出现了政治态度和动机不

端的现象。思想政治理论课是高校进行大学生思想政治教育的主阵地,利用思想政治理论课这一教育主渠道,从多角度、多侧面向大学生传授马克思主义的基本观点和立场,使大学生树立正确的世界观、人生观、价值观,逐步完善自身政治思想。实践证明,思想政治理论课具有鲜明的方向性和目的性,特别强调培养和发展符合中国特色社会主义的后备力量,包括政治理想、政治信念、政治立场、政治态度、政治品质等的综合表现,其中政治理想和政治信念起着支配作用,是思想和行为的精神支柱。我国现阶段政治方向主要表现为坚持建设有中国特色社会主义的共同理想,坚持和高举邓小平理论的伟大旗帜。同时,对于不同的大学生,政治方向的要求既有共同的基本点,又有具体的、有差别的要求。这样才能保证在统一的政治方向下大学生具体的目标行为,在实现具体目标工程中始终坚持正确的政治方向。总之,通过思想政治理论课程体系教育使学生在思想政治理论课的系统学习中学会理性看待和分析国内外新形势,将自身发展同民族命运紧密相连,引导学生将建设中国特色社会主义事业作为自己的政治动机,将全心全意为人民服务作为自己的政治追求。

其二,开设通识教育课程,即素质教育课程拓宽大学生政治视野,丰富大学生政治认识。思想政治理论课程体系的各门课程各有其独立的教学目的、目标和任务,是培养大学生世界观、人生观、价值观的主渠道。但思想政治理论课程体系存在着更新速度慢的特点,不可能涵盖思想政治教育的内容,面对我国政治发展对思想政治理论教学提出的新要求,思想政治理论选修课程在大学生政治观教育中具有补充作用,我们应该充分发挥其辅助作用,利用其补充思想政治理论教学在政治素质教育方面的不足,利用通识教育课程的灵活性、及时性、针对性开展大学生政治观教育,使大学生在选修课程中了解最新的政治事件、政治态势,引导学生理性分析政治事件和政治发展态势,树立正确的政治态度和政治动机,避免不良思潮的颠覆和破坏。

其三,强化形势与政策教育,通过国际、国内政治和经济方针政策介绍,使大学生明辨是非,端正政治态度。当今世界正处在大发展大变革大调整时期。世界多极化、经济全球化深入发展,世界经济格局发生新变化,综合国力竞争和各种力量较量更趋激烈,世界范围内生产力、生产方式、生活方式、经济社会发展格局正在发生深刻变革。对我国来说,当前和今后一个时期是全面建设小康社会的关键时期,是深化改革开放、加快转变经济发展方式的攻坚时期。政治素质教育具有一定的特殊性，政治态度和动机的形成不仅要受到思想政治理论知识传授的影响，更容易受到当前现实政治生活中国际、国内政治和经济方针政的影响。所以，高校不仅要充分利用思想政治课程体系这一主渠道对大学生政治态度和动机进行引导，还必须加强形势和政策教育，通过形势政策教育使大学生了解并关心国家的政策方针和发展走向，从而将自身的政治理想与国家的政策和发展相联系，这对大学生形成正确的政治态度和动机具有重要的作用。

第二节 有效措施：拓宽大学生政治参与渠道

造成大学生政治参与程度偏低的一个重要原因就在于没有适当的参与平台，因而出现在政治生活中边缘化的情况。要改变这样的现状，关键在于参与，重点是提供平台和机会，即提供政治参与平台，提高政治参与意识，是最好的解决办法。

一 加强社会实践，提高大学生政治参与能力

社会实践活动是大学生政治素质优化的有效平台，为大学生提供接触社会、加深对社会认识的良好机会，他们在实践中知晓民情、党情、国情、世情，理解党的路线、方针、政策，确立正确的奋斗目标和价值取向。因此，以增强大学生政治素质优化的针对性和实效性为重点，高度重视社会实践育人的重要作用，积极支持大学生开展形式多样的社会实践活动，为提高大学生政治参与能力提供有利条件。

第一，大力提倡和积极组织学生开展形式多样的社会实践活动，如开展生产实习、军事训练、勤工助学等实践教育，使大学生在接触和认识社会中了解国情，通过有益的社区活动，掌握驾驭和处理多种多样的社会关系和政治问题，积累社会阅历、拓宽政治视野、掌握政治规律、熟悉政治规范，从而逐步提高大学生政治参与能力。通过参与各种社会实践活动，大学生在积累政治经验的同时，提高政治分析力、政治鉴别力、政治研究力，最终形成正确的政治观点。总之，社会实践活动能够培养大学生的社会责任感、使命感和正义感，可以帮助他们走出狭窄的生活圈子接触社会，通过探究思考，了解到更为广阔的社会和人生，获得了新技能、新知识，培养了理论联系实际的能力。

第二，积极引导大学生在社会实践中进行角色扮演，实现自己的政治愿望和理想。通过政治角色扮演培养大学生参与社会实践活动，使其政治参与能力得以提高。大学生通过参加街道社区挂职锻炼、参选大学生村官、应征参军入伍等到祖国最需要的地方去体验、应对瞬息万变的社会环境，在解决实际问题的历练中提高自己的政治素质。社会实践对大学生政治素质的影响更多地体现在提高大学生的政治适应能力和应变能力。此外，社会实践还有助于大学生吸取成功和失败的经验教训，使大学生在实践中吸收和内化社会政治规范，这对于大学生未来的政治实践都会产生深远而长久的指导作用，有利于大学生政治参与能力的提升。

第三，深入指导学生了解社会，学习处理各种复杂的政治事件，积累政治阅历，拓宽政治视角，提高政治鉴别能力，促进正确的政治意识和政治行为方式的成熟。在社会实践中，一方面，大学生把所掌握的理论知识应用于实践、服务社会，缩短了理论与实践的距离；另一方面又在实践中了解社会主义现代化建设所取得的巨大成就和所面临的困难，从而指导自己从哪些方面提高业务素质和政治素质，适应社会需求。事实表明，大学生通过参与各种社会实践活动，不仅能够提高理论水平，更重要的是通过社会实践活动更好地了解国情、增强社会责任感、增强建设有中国特色社会主义的信心与认同感。

二　提倡志愿服务，增强大学生政治实践活力

近年来，随着社会的进步和经济的发展，越来越多的大学生加入到志愿服务的队伍中来，他们在奉献爱心、支援他人、服务社会的志愿服务活动中，服务意识逐步升华，政治实践活力也逐步提高。

第一，扩大志愿服务的范围，丰富大学生政治实践的内涵和价值。当前，部分大学生中存在着社会化迟滞或不完善，缺乏进行政治服务的技能和素质，难以适应社会化的要求，志愿服务为大学生参与社会实践提供了重要途径。大学生通过参加大型赛事或会议、公益类活动和支援国家部分地区建设活动，增加了工作经历和人生阅历，更加明确了自己的长处和优势，通过支农支教、扶贫帮困、环境保护、公益捐赠、法律援助，增强大学生的政治实践活力。总之，通过志愿服务不仅提升了大学生的政治服务能力，更重要的是在精神层面，强调了大学生的奉献精神，提升了大学生自身潜能和自我价值实现的激发，强调服务者的政治服务意识，使大学生在无私奉献、服务他人、实现个体自身价值等政治社会化过程具有积极的

正向功能。

　　第二，注重培养志愿服务意识。随着社会的发展，公民社会也逐渐从中国人政治生活中凸显出来。因此，培养志愿服务意识成为整个社会的一种需求，社会的和谐稳定健康发展，需要志愿服务意识做支撑。如何强化大学生的志愿服务意识，使他们明确自身政治权利的同时履行政治义务，是进行大学生政治素质优化的一个有效措施。西方国家的志愿服务活动在第二次世界大战之后迅速发展，参与志愿服务是政治社会化的重要途径，是社会完善进程的标志之一。志愿服务不单纯是人们互助互爱的表现，也是公民权利和义务的一种表现形式。通过志愿服务不仅有助于提升大学生志愿者的道德水平，更重要的是培养大学生的奉献精神。可以预见，随着当前大学生志愿者服务意识的增强，会有更多形式的志愿服务活动的进一步展开，这将使志愿服务的渠道越来越广阔、形式更加丰富多样，志愿服务对大学生政治实践能力培育的推动作用将表现得更加明显。

　　第三，应加快建立志愿服务的长效机制。大学生参与志愿服务活动，有助于培养自己在社会中应尽的责任感，为了持续发挥大学生志愿服务的效果，必须加快建立志愿服务的长效机制。例如，建立积极反应的动员机制、注册认证机制、骨干培训机制、考评激励机制等。在志愿服务中要使大学生意识到自己不仅是奉献者更是受益者，志愿服务活动是大学生必要的学习过程，在志愿服务中提高政治认知和政治判断能力，鼓励大学生积极参与志愿服务，将志愿服务活动作为高校政治实践的重要载体，把大学生参与志愿者活动纳入到入党积极分子培养、党员发展、干部测评中，纳入到学生的综合素质测评体系中，与奖学金、助学金、贷学金相联系，纳入学校德育教学计划中，建立志愿服务的长效机制，明确大学生志愿者活动的时间、任务、内容。

三　引导网络参政议政，拓宽大学生政治诉求渠道

　　随着经济的发展，互联网已经成为大学生现实生活的重要组成部分，大学生作为具有较高科学文化素质的社会群体，并且具有很强的政治表达和政治参与热情，互联网能够使大学生们更加快捷、方便地表达自己的政治意愿和观点，极大地降低了大学生政治表达的成本。

　　其一，避免网络依赖对大学生政治认知和政治意愿现实表达的干扰。由于网络信息的良莠不齐，大学生有时候很难分辨信息的真伪性，导致大学生被网络信息所误导，出现无序的政治表达行为。网络的快捷性、虚拟

性、煽动性使大学生可能受到某些不良信息的误导从而引发大学生无序的政治表达。网络作为新的政治表达和参与的媒介，低成本、匿名性、快捷性的特点使大学生容易对网络形成依赖。长此以往，可能丧失独立思考的能力。多数情况，下大学生在网络上浏览别人对政治的表达意愿，将政治参与置于虚拟的环境之中，从而弱化了大学生的政治责任感，降低了大学生政治关注的兴趣、政治参与的热情，最终导致大学生逃避政治实践活动。

其二，推进政府网络职能，强化电子政务建设。政府不仅要利用互联网平台进行政务信息公开，还应该丰富政府网站的信息内容，开辟政治宣传教育专栏，将政策法规、政府行政机关职能、网络参政方式公布于网络，这不仅降低了政府运营成本，还为大学生从政府网站获得政治信息和网络参政提供了渠道。同时，网站可以通过电子信箱、在线留言回复等方式对大学生提出的实际问题和意见建议进行交流，使大学生能够了解和理解政府的相关政策法规，促进大学生参与政治的积极性，通过政府网站的法律法规教育和参政案例介绍使大学生感受到参政议政的仿真模拟经历，从而提高大学生的政治参与行为技能。

其三，依靠网络技术和法规，维护和管理网站健康运行。网络环境中存在着无序、非规范、信息不对称等问题，因此依靠技术手段进行网络监管就显得尤为重要。此外，还要依据网络法规完善网络资源的管理、网络信息服务，最终实现网络法制化。这要求一方面要进行信息产业的立法执法建设，做到信息产业有法可依、有法必依、违法必究，从而杜绝违法网络信息的传播，营造良好的网络参政环境。另一方面要运用现代信息技术强化网络管理。对网络信息进行核查和筛选，及时过滤不良信息、屏蔽违法信息，保证网络信息的真实可靠。同时，建立网络伦理规范体系，运用伦理规范的自律效能，将网络伦理规范贯穿于大学生的网络参政议政过程，引导大学生以积极健康的态度有序参政议政。

第三节 可靠保障：加强社会主义政治文明建设

社会主义政治文明是中国政治发展和政治现代化的重要标志。党的十六大报告，把发展社会主义民主政治，建设社会主义政治文明，确定为全面建设小康社会的一个重要目标。社会主义政治文明的进步和发展，以有利于社会的综合发展为准则，为当代大学生政治素质优化提供可靠保障。

一 深化政治体制改革，激发大学生政治参与热情

我国政治体制改革推动力不足目前已经成为阻碍大学生政治热情的主要原因。因此，必须推进政治体制改革进程，提高大学生政治参与的广度和深度，激发大学生政治参与热情。

首先，要健全和完善具体的参与制度。一方面要健全和完善已有的制度，如完善人民代表大会制度、多党合作制度、民族区域自治制度、公民诉讼制度，健全和完善选举制度、决策制度、民主管理制度、民主监督制度等政治参与制度。通过完善政治参与制度使大学生能够拥有政治知情权、政治参与权、政治表达权和政治监督权。另一方面还要进行政治参与制度的创新，积极探索有效的政治参与形式，使政治参与制度更加完善。例如，尝试邀请大学生旁听政府工作报告，开辟出新的大学生参政途径，利用网络听证、网络协商、网络测评、网络投票等形式，为大学生参与政治提供多层次、多方位的政治参与渠道。这些做法不仅有助于在大学生中营造良好的民主氛围，培育大学生的政治认同，使大学生在政治参与中实现政治观点和看法的自由表达，进而增强大学生对政治的参与热情。

其次，完善和拓宽现有的政治参与途径。目前，人民代表大会制度是我国公民参政议政的主要渠道，逐步得到完善和发展。但同时，其他政治参与途径，例如信访、申诉、举报等政治参与渠道更容易被大学生接受。拓宽以及开发更多的可供大学生运用的参政渠道，例如采用大学生喜闻乐见的网络、媒体、社团渠道，把大学生中的政治诉求和政治愿望表达出来，并将其融入政治体制中，这样就有可能更好地激发大学生的政治热情。我国现有的政治制度为政治参与的进一步扩大提供了空间，要拓展和畅通政治参与渠道，促进政治参与规范化。要根据我国当代大学生的政治素质和参政资源，改革和完善已有的参与渠道，根据社会法治不断开拓新的参与渠道。及时把大学生群体适用的参政方式和渠道纳入参政体系，为其提供制度化的参政渠道。此外，减少参与渠道的中间环节，缩短大学生表达利益需求信息到决策中枢系统的距离，减少大学生表达的利益需求信息在传递过程中的损失。

总之，政治体制改革是一项复杂艰巨而意义重大、影响深远的系统工程，涉及政党建设、政权建设、民主建设、廉政建设和经济建设等诸多领

域的重大课题，只有加快和深化政治体制改革，克服现行政治体制的弊端，才能增强社会主义生命力和竞争力，从而激发大学生的政治热情。

二 加快民主法治建设，引导大学生有序政治参与

社会主义民主法治建设是大学生政治素质发展的基本保障。目前，有法不依、执法不严、以权代法、权大于法等社会现象较为严重，这些都导致了当代大学生政治参与的无序状态。因此，一方面要强化我国民主与法制建设，另一方要加速推进政治体制改革进程，调动大学生有序地进行政治参与，使大学生的政治参与在良好的社会环境中健康发展。

首先，政府要从宏观政策上高度重视大学生政治参与法制化。一方面，要坚持有法可依。改革开放以来，我国在政治参与方面的法律建设取得了一定的成效，颁布了许多公民参政议政方面的实体法和程序法，这些都是保障公民政治参与的法律依据。另一方面，需要制定一些新的法律，保障政治参与的权利，填补一些法律空白。最后，要使大学生政治参与制度化和行为规范化。这就要求社会为大学生提供参与条件，使得大学生在政治实践活动中反复地模拟制度规范，进而使得参与制度科学化。同时，国家要规范政府及其工作人员行为，树立公正廉洁、高效务实的服务型政府的良好形象。

其次，高校要杜绝象征性和表面性的政治参与行为，把法制教育与政治实践结合起来，调动学生学习法律的积极性，从学生感兴趣的政治事件入手，将法律知识与之相结合，依据法律条款对政治事件进行分析和判断，以大学生亲力亲为的政治经历为教育实例，强化学生所学到的法律知识，进一步激发大学生的法律学习兴趣，培养法制意识，引导大学生正确处理所遇到的各种违法现象，从而保障学生的政治参与行为在法律允许的范围内自然进行。

最后，全社会要变被动接收为主动吸引，实现大学生秩序的、理性的政治参与。要积极拓展大学生政治参与的渠道，使大学生政治参与找到切入点、落脚点和生长点，从而引导大学生有序的参与政治，而不是走过场。对大学生政治参与的结果要给予足够的重视，要健全上传下达的反馈渠道，最大限度地激发大学生的参与热情，激发他们的主人翁责任感，促进社会的发展和进步，不致使他们陷入无序的、破坏性的政治盲从，或陷入无所作为、不求上进的政治冷漠。

三 加强政治文化建设，提高大学生思想觉悟

在社会主义民主政治发展过程中，政治文化是政治觉悟产生的土壤。开展多层次、多方位的政治文化建设，营造良好的政治文化气氛，对提高当代大学生的政治觉悟发挥着重要作用。

其一，汲取传统文化精髓，为大学生提高政治觉悟提供深厚的文化底蕴。虽然提高文化素养无法直接解决政治方向或思想观念上的具体问题，但其奠定的文化根基将有助于大学生对政治方向和基本价值观的选择，有助于他们对自己的民族、国家产生深厚的感情，增强民族自尊心和社会责任感。在提升大学生政治素质过程中，应充分重视并发挥传统文化的向心、凝聚作用，用优良的传统文化感染大学生，引导大学生培养成熟的政治态度，发扬爱国主义精神、集体主义精神、坚定的政治立场、培养良好的政治品质。这就要求利用传统文化的精髓，教育、感染、号召大学生正确处理社会变革中出现的各种矛盾，平衡好各种不稳定因素，促进政治文化与政治体系的协调发展。我们必须积极弘扬传统文化，进一步加强传统文化建设，实施品牌战略，增强传统文化对大学生的影响力、吸引力、凝聚力，以优秀的传统文化奠定大学生的文化认同基础，进而坚定共产主义政治信仰。

其二，倡导社会主义先进文化，为大学生政治觉悟提高提供价值导向。当前，以邓小平理论"三个代表"重要思想、科学发展观为核心的社会主义政治文化不仅有助于增强民族的凝聚力，统一全国人民的思想和行动，还为大学生政治觉悟的提高提供价值导向，只有坚持社会主义先进政治文化才能确保大学生克服各种艰难险阻、抵御各种错误倾向侵袭，最终取得中国特色社会主义事业的伟大胜利。在实际工作中要广泛利用报纸、广播、电视、网络等媒介的积极作用，加强社会主义先进文化的宣传的力度，坚持树立正确的舆论导向，抵御反动思想的侵袭和渗透，最终为大学生政治觉悟提高提供价值导向。

总之，要把传统文化精髓与社会主义先进文化结合起来，进一步提高当代大学生的政治觉悟。当前复杂多变的国际局势增加了社会主义核心价值体系普及的难度。针对意识形态领域、社会生活、政治社会化中复杂多变的现状，对大学生进行社会主义核心价值体系的教育、弘扬社会主义先进文化是保证我国的主流价值观念普及、继承、发展的关键。我们应该着重在社会主义核心价值体系的融会贯通中做足功课，巩固团结奋斗的共同

思想基础，着力为大学生政治觉悟提高提供有力支撑，着力为社会主义文化大发展、大繁荣提供有力支撑，着力帮助大学生形成正确的理想信念、健全的政治人格，从而成为社会主义现代化建设的主力军。

四 加大反腐倡廉力度，坚定大学生政治信念

从调查结果显示，当前腐败问题已经成为大学生政治信念动摇的原因之一，大学生对当前社会腐败问题的看法直接导致其消极的政治价值观。因此，只有有效遏制腐败，才能坚定大学生的政治信念，树立正确的政治价值观。一方面，大力开展廉政文化进校园，要在学校广泛宣传廉政文化，传播廉政知识，弘扬廉政精神，营造良好的廉政氛围，让健康向上的廉政文化充实学生的精神世界。同时也要加强对腐败等现象的严惩力度，增强大学生对政府工作的信任、认同和支持，促使他们积极地投入到社会主义现代化建设之中。在大学生中开展廉洁教育是我党反腐倡廉工作的深入与创新，也是进一步加强和改进大学生思想政治教育的迫切要求。要把大学生廉洁教育作为加强和改进大学生思想政治教育的重要内容，在思想政治理论课和形势政策课中增加了党风党纪、法制和廉政建设方面的内容，作为学校教育教学工作的有机组成部分，以党课和选修课为载体，通过充实党课内容、开设选修课、举办学生党员和党支部书记培训班等形式，加强入党积极分子、党员等学生骨干学习，将它融入校园文化建设的范畴。要突出特点，使廉洁教育的内容、方式、方法符合大学生的现实生活和思想实际，要营造氛围，产生良性的互动效应，利用教育的双向性，达到学生与家长、教师、社区以及更大范围的互动，营造有利于反腐倡廉的良好社会氛围。

另一方面，地方政府要切实提高管理透明度，公开政务信息、热情为民服务，为大学生政治参与提供有力支撑，深入完善人民代表大会和政治协商制度，健全民主参政、议政、监督、管理程序，拓宽政府与群众的沟通对话渠道，从源头上遏制腐败，强化全民尤其是大学生对政府的认同和信任，确保大学生的政治意志和政治诉求合理表达，从而激发大学生参政议政热情，坚定大学生的政治信念。此外，还要着力解决社会焦点的政治矛盾，大力惩治腐败、完善政治体制改革，构建良好的民主政治环境，为大学生正确认识、正确理解社会主义民主政治提供客观保证，为大学生政治素质优化提供条件和空间。使大学生对我国转型时期的社会性质、改革开放的艰巨性和各种矛盾的错综复杂性有一个清醒的认识，从而达到对现

实政治矛盾的客观认识和正确理解。就现实社会而言，大力发展经济、提供更多的就业机会、改善大学生的生存和发展空间，无疑是当前大学生政治素质优化最为切实的有效措施和可靠保障。

总之，我们要重视廉政文化建设，以实施大学生廉洁教育为抓手，以促进反腐倡廉与改革发展良性互动为目标，通过正反两方面人物作为一本生动的反腐倡廉教材。现实的反腐环境是廉政文化的重要组成部分，搞好这个关键的环节才能让接受廉洁教育的大学生信服。在反腐倡廉实践中，做到惩治与预防有机结合，必须正确处理好教育、制度与监督三者的关系，充分发挥制度与监督本身所固有的教育功能，不能有所偏废。教育是基础，制度是保证，监督是关键。教育侧重于教化，使人向善；制度侧重于规范，用来惩恶；监督侧重于制约，用来遏制腐败；三者相互依存，相互配合，相互促进，统一于反腐倡廉全过程。大学生看到反腐败成绩，就一定能够焕发出符合时代要求的政治热情，坚定永远跟党走的坚定信心。

第四节 重要条件：构建政治生态环境

大学生政治素质优化是一个开放的系统工程，大学生的政治体验、政治认知、政治情感、政治参与也受到物质利益满足程度的制约。现实政治矛盾会造成社会政治环境恶劣，导致大学生的物质利益受到影响，从而对大学生政治素质造成负面影响。因此，改善政治生态环境，为大学生政治素质优化提供鲜活的舞台。

一 营造校园文化环境，创建良好育人氛围

大学校园所提供的文化氛围为大学生政治心理、政治意识、政治行为的形成和发展提供了中观的政治生态环境。校园政治文化客观地创造了一种育人的环境和氛围，直接影响着大学生政治素质形成和发展水平。在创造良好的学校政治文化环境时，要着重从物质、制度、精神三个角度营造带有浓厚政治色彩的校园文化环境和氛围。

首先，充分发挥典型政治符号的作用，例如通过国旗、国歌、国徽等政治符号，激发大学生的政治兴趣、吸引大学生的政治关注，通过典型的政治符号凝聚大学生的政治思想，统一大学生的政治行为，在日常的政治生活中，通过硬性规定将政治要求渗透到学生教育的各个环节中去，使大

学生明确社会主义政治要求是其生存和发展不可或缺的重要因素，通过校务公开规范管理，民主决策，吸引学生参与学校的日常管理，营造积极参与的氛围，培养大学生政治参与的能力和兴趣。其次，学校在制定规章制度时，要充分吸纳学生的正式参与，重视当代大学生的民意诉求，从而更好地满足大学生不断增长的利益表达需求。再次，充分发挥马克思主义学习研究小组、毛泽东思想研究会、邓小平理论研讨会等学生社团，积极吸引大学生参与到这些政治理论社团的活动中来，在社团活动中让学生自觉形成追求真理、提高政治素质的潮流，为大学生政治社会化提供特定的气氛和环境。最后，还要在"五四"青年节、"一二·九"运动、"七一"党的生日、"八一"建军节、"十一"国庆节等具有特殊政治意义的纪念日，开展主题鲜明的政治教育活动，从而激发大学生爱国主义情怀，使学生在这些政治教育活动中感知政治、提高政治认识、形成特定的政治心理优势，形成健康、积极向上的政治思想和政治心理。

通过营造良好的校园民主政治环境，从而影响大学生的政治心理和政治行为。在高校民主政治建设当中要坚持政策和管理与提高大学生政治素质相一致的原则。尤其当前高校正在向管理型、教育指导型转变的时期，规章制度的建立、政策措施的执行都要充分考虑到其所蕴含的价值取向与提高大学生政治素质是否一致，是否有助于提高大学生政治能力，是否与培育高素质的社会主义建设者和接班人的目标相一致。此外，还要在高校的管理中注重发挥大学生的主人翁作用，利用多重途径为大学生参与学校管理提供机会，将民主观念不仅渗透到大学生政治教育的内容中去，而且让学生参加学校的民主管理，将民主观念体现于校园民主政治改革和民主政治环境营造之中，这样既培养了学生的参政意识，也锻炼了学生的参政能力。通过校风、教风、学风等作风的培养开展多姿多彩的学生活动，把优化大学生政治素质融入日常的学校教学、科研、活动、管理工作当中去，使学生在校园中接受全方位的思想政治教育熏陶，并在校园这个民主、和谐、积极的环境氛围中成长和锻炼。学校各个层面的工作者要强化全员育人理念，以自身的言行感召大学生树立积极的政治态度、崇高的政治理想、高尚的政治品德。

二 充分调动家庭力量，营造良好成长空间

首先，家庭作为社会的细胞，是大学生的第一个"德育场"，也是实现大学生政治素质优化的起始环节。因而，充分调动家庭力量，可以为大

学生政治素质优化提供良好的成长空间。首先，要从家长的教育观念入手，要使家长充分认识到政治社会化教育的内涵和价值，明确个人价值与社会价值的辩证关系，只有家长的积极性被调动起来了，具备了正确的教育观念，才能够实现家庭环境对孩子政治素质提高的正面作用。其次，要提升家庭成员的政治素养，家庭成员政治素养水平直接影响着子女政治素质水平，家庭成员要在继续教育、政治实践、工作生活中积极吸纳先进的政治思想和理念，提高自身对政治理论、政策方针的把握，提高自身政治修养、政治敏感度、政治能力，进而形成与主流政治文化相统一的思想和行为。再次，家长要善于提高自身的政治辨别能力，通过与子女一起关心国家和国际事件，共同讨论新闻媒体所报道的各类政治事件，提高子女对政治的关注度和政治分析辨别能力。充分利用家庭这一和谐、平等的交流氛围让子女在潜移默化中接受先进的政治理念、形成良好的政治态度，实现家庭中子女由"自然人"向"政治人"的成功转变。

其次，还要注重家庭成员参政能力的提高。父母在政治生活中所扮演的角色、对政治事件的态度对大学生政治素质的形成与发展起着潜移默化的影响作用。学生和家长都接受着政治理论教育，但政治理论教育的根本目的并非仅仅是政治理论水平的提高，而是应用理论指导政治实践，并在政治实践中进一步完善和充实理论。现实生活中，不乏由于家长自身政治实践能力有限而限制了其子女政治素质水平提高的案例。所以，家长要充分发挥自身的政治权利、政治义务，积极参加政治选举、政治评议等政治活动，提高自身的参与政治生活的能力，并将自己成功的政治生活经历与子女分享，为子女政治生活实践提供借鉴。

最后，要营造民主、积极、和谐的家庭氛围。民主的家庭氛围有助于培养子女形成民主、公平的政治人格，积极的家庭氛围有助于培养女子主动、积极的政治人格，和谐的家庭氛围有助于培养子女自尊、互爱的政治人格。良好家庭氛围为子女形成正确的政治意识和良性的政治行为提供了环境保障。而专权型、支配型、放任型的家庭培养的大学生政治意识往往比较淡漠，政治方向不坚定，政治社会化比较缓慢。因此，家庭政治教育选择合适的方式方法也尤为重要，父母对子女进行政治教育时，应充分考虑到其接受能力、理解能力、实践经验，应当在相互尊重的基础上按照社会规范来进行引导。总之，家长必须担负起优化家庭环境的责任，为大学生政治素质提高提供良好的家庭氛围。

三　加强媒介监督管理，创建良好虚拟环境

随着传媒视角向社会基层广泛倾斜，网络世界可以荡涤非理性的政治情绪，以网络为代表的现代通信技术正在冲破不同意识形态、不同社会制度国家之间的森严壁垒，带来大学生对国家政府的归属感新的变化，使各国政府都感到了强大的压力。由于大学生政治意愿的表达方式不断增多，加上互联网强化了个人自由主义和全球化的思想观念，这就必然导致部分大学生民族意识日渐淡薄。所以，应当加强大学生的政治教育与政治引导，抵制网上的负面、消极的政治信息。

其一，加强媒介舆论正面引导。传播媒介要对大学生的政治参与意识进行正确引导，理论宣传要给大学生正确、明晰的舆论导向，避免错误、模糊信息误导大学生的价值取向。要造成有利于进一步改革开放，建立社会主义市场经济体制、发展社会生产力的舆论，有利于加强社会主义精神文明建设和民主法制建设的舆论；有益于鼓舞和激励大学生为国家富强、人民幸福和社会进步而艰苦创业、开拓创新的舆论；有益于大学生分清是非、坚持真善美，抵制假恶丑的舆论；有益于国家统一、民族团结、社会政治稳定的舆论。要充分考虑大学生的实际需求，开设专题节目，创造出大学生喜闻乐见的作品，加强正面宣传，树立优秀典型。

其二，净化网络空间，培养健康的网络文化。通过开办思想政治教育专题网站，构筑大学生政治素质优化的新阵地。专题网站要以中国特色社会主义理论为指导思想，通过建立网上党校、网上团校和思想政治理论网络课堂等红色网站，宣传党建、团建和社会主义精神文明建设的创新成果，大力弘扬中华民族的优秀文化，从而不断拓宽网络育人的新领域。开辟学生感兴趣的主题网站，使之成为思想政治教育宣传的阵地，通过网络工作室的交流平台吸引大学生参与时事政策的讨论，并将大学生的政治意见和政治观点反映给相关部门，强化学生参政议政的意识和能力。同时，加大网络监管力度，严格审查安全关口，过滤和删除反动的、迷信的不良信息，网络管理人员要进行日常审查，同时也要组织学生将网络信息中不良的信息进行举报，建立长效速效机制将网络中存在的安全隐患及时排查。

其三，丰富网络教育的活动内容，推进第二课堂进网络。发挥网络教育方式多样性、直观性的优势，用科学的理论与多彩的活动教育和引导学生，如通过思想教育专家或权威人士与大学生进行网络实时对话讨论，让

学生更全面地认识社会政治问题，看清国际国内形势，开辟"国内外大事"、"时事快递"等滚动栏目，充分发挥网络传输的快捷性和超时空性；在校园网上开辟"红色阵地"，将优秀的主题班会、主题团会、党小组活动等放在网上，将活动图像剪辑传到网上，让大学生直接在线接受熏陶，提升政治素质。必须有针对性的、以足够的主流网络信息占领网络空间，最大限度地抵消非主流信息，引导大学生形成正确的世界观、人生观、价值观，从根本上抵制思想腐蚀的侵蚀。要整合各种传媒形成合力，传播正确的政治信息，发挥传媒的政治教育功能，使大学生在参考正确政治信息的基础上形成正确的政治态度和政治信念。在高校论坛中，引导论坛话题，必要时可以通过删除、部分删除、公布真相等手段扩大主流舆论。还可以建立一些其他优秀网站的链接，并在网上发布公告，吸引大学生去浏览、查看。

其四，推广网络监管三级工作平台。包括一支网络技术管理与保障队伍，一支由辅导员、思想政治理论课教师等组成的网络评论员队伍，一支反应灵敏、高效畅通的网络舆情信息报送员队伍和一支拥有较高政治素养的学生自我管理队伍，坚持疏堵结合，以疏为主的原则，以开放网络论坛为重点，加强网络信息安全与管理工作。三支团队的老师和学生要公开自己的特长和联系方式，学生可以根据自己遇到的实际问题与自己信任的对象交流，重点培养一支政治可靠、知识丰富、数量充足并熟悉网络语言特点和规律的网络评论员，利用网络平台提供在线的开放式和封闭式的交流功能，既要具备深厚的马克思主义理论水平、深厚的文化底蕴和思想政治工作技巧，又要熟练地掌握网络应用技巧，快速的反应能力。鼓励这支队伍的成员开通博客或微博，围绕热点问题主动撰写帖文，吸引大学生点击和跟帖，有效引导网上舆论。及时掌握学生思想动态，还要充分利用网络邮箱、在线留言、论坛贴吧等网络沟通形式为个别大学生提供单独的指导和帮助，充分发挥网络教育的作用。推出三级网络工作平台，师生在网上交流无论在时间上还是地点上都更为自由，交流的范围也更加广泛，而且导生团的优秀学生也成为其他学生尤其是低年级大学生的交友对象，有利于这一示范性团体发挥更大的带动辐射功能。

四 培育社区民主环境，拓展良好实践阵地

社区是连接学校教育、家庭教育和社会教育的重要纽带，良好的社区环境是居民的精神生活家园，是在精神、情感上互相认同和依存、生活上

互相合作、邻里关系和睦、人际关系和谐人类生活共同体。一个和谐融洽、文明向上的社区民主环境为大学生政治素质优化提供良好的实践阵地。

首先，加强高校与社区共建互动，增强大学生对政治现实的认识。高校要鼓励学生参与到与社区共建的活动中来，并在与社区共建的活动中提高自身政治素质。通过了解社区政治文明建设的内容和形式增强对政治现实的认知，从而了解国家政治文明的主题和发展方向；在社区政治文明共建活动中，实际体会和参与政治文明共建工作，发挥自身的文化特长，宣传政治文明建设的政策、方向、内涵、要求等，并在这些工作中逐渐提升自己的政治素质；也可以通过参与社区建设、社区管理来丰富自身的政治阅历，实践自己的政治理念。要通过多重互动方式让学生在参与社区共建互助活动中不断提高自身的政治认知水平和参与政治的能力。

其次，倡导大学生参加社区公共服务，增强大学生和社区居民的归属感和凝聚力，培育起共同的文化认同和情感认同以及普遍认同的内心信仰。通过引导大学生参加各种社区服务，提供大学生与社会联系的机会，培育大学生的政治责任感和社会公德意识；通过组织学生开展参观访问、帮助孤寡、保护环境等社会活动，可以使大学生感受思想政治理论教育的真切性和可信性；通过深入社区充分了解国情、民情，有助于大学生将外部的政治原则和政治规范转化为自身的思想意识和政治行为，进而内化为自身的行为习惯，最终实现自身政治素质的提高；通过高校和社区的联合，可以详细地了解和利用各种社会资源和教育资源，为大学生开展各种富有教育价值的报告、讲座，不仅可以弥补教学师资的不足，也可以拓展大学生的政治视野。

最后，鼓励大学生参与社区实践活动，不仅培养大学生的动手能力、创新能力，而且也是强化大学生时代使命感和社会责任感的最佳方式之一，也是提升大学生政治素质水平最生动和最有效的方式之一。大学生的社区实践活动是对大学生进行政治素质优化的生动载体，大学生只有亲身经历社区实践活动，才能真正地了解国情、民情，通过发挥自身优势，用实际行动解决群众的困难，认识到自身的社会价值。大学生在为百姓服务的同时，也感受到了社会发展对人才的要求，认清自己的社会角色和自身存在的差距和不足，进一步明确学习目的，增强学习热情和主动性。大学生走进社区，可以充分体察社情民意，在服务社区、服务社会的过程中真正体验到人生价值,增强时代使命感和社会责任感,坚定社会主义信念,树立起正确的人生观、世界观和价值观。大学生参与社区实践活动,在参与中发现问题,研究问题,形成自觉的政治意识和政治觉悟并在参与社区建设中形成民主自治的政治思想,有助于大学生政治素质的优化。大学生参与社区实践活动,直接推动社区的建设,推动社区物质文明、精神文明和政治文明建设和发展,大学生的政治素质和精神面貌直接感染和影响整个社区居民,使居民在潜移默化中接受思想政治教育,形成一定的辐射态势,有利于提升整个社区的文化层次和精神品位。

第五节 整体合力:充分利用有效社会资源

大学生政治素质优化是长期而又复杂的过程,需要集结全社会的合力共同完成,这就要求我们在了解了当代大学生政治素质现实困境的基础上进行有的放矢的调节和干预,凝集全社会资源最终实现大学生政治素质的提高。大学生政治素质优化要唤起全社会的高度重视,提倡良好的社会风尚。党团组织、同辈群体、红色资源、队伍建设等各种因素间要相互配合,形成合力,共同营造有助于大学生政治素质提高的社会环境,帮助大学生顺利完成政治社会化角色的过渡,实现政治社会化角色与行为的整合,达到和谐统一和最优结合,发挥叠加效应。

一 发挥党团组织优势,提升大学生政治认同感

要发挥党团组织的凝聚作用,尤其是学生党员在学生团体中的榜样作用、组织工作上的带头作用、政治实践上的引领作用,在大学生政治理论学习、主题政治活动中引导大学生群体统一政治认识,将党的方针、路线、政策贯穿于党团组织活动中去,强化大学生对党执政的信心和支持力度,提升大学生对执政党的政治认同。

首先,整合党团资源,构建联动机制,实现大学生政治素质优化合力。要将灌输式教育改变为引领式教育,增强感染力和吸引力,要针对大学生成长成才的实际需要,增强服务性,要紧跟时代步伐,运用最新的科技文化成果,提高政治素质优化的方法。一方面,永远跟党走,党团联动,实现组织合力。共青团为党做好青年工作,把各方面的先进青年吸引到团组织中来,把优秀的青年大学生团结和凝聚到党的周围。扩大和巩固

党在青年大学生中的基础是义不容辞的政治责任，也是共青团发挥党的助手和后备军作用的一项光荣政治任务。在大学生政治素质优化过程中，党建带团建，结合党的建设加强团的建设，初步形成党团组织联动机制，是共青团组织优化大学生政治素质的一条成功经验。党建与团建的结合体现在大学生政治素质优化的诸多方面，包括思想教育的结合、基层建设的结合、干部队伍建设的结合等。另一方面，整合社会教育资源，内外联动，实现资源合力。在国际国内形势发生深刻变化导致社会思潮多元化的前提下，大学生政治素质优化要找准与大学生成长进步的结合点，通过整合校内外各类教育资源，如各级青年委员、十大杰出青年、五四奖章获得者、成功企业家、爱国主义教育基地等，广泛开展校园文化、团建创新等工作，促进大学生政治素质优化体现时代性、把握规律性、增强实效性，拓展大学生政治素质优化的有效途径和发展空间。在大学生政治素质优化中，高校共青团一定要发挥自身的政治优势、组织优势、活动优势，坚持活动、建设、服务三位一体、综合推进的工作思路，整合各类教育资源，满足大学生成长成才的政治需要，用活动促教育、用建设促提高、用服务促凝聚。

其次，党团组织要发挥学生自我管理、自我服务的作用。积极鼓励大学生参与到学校事务管理，发挥学生自我管理、自我服务的功能，借鉴西方高校的"学生参议院"形式，让大学生参与到学校管理和自我管理中去，将更多的管理权递交给学生，包括收集采纳学生的意见和建议、解决学生实际生活问题、处理学生的困难申诉、开展学生的贫困救助等。深入开发目前高校学生会的工作职责，通过学生会吸引更多的大学生加入到学校日常管理中来，积极表达大学生的利益诉求，维护大学生的参政权利，调动大学生对学校的管理兴趣和能力，树立主人翁意识，促进大学生从管理自己的寝室、教室、班级开始，逐步提升到能够关心自己的学院、关注自己的学校、关心自己国家的政治和民主权利，并从这些管理工作中习得将来政治参与的各种知识和能力。

最后，加强社团建设，提高大学生的政治参与热情。应积极主动关心、指导、支持大学生社团的成立和发展，强化社团建设，将社团组织培育成为大学生政治素质优化的重要场所。大学社团，特别是政治理论性社团为提高大学生政治素质提供了新的着力点，高校社团往往是基于成员共同的兴趣爱好主动参与到社团活动中来的，这就决定了社团成员在组织中自愿自觉地发挥自己的才能，表现出非常高的参与热情和很强的凝聚力。高校一定要加以正确的引导，将思想政治工作融入形式多样的社团活动中来，将先进的政治思想教育、传统的爱国主义品德教育融入社团活动中，让社团成员在潜移默化的活动之中，提高自身的政治参与热情。

二 引导同辈群体交往，提高大学生政治鉴别力

朋辈或者同辈之间的交往对大学生政治素质发展具有深远的影响，因为大学生群体更容易接受来自同辈间的观点和意见。大学生同辈群体的交往容易成为当代大学生政治参与意识转向实际政治参与行为的主要渠道。不容忽视的是，同辈群体交往既可能成为积极的也可能成为消极的载体，必须发挥同辈群体交往在当代大学生政治参与中的积极效应，克服其消极影响，确保当代大学生在同辈群体交往中实现政治素质的良性发展。

其一，鼓励大学生多参与到同辈交往中去，在相互学习讨论中提高大学生的政治鉴别力。同辈群体的交往不仅有利于大学生结交更多志同道合的朋友，最重要的是通过同辈交往提高当代大学生的政治鉴别力，进而确保其冷静政治行为的产生。因此，在同辈交往中注重培养其政治参与意识，通过同辈群体共同参与的政治实践活动，提高大学生的政治鉴别力，从而提高其政治素质整体水平。通过同辈群体共同参与或者群体成员参与的政治实践活动，实现群体内部的交流与讨论，提高大学生的政治鉴别力。当代大学生立足于求新、求异，对政治热点问题较为关注，可以通过对这些政治热点问题的讨论增强他们的政治辨别力；还可以通过组织专题讨论、报告会等活动，提升同辈群体的政治素养水平，将主流的政治文化、价值观念渗透到同辈群体当中，并利用各种同辈间的互动活动作为平台扩大其影响力，用同辈群体中积极的观点和看法引导整个群体，充分发挥同辈群体的影响和带动作用，引导大学生在同辈交往中提高自身的政治鉴别力。

其二，用社会主义核心价值体系武装同辈群体的政治意识，为大学生同辈群体交往提供价值导向。同辈群体交往是大学生最主要的交往形式，同辈群体间往往更容易产生相同的价值共鸣，有些同辈群体成员能够理性、客观地分析其他成员的价值构建，而部分同辈群体成员则表现出非理性的依附、盲从意识。因此，在引导同辈群体交往中，要将社会主义核心价值体系作为一个重要内容，使同辈群体中的成员在交往中自觉以社会主义核心价值体系武装头脑，以中国特色的社会主义共同理想凝聚同辈群体

成员，加强同辈群体大学生理想信念统一；用爱国主义为核心的民族精神鼓励同辈群体，使得大学生始终保持爱国爱党的精神状态；将社会主义荣辱观作为同辈群体的行为准则，用以判断大学生行为得失、品德优劣。只有坚持社会主义核心价值体系对同辈交往的指导作用，才能使得大学生在同辈群体交往中坚持正确的政治立场，进行科学的政治分析，具有正确的政治价值导向。

其三，强调典型人物在同辈群体交往中的人格魅力，影响大学生政治参与行为良性发展。在同辈群体中，往往有核心人物，作为同辈群体的核心，对群体成员具有广泛影响，其一言一行，往往成为群体成员模仿的对象。其素质高低与否，直接给群体内部成员造成影响。因此要重视同辈群体中代表人物、典型人物、核心人物的言传身教作用，充分发挥其人格魅力，使得当代大学生在与其交往中受到健康的、积极的、向上的影响。例如，在公开场合或以公开形式表扬同辈群体中的先进个人、先进党员事例，用这些具有影响力的成员积极向上的政治观念、政治行为、政治价值引导大学生。还可以通过同辈群体中这些典型人物的凝聚作用率领同辈群体参与到有益的集体活动中来，并在其中发挥自己的政治才能、展现自己的政治热情、提高自己的政治参与能力。这些都会通过其政治人格魅力影响到群体中的每一个成员，促使他们提高自身的政治素养，完善自我政治人格，进而提高整个群体的政治素质。

三 依托红色资源，培育大学生政治情感

大学生政治情感的培育要体现科学性和实用性，要尊重大学生接受信息的特点，贴近学生思想实际，将课堂理论教育和实践体验相统一，将思想政治教育的课堂搬到广阔的户外去，让大学生通过切身感受红色历史、体会红色精神、传承红色文化，设计和组织开发红色资源培育大学生政治素质的实践活动，用红色资源感召、吸引、激励大学生，提高政治素质教育的实效性和感染力。

第一，积极开展红色之旅参观学习。参观学习应突出教育主题，增强优化效果，组织大学生到革命老区、改革先导区、经济发达地区去观摩学习，了解新中国成立的艰难历史和改革开放的艰苦历程，增强大学生对党的热爱和信赖，强化大学生对国家的热爱，提升大学生对中国社会主义的热爱，激发大学生的爱国情怀和为实现中华民族伟大复兴而奋斗的责任感。

第二，利用爱国主义教育基地进行宣传教育，弘扬和培育大学生的民族精神。组织大学生参观博物馆、纪念馆、展览馆、烈士陵园等爱国主义教育基地，尤其要结合重大节假日、纪念日和重大活动，进行理想信念教育和国情形势教育；要引导和鼓励大学生走入爱国主义教育基地这个政治素质优化的大课堂，担任青年志愿者，在优良的环境熏陶下为他人服务中实现自我教育。政府部门要下大力气投资建设红色文化教育基地，这些场所要集中展示我国当前物质文明和精神文明建设的伟大成就，使其成为对大学生政治素质优化的重要基地和生动教材。

第三，要开展校内的红色文化教育，利用各种历史纪念日，组织形式多样的团会、班会；组织革命老区的红色旅游；邀请革命战士、革命家属、老专家、老模范作革命传统报告；组织革命圣地的参观、瞻仰活动，营造良好红色文化学习氛围，对大学生进行政治情感教育。要充分利用网络资源，开展红色文化主题活动，与时俱进地开发网络红色文化资源，用格调高雅、健康向上的"红色文化"引导大学生，依托红色资源培育大学生的政治情感。

四 加强队伍建设，优化大学生综合素质

高校思想政治理论课教师和大学思想政治教育辅导员承担着大学生思想政治教育的主要责任。因此，加强高校思想政治理论课教师和辅导员的队伍建设对提升大学生政治素质具有重要意义。

首先，要强化思想政治教育者的爱岗敬业精神，只有这些人具备了崇高的职业道德、精湛的职业技能、坚定的职业信念才能有效地投身于思想政治教育事业，才能发挥其"言传身教"的感染力量，热爱学生并贴近学生生活，以自身行动和真情教育来引导学生，成为学生政治生活的指导者和引路人。其次，思想政治教育工作者要不断提升自身专业水平，严谨督学，及时指导学生运用所学到的政治理论分析当前的政治事件和政治趋势，不断更新自身的知识结构，提高教书育人的能力水平，严谨治学，提高自身的学术魅力。再次，思想政治教育工作者要发奋图强、敢于创新，努力投身于政治理论和实践的创新当中去，积极探求政治理论教学的新规律、新观念、新手段，改革思想政治教育的内容、方法和手段，注重培养大学生的创新实践能力，使学生体会到思想政治教育并非是一成不变的，而是与时俱进的，从而提高对学生的吸引力和感召力。最后，思想政治教育工作者要以自己的人格魅力和高尚的师德感染学生。高校思想政治教育

者要坚定马克思主义信仰、坚持社会主义政治方向、自觉践行社会主义荣辱观、强化自身人格和师德修养，以生动具体的实际表现对大学生产生最深远的影响，使大学生在学习科学文化知识的过程中自觉地加强政治修养，提高政治素质。

此外，辅导员政治素质高低对于大学生政治素质优化起着关键作用。如果辅导员的素质不高、能力太低，也不能给学生的政治素质优化提供科学的教育和引导，使大学生的政治素质优化失去有效的组织保证，难以按既定目标成功实现。要求教育者要有崇高的理想信念，即对马克思列宁主义、毛泽东思想、邓小平理论、"三个代表"重要思想和科学发展观要真学、真懂、真信、真用，坚定对建设有中国特色社会主义事业的信念；要有健康的政治情感，热爱党、热爱社会主义祖国、热爱勤劳智慧的人民、热爱自己的学生；要有坚定的政治立场，坚决拥护党中央的决策部署；要有鲜明的政治观点，在重大政治和理论问题上旗帜鲜明；要有正确的政治方向，坚持以马克思主义中国化的最新成果为指导；要有敏锐的政治意识，见微知著，善于发现大学生各种倾向性问题。因此，新时期大学生政治素质优化是思想政治教育工作的重点内容，对大学生进行理想信念教育，帮助大学生树立正确的人生观、世界观和价值观是辅导员的神圣职责。要通过思想政治教育工作者自己的言行和实践，把政治素质的内涵落实到各项具体工作中，体现在行动上，成为大学生政治上的向导、思想上的益友。

五　科学借鉴国外经验，为大学生政治素质优化提供有益启迪

放眼全球，当今世界无论是发达或贫弱国家都非常重视对大学生政治素质的提高，世界各国都在尊重大学生身心发育阶段的前提下，开展了具有针对性的政治教育，因此，我们应该在马克思主义的指导下，以客观、辩证的分析方法对待国外大学生政治素质教育的经验，借鉴其中适合我国当代大学生政治素质优化的做法。

第一，西方发达国家高度重视政治素质教育，只是形式不同或者比较隐蔽。各国均将政治素质教育提高到与国家命运休戚相关的高度来认识，并且教育过程贯穿个体成长的各个阶段。例如美国公民教育非常重视政治社会文化和政治文化对大学生政治素质的影响，一是奉行美国的宪法和《独立宣言》作为思想政治教育的经典教材进行灌输和宣传；二是将美国的民主、自由、平等、博爱的价值观念和三权分立政治制度作为政治文化

教育的核心进行传播。德国、法国等欧洲国家都以"确立民族意识、民族精神、社会责任感"为政治教育的目标。新加坡将"了解新加坡立国精神、信念、成就，培养效忠、爱国、尽责、守法观念，做个好公民"作为公民教育的首要目标。此外，各国政府均非常重视政治教育的持续性，例如，英国政府非常重视学校思想政治教育，从《英国公立学校德育大纲》的规定中可以看出，道德教育的内容都是循序渐进的，侧重于养成良好生活习惯和基本品质，例如感恩、诚实、正直、勇敢等品质教育。国外道德教育都是遵循由浅及深的过程，道德教育则更侧重于学生对国家的热爱和忠诚、对社会的责任和回报、对真理的追求和坚持等高层次的道德要求。

第二，大学生政治素质优化的目标一致。纵观历史，虽然不同历史阶段各国的政治教育目标各异，但政治教育的本质目的都是统一的，即统治阶级通过政治教育将其统治思想、观点、道德规范灌输给全体社会成员，从而巩固其统治地位，政治教育的基础就是建立在与统治阶级利益相适应的前提下，学校政治教育就是将学生培养成为在政治方面忠诚和服务于统治阶级所需要的人才。在西方国家，政治教育往往以"国民教育"、"民主教育"、"公民教育"等名义展开，而这些政治教育依托"一体化核心课程"，强调的是学生必须具有统治阶级所认可的"国民精神"，将学生培养成符合统治阶级所需要的具有民主行为、民主理念的好公民。在社会主义社会，无产阶级作为统治阶级，政治素质教育所服务的阶级是广大的无产阶级劳动者，提倡在政治教育实践中不断实现个体的自我价值和社会价值的统一。

第三，大学生政治素质优化方式灵活多样。尽管各个国家政治素质优化的方式多种多样，但逐步从单纯的理论灌输转变为现实的政治参与、从单纯学校教育转变为全方位社会教育、从传统的口传心授教育手段转变为现代化教育手段。国外政治素质优化方式方法上的灵活多样性主要表现在以下三个方面：其一，优化的途径多样。国外高校的政治素质教育，特别注重通过各种途径、汇集多方面的力量，提高政治素质教育的实用性和有效性。例如，通过形式多样的课外活动把道德准则灌输给学生，弥补课堂德育的不足。其二，优化的手段现代。随着科学技术的发展，国外高校也开始逐步普及现代化教育手段，例如，利用幻灯、投影等光学手段，利用电话、有线、无线广播、录音等音响手段，利用电传、传真电话等电子媒体手段，利用电影、电视、同步幻灯、录像、网络等视听手段，利用语言实验室、计算机辅助教学系统、卫星通信教学系统、光纤通信教学系统等综合手段，大大提高了政治素质教育的效率和效果。其三，优化形式生动。国外高校十分注重政治教育的趣味性、形象性、生动性，其开展政治教育往往是通过社会活动、家庭活动、团体活动形式，这些形式不仅新颖而且具有很高的亲近性，通过这些日常的政治教育形式，非常容易使学生在其中形成良好的心理体验经历，激发学生对祖国、社会、团体、家庭、个人的热爱和责任心，有效地提高政治素质教育的效果。

第四，大学生政治素质优化的内容丰富。从政治素质教育内容来看，西方国家政治素质教育内容极为丰富，涉及科技文化、经济政治、国际政策、自然科学、人文社会科等问题，发挥多学科对思想道德教育的渗透作用是西方政治素质教育特点。具体来说，其主要内容包括以下几方面：其一，价值观教育。通过丰富政治教育内涵，将该国家、民族所崇尚的价值观传承给下一代，是各国政治素质教育首先关注的问题。例如通过历史知识的学习，可使学生熟悉民族历史、民族精神、民族文化，通过文学教育陶冶学生的道德情操、价值取向。其二，爱国主义教育。虽然各个国家具有不同的历史文化传统，思想政治教育的模式和内容也不尽相同，但是每个国家都把爱国主义教育作为政治教育的重要内容。通过形式多样的爱国主义教育，以唤起大学生的爱国主义热情，使他们拥有为祖国的繁荣昌盛而奋斗的高尚追求。其三，法制教育。尽管世界各国在对德育教育内涵的理解上存在诸多差异，但大体上都将把政治教育、法制教育、心理健康教育视为德育的组成部分。事实上，当前世界各国都前所未有地强调了对大学生的法制教育，因为各国政府都认识到将青年一代培养成遵守本国法律制度的合格公民，是维护社会秩序和保证社会稳定不可缺少的条件。

世界各国在经济、文化、历史、政治制度等方面的差异，导致其政治教育的形式、内容、途径也不尽相同。但随着各国交往的日益频繁，经济全球化进程的推进，世界各国的政治教育相互吸收、渗透、交流的态势日益显著，我们必须重视国外政治教育中的成果和精华，从而提高我国大学生政治素质教育水平。

首先，应该高度重视对大学生政治素质的优化。大学生政治素质的状况水平直接关系到国家和民族未来的兴衰成败。思想政治教育工作者应以高度的社会责任感、历史使命感，关注大学生的政治素质优化，坚持用中国特色的社会主义理论体系引导学生,以社会主义、集体主义、爱国主义、社会责任感为核心,以走中国特色社会主义道路的思想为宗旨,将大学生培养成为符合"四有新人"标准的社会主义现代化事业的建设者和可靠接班人。

其次,优化大学生进行政治素质是一项系统工程,全社会要齐抓共管、协调联动。现代西方国家的政治素质教育都强调了课堂教育与家庭、社会教育相联系,使政治素质教育的空间最大化。社会广泛参与,无论是大众传媒还是学校、家庭、社区,无论是政党还是宗教、社团,所有人员、场所、时机都被用来进行政治教育,并且这些工作是自觉配合的,形成一个整体的合力。我国的政治素质教育也应充分挖掘社会资源,动员全社会力量的投入,把一切积极因素调动起来,构建家庭教育、学校教育、社会教育的全方位政治素质教育网络,强化网络中各种社会因素的协调一致性,借助全方位教育网络将我们社会所倡导的价值观念传递给大学生并转化为实际行动,特别是采取现代信息化方式,创设符合我国社会需要的政治文化氛围,发挥社会主义政治的导向、育人作用。

再次,政府应该承担起大学生政治素质优化的主要责任。政治素质教育作为统治阶级对其社会成员施加有目的、有计划、有组织、有影响的社会活动,主要反映了国家、社会对个体的要求,因此它的实施必须由政府承担主要责任。各国政府在大学生政治素质教育中承担的主要职责有以下几个方面:政府可以利用法律手段保障各种力量参与思想政治教育工作;政府可以利用财政支持和社会政策倾斜引导各种力量参与思想政治教育工作;政府可以利用监管职能,对各种教育力量实行管理和监督。政府可以利用上述手段的综合作用使政治素质教育的资源得到了充分开发,将学校、家庭、社区在内的各种社会力量全部动员起来,形成全方位政治素质教育渠道,有效地强化大学生对社会主义制度的认同。

最后,构建符合中国特色的大学生政治素质优化新体系。中华民族历史悠久,在历史的长河中形成了完善的政治素质教育理论体系。长期以来,国家、民族、社会、集体这些宏大话语一直是全体社会成员的共识,也是社会保持稳定的支柱。但伴随着时代的进步,尤其是社会主义市场经济体制的发展,当前社会的利益格局和利益关系发生了重大的变化,社会群体在新的政治经济文化背景下催生的价值认同差异现象已经明显显现,大学生个人选择的自由和社会价值的多样性已成为当代价值观念变化的一个鲜明特点，然而我们在政治素质教育的目标、途径、方式、方法上尚未形成适应当前社会经济发展的模式，这就严重干扰了政治优化的效果。因此，如何在坚持民族文化传统的基础上，广泛吸纳世界民族文化精华，兼容古今中外德育教育的成果，建立符合中国特色社会主义政治素质教育工作新体系，是一项长期而复杂的任务。

第八章　结论

　　本书基于改革开放的历史大背景，围绕当代大学生政治素质优化的结构和功能，综合运用哲学、社会学、心理学、教育学、政治学的相关理论和研究方法，对大学生这一特殊群体的政治素质进行全面研究。通过理论研究阐明了大学生政治素质优化的结构与功能，通过对大学生政治素质发展历程的梳理和比较，揭示了影响大学生政治素质形成发展的因素及规律，通过实证研究把握当代大学生政治素质的总体表现、时代特征、现实困境，并结合我国思想政治教育工作的实际情况，探求优化大学生政治素质的有效途径和最佳模式。

　　本书通过对当代大学生政治素质的考量，紧紧抓住与大学生政治素质内部存在着有机联系的政治价值、政治心理、政治思想、政治品德、政治实践五个子系统，从理论与实际相结合、历史与逻辑相统一的高度，把握大学生政治素质发展规律和走向趋势。本书既有对当代大学生政治素质现状进行描述，又有对影响大学生政治素质形成与发展的内部、外部环境变量，客观、主观影响因素进行分析；既有纵向的历史变迁轨迹的梳理，也有横向的实证调查与研究；既有对大学生政治素质内在结构的分析，也有对政治生态环境建设外在系统之间互动关系的考察；既有对大学生政治素质内容结构与形成过程的分析，也有对大学生政治素质发展趋势的预测。通过深入研究和分析，揭示出当代大学生政治素质的演进规律和未来走向，力求为大学生政治素质优化提供切实可行的思路与方法。通过研究，得出以下结论：

　　第一，大学生政治素质结构所决定的功能正是大学生政治素质水平的体现，大学生政治素质功能的差异取决于政治素质结构上的差异。当代中国大学生政治素质结构是以社会主义核心价值观为内核，包括政治价值、政治心理、政治思想、政治品德、政治实践五个子系统、多要素构成。大学生政治素质的形成与发展遵循由政治认知、政治情感、政治意志、政治信仰到政治行为，循序渐进、螺旋上升的过程。大学生政治素质优化从根本上就是社会主义核心价值体系的外在观念内化为心理体验和行为习惯的过程。

第二，大学生政治素质的优化过程是个体与社会环境相互作用、相互结合的结果，在这一过程中主观内部因素与客观环境相互影响、相互平衡。大学生所具备的身心发展状况、个性特征为大学生政治素质发展奠定了生理基础和心理基础，而大学生所处的国际局势、国内环境、家庭环境、学校教育和大众传媒等客观环境为大学生政治素质的形成与发展提供了社会基础。影响大学生政治素质形成和发展的因素主要分为宏观、中观、微观三个层面，宏观层面上主要包括政治环境、经济环境、文化环境、社会环境；中观层面上主要包括学校教育、家庭教育、大众传媒；微观层面上主要包括朋辈团体、自身个性因素。三个层面的影响因素之间相互渗透、相互交叉，共同影响着大学生政治素质的形成和发展。

第三，实证调查表明，当代大学生政治素质主流呈现良好的态势，沿着健康的轨迹发展。随着改革开放和社会主义现代化事业的推进，表现出政治价值主导的一元化、政治参与途径的多样化、政治评价的实用化、政治行为的理性化的时代特征。广大青年学子政治态度积极，政治立场坚定，能够有序并且怀有热情地投身于改革开放的建设当中，积极参与各种政治活动，实现自身的政治价值。特别是近几年，我国综合国力和世界影响力不断上升，大学生亲眼目睹了改革开放30多年和入世十多年的辉煌成就，亲身感受了国家繁荣富强给生活带来的实惠和幸福，对党中央的决策更加高度拥护，对国际重大、敏感事件保持清醒的认识，始终与国家政治立场保持一致。但同时，应该引起我们高度重视和密切关注的是极少数学生存在着一些不容忽视的偏激和消极思想观点。

第四，当代中国大学生政治素质优化多维体系的构建，应该遵循一元主导与尊重差异相结合、科学性与方向性相统一、理论性与实践性相结合、针对性与综合性相统一的原则，以社会主义核心价值体系为基本内容，以适应社会主义政治文明建设需要的现代公民意识为基本指向，有赖于新时期大学生思想政治教育工作的思路、方法、手段和机制的创新与突破，重点是如何把社会主义核心价值体系更好地融入大学生政治素质优化当中，注意培养大学生政治主体意识、发挥思想政治教育功能、加强社会主义文化建设、营造良好的政治生态环境、拓宽政治参与渠道、科学借鉴国外经验。

　　综上所述，社会主义政治文明建设对当代大学生政治素质的影响是极其广泛而深刻的，我国体制改革和政治进步均离不开当代大学生的积极参与和配合，当代大学生不仅是政治生态文明的受益者，同时也是政治生态文明的创造者，将在未来中国政治生活中发挥越来越显著的作用。当代大学生政治素质在整体水平上呈现出积极稳定的态势，普遍接受先进的政治文化、具有开阔的政治视野、高度的政治认同、较强的政治效能感，继承了传统政治文化精髓、理性吸收现代政治文化思想，能够以理性务实的态度处理政治生活中所面临的问题。同时，我们也意识到，实现高度的政治生态文明，我们还需要进一步提高大学生的政治素质，提高大学生的政治主体意识、增强大学生的政治理论水平、端正大学生的政治动机、坚定大学生的政治理想信念、不断提高大学生的法律素质与道德素质。随着改革开放进程的不断加快，全社会都应积极引导并促进大学生政治素质的健康成长，为提高当代大学生的政治素质创造出良好的环境与氛围，以迎接21世纪中国社会转型的各种挑战。

参考文献

专著类

[1]《马克思恩格斯选集》第1—4卷,人民出版社1995年版。

[2] 列宁选集(第1—4卷),人民出版社1998年版。

[3] 毛泽东选集(第1—5卷),人民出版社1994年版。

[4] 毛泽东文集(第1—8卷),人民出版社1999年版。

[5] 邓小平文选(第1—3卷),人民出版社1993年版、1994年版。

[6] 江泽民文选(第1—3卷),人民出版社2006年版。

[7] 十七大以来重要文献选编(上),中共中央文献出版社2009年版。

[8] 十七大以来重要文献选编(中),中共中央文献出版社2011年版。

[9] 张耀灿、郑永廷、吴潜涛、骆郁廷:《现代思想政治教育学》,人民出版社2006年版。

[10] 张耀灿:《思想政治教育学前沿》,人民出版社2006年版。

[11] 郑永廷:《思想政治教育方法论》,高等教育出版社1999年版。

[12] 邱伟光、张耀灿:《思想政治教育学原理》,高等教育出版社1999年版。

[13] 陈秉公:《思想政治教育学原理》,辽宁人民出版社2002年版。

[14] 王玄武、骆郁廷:《思想教育、政治教育、道德教育比较研究》,武汉大学出版社2002年版。

[15] 沈壮海:《思想政治教育有效性研究》,武汉大学出版社2008年版。

[16] 靳诺、郑永廷:《新时期高校思想政治教育理论与实践》,高等教育出版社2004年版。

[17] 李辉:《现代思想政治教育环境研究》,广东人民出版社2005年版。

[18] 杨建义:《大学生实现政治教育路径研究》,社会科学文献出版社2009年版。

[19] 赵新燕:《思想政治教育和谐模式构建研究》,中国文联出版社

2009 年版。

[20] 邱柏生：《高校思想政治教育的生态分析》，上海人民出版社 2009 年版。

[21] 魏晓文、葛丽君：《中外思想道德教育比较研究》，吉林人民出版社 2003 年版。

[22] 张澍军：《德育哲学引论》，中国社会科学出版社 2008 年版。

[23] 戴钢书：《德育环境研究》，人民出版社 2002 年版。

[24] 沈国权：《思想政治教育环境论》，复旦大学出版社 2002 年版。

[25] 郑永廷、江传月：《主导德育论》，人民出版社 2008 年版。

[26] 范树成：《德育过程论》，中国社会科学出版社 2004 年版。

[27] 汪凤炎：《德化的生活》，人民出版社 2005 年版。

[28] 范树成：《当代学校德育范式转换与走向研究》，人民出版社 2011 年版。

[29] 陈立思：《当代世界的思想政治教育》，中国人民大学出版社 1999 年版。

[30] 罗洪铁：《政治教育学原理专题研究》，西南师范大学出版社 1999 年版。

[31] 马凤歧：《教育政治学》，人民教育出版社 2002 年版。

[32] 田建国：《大学素质教育纵横谈》，山东教育出版社 2001 年版。

[33] 杨兴林：《国民素质论》，湖南教育出版社 2001 年版。

[34] 单培勇：《国民素质发展规律研究——国民素质学新论》，人民出版社 2010 年版。

[35] 佟庆伟、秋实：《个体素质结构论》，中国科学技术出版社 2001 年版。

[36] 杨维、刘苍劲等：《素质德育论——大学生现代适应与综合素质培养研究》，人民出版社 2008 年版。

[37] 赵晖：《社会转型与公民教育——中国公民教育目标与内容体系的建构》，人民教育出版社 2007 年版。

[38] 时延春：《公民政治素质研究》，郑州大学出版社 2005 年版。

[39] 李志红：《公民思想道德素质研究》，郑州大学出版社 2005 年版。

[40] 黄月细：《民主政治视域下的公民政治素质及其培育》，广东人民出版社 2011 年版。

[41] 李芳：《大学生公民素质教育理论探讨与实证研究》，中国社会科学出版社2008年版。

[42] 林世选：《国民素质论——和谐社会构建与国民素质研究》，中央编译出版社2009年版。

[43] 张明澍：《中国政治人——中国公民政治素质调查报告》，中国社会科学出版社1994年版。

[44] 叶庆松：《青少年思想道德素质发展状况实证研究》，安徽师范大学出版社2010年版。

[45] 陈义平：《政治人：模铸与发展中国社会转型期的公民政治分析》，安徽大学出版社2002年版。

[46] 马振清：《中国公民政治社会化问题研究》，黑龙江人民出版社2001年版。

[47] 赵渭荣：《转型期的中国政治社会化研究》，复旦大学出版社2001年版。

[48] 陶东明：《当代中国政治参与》，浙江人民出版社1998年版。

[49] 黄蓉生：《西部地区青年大学生政治行为研究报告》，四川人民出版社2004年版。

[50] 黄金柱、鹿军：《当代大学生政治社会化研究概论》，中国农业科学技术出版社2006年版。

[51] 魏星河：《当代中国公民有序政治参与研究》，人民出版社2007年版。

[52] 房宁：《成长的中国——当代中国青年的国家民族意识研究》，人民出版社2002年版。

[53] 肖贵清：《中国特色社会主义文化论》，中共党史出版社2006年版。

[54] 张昆：《大众媒介的政治社会化功能》，武汉大学出版社2003年版。

[55] 袁颂西：《政治社会化：理论与实证》，三民书局股份有限公司2004年版。

[56] 李君如：《当代中国政治走向》，福建人民出版社2007年版。

[57] 王楷模、田正利、张师伟：《政治学原理》，中国政法大学出版社2006年版。

[58] 王浦劬：《政治学基础》，北京大学出版社1995年版。

[59] 王沪宁：《比较政治分析》，上海人民出版社1987年版。

[60] 王惠岩：《政治学原理》，高等教育出版社 1999 年版。
[61] 严强：《宏观政治学》，南京大学出版社 1998 年版。
[62] 夏玉珍、江立华：《政治社会学教程》，华中师范大学出版社 2005 年版。
[63] 燕继荣：《现代政治分析原理》，高等教育出版社 2004 年版。
[64] 李元书：《政治发展导论》，商务印书馆 2001 年版。
[65] 杨光斌：《政治学导论》，中国人民大学出版社 2000 年版。
[66] 杨海蛟：《新中国政治学的回顾与展望》，世界知识出版社 2000 年版。
[67] 俞可平：《政治与政治学》，社会科学文献出版社 2003 年版。
[68] 刘吉发：《政治实践论——基于马克思主义的广义视角》，人民出版社 2010 年版。
[69] 杨海蛟：《政治行为论》，山西教育出版社 2001 年版。
[70] 毛寿龙：《政治社会学》，中国社会科学出版社 2001 年版。
[71] 王乐理：《政治文化导论》，中国人民大学出版社 2000 年版。
[72] 闵琦：《中国政治文化——民主政治难产的社会心理因素》，云南人民出版社 1989 年版。
[73] 李艳丽：《政治亚文化影响当代中国政治发展的特殊因素分析》，武汉大学出版社 2008 年版。
[74] 吕元礼：《政治文化：转型与整合》，江西人民出版社 1999 年版。
[75] 朱智贤：《心理学大词典》，北京师范大学出版社 1989 年版。
[76] 王科：《政治心理学》，四川人民出版社 1988 年版。
[77] 威廉·斯通：《政治心理学》，黑龙江人民出版社 1997 年版。
[78] 蒋云根：《政治人的心理世界》，学林出版社 2002 年版。
[79] 朱永新、袁振国：《政治心理学》，知识出版社 1990 年版。
[80] 林嘉诚：《政治心理形成与政治参与行为》，台湾商务印书馆 1989 年版。
[81] 张国清：《青年政治心理探索》，同济大学出版社 1994 年版。
[82] 刘松阳、刘峰：《政治心理学》，河南人民出版社 1991 年版。
[83] 张云：《思想政治教育心理学》，上海人民出版社 2001 年版。
[84] 黄建刚：《政治民主与群体心态》，中信出版社 2003 年版。
[85] 孙永芬：《中国社会各阶层政治心态研究——以广东调查为例》，中

央编译出版社 2007 年版。
[86] 王晓燕：《成长中的政治人——角色社会化与当代大学生政治心理变迁》，上海社会科学院出版社 2010 年版。
[87] 李辉：《大学生环境适应优化理论与方法》，人民出版社 2010 年版。
[88] 林崇德：《品德发展心理学》，上海教育出版社 1989 年版。
[89] 陈会昌：《道德发展心理学》，安徽教育出版社 2004 年版。
[90] 杨芷英：《思想政治教育心理机制研究》，红旗出版社 2005 年版。
[91] 金国华：《青年学》，中国青年出版社 1999 年版。
[92] 黄志坚：《青年学》，中国青年出版社 1988 年版。
[93] 黄蓉生：《青年学研究》，四川人民出版社 2001 年版。
[94] 潘维、玛雅：《聚焦当代中国价值观》，三联书店 2008 年版。
[95] 潘维、廉思：《中国社会价值观变迁 30 年》，中国社会科学出版社 2008 年版。
[96] 黄希庭、郑涌：《当代中国青年价值观研究》，人民教育出版社 2005 年版。
[97] 杨雄：《关注改革开放后出生的一代——华东地区大学生调研报告》，上海社会科学院出版社 2008 年版。
[98] 江传月：《构建社会主义和谐社会的价值观研究》，中山大学出版社 2009 年版。
[99] 戴钢书：《大学生社会主义核心价值理念培育质性研究》，人民出版社 2008 年版。
[100] 陈志军、蒲谢明、左益：《社会主义核心价值体系融入大学生思想政治教育全过程研究》，光明日报出版社 2000 年版。
[101] 袁贵仁：《价值观的理论与实践》，北京师范大学出版社 2006 年版。
[102] 石海兵：《青年价值观教育研究》，安徽人民出版社 2007 年版。
[103] 岑国桢：《青少年主流价值观心理学的探索》，上海教育出版社 2007 年版。
[104] 吴新颖：《当代青年价值观的构建》，湖南人民出版社 2008 年版。
[105] 王玄武：《政治观教育通论》，高等教育出版社 1999 年版。
[106] 苏颂兴、胡振平：《分化与整合：当代中国青年价值观》，上海社会科学院出版社 2000 年版。

[107] 杨德广、晏开利:《中国当代大学生价值观研究》,上海商务出版社1997年版。

[108] 王成兵:《当代认同危机的人学解读》,中国社会科学出版社2004年版。

[109] [美] 莱斯利·里普森:《政治学的重大问题》,华夏出版社2001年版。

[110] [美] 安东尼·奥罗姆:《政治社会学》,上海人民出版社1989年版。

[111] [美] 托马斯·雅诺斯基:《公民与文明社会》,辽宁教育出版社2003年版。

[112] [美] 戴维·伊斯顿:《政治生活的系统分析》,王浦劬译,华夏出版社1999年版。

[113] [美] 塞缪尔·P. 亨廷顿:《变化社会中的政治秩序》,三联书店1989年版。

[114] [美] 阿尔蒙德、维巴:《公民文化:五国的政治态度和民主》,浙江人民出版社1989年版。

[115] [美] 杰弗里·庞顿等:《政治学导论》,社会科学文献出版社2003年版。

[116] [美] 加布里埃尔·A. 阿尔蒙德等:《比较政治学:体系、过程和政策》,曹沛霖等译,上海译文出版社1987年版。

[117] Burton J. Bledstein, *The Culture of Professionalism – The Middle Class and the Development of Higher Education in America*, New York: W. W. Norton & Company, 1878.

[118] Arthur Levine, *Handbook on Undergraduate Curriculum*, Jossey Bass Publishers, 1978.

[119] Frederick Rudolph, *Curriculum – A History of the American Undergraduate Course of Study Since 1636*, Jossey Bass Publishers, 1978.

[120] Frederick Rudolph, *The American College and University History*, Alfred Aknopf Inc., 1962.

[121] Peter Singer, *One World: The Ethies of Globalization*, Yale University Press, 2002.

[122] Morris Janowitz, *The Reconstruction of Patriotism: Education for Civie*

Conseiousness, The University of Chicago Press, 1983.

期刊类

[1] 魏晓文、李春山：《改革开放以来我国大学生政治素质研究综述》，《思想理论教育》2012年第4期。

[2] 魏晓文、李春山：《当代中国公民政治素质发展动力机制和互动规律》，《思想教育研究》2011年第12期。

[3] 彪晓红：《大学生政治素质拓展的重点与实施路径探析》，《中国高教研究》2007年第7期。

[4] 陈锡喜：《"三观"教育与大学生思想政治素质的提高》，《思想理论教育》2006年第5期。

[5] 陈佑清：《素质内容与结构试析》，《高等教育研究》1995年第3期。

[6] 陈树生：《论大学生政治素质的培养》，《中国高教研究》2003年第11期。

[7] 陈国祥：《对当代大学生政治观的调研与思考》，《中国高教研究》1998年第6期。

[8] 陈正芬：《西部地区外语专业大学生政治行为现状调查》，《青年探索》2004年第2期。

[9] 陈旭光：《大学生政治观形成的心理机制探讨》，《上海高教研究》1993年第1期。

[10] 陈年友：《政治教育与政治文明建设》，《理论探索》2003年第4期。

[11] 曹飞、漆勇政：《当代大学生政治参与比较研究》，《学校党建与思想教育》2005年第2期。

[12] 曹雅丽：《网络时代的中国青年政治参与》，《中国青年研究》2001年第6期。

[13] 曹俊伟：《大学生思想政治素质的综合评价研究》，《怀化学院学报》2006年第1期。

[14] 丁征：《论传统政治文化对我国公民政治参与的影响》，《理论与改革》1998年第5期。

[15] 丁爱军：《中国教育的政治社会化功能分析》，《理论学刊》2003年第3期。

[16] 杜瑞：《军校大学生政治观形成的社会因素》，《求实》2005年第

2 期。

[17] 方旭光：《政治认同：思想政治教育的目标取向》，《思想理论教育》2006 年第 1 期。

[18] 范树成：《西方国家政治教育与政治社会化理论与实践》，《比较教育研究》2003 年第 2 期。

[19] 高金华：《人的政治行为的一般特点辨析》，《理论与改革》1998 年第 4 期。

[20] 高峰：《当代西方政治社会化理论述评》，《教学与研究》1997 年第 4 期。

[21] 郭秀萍：《政治社会化的作用及我国政治社会化的建构》，《济南大学学报》2006 年第 2 期。

[22] 胡元梓：《论中国实现有效治理的社会政治心理基础》，《文史哲》2004 年第 1 期。

[23] 胡海可、林华蓉：《近二十年我国政治社会化研究述评》，《广东社会科学》2002 年第 1 期。

[24] 黄山、李昆：《大学生政治素质凝练》，《云南财经大学学报》2010 年第 3 期。

[25] 洪伟：《论政治社会化》，《浙江大学学报》1995 年第 1 期。

[26] 金太军：《论中国传统政治文化的政治社会化机制》，《政治学研究》1999 年第 2 期。

[27] 金家新、易连云：《论政治社会化进程中大学生政治素质培养》，《思想教育研究》2012 年第 3 期。

[28] 金添、张晓京、文书锋：《高校学生党员与非党员思想政治素质比较研究》，《学校党建与思想教育》2009 年第 11 期。

[29] 蓝江：《思想政治教育社会化的实施模式》，《思想教育研究》2005 年第 12 期。

[30] 廖志成：《和谐社会视野下加强大学生政治责任感培养的思考》，《思想理论教育导刊》2010 年第 3 期。

[31] 卢平：《当代中国青年的政治效应及其评价》，《青年研究》1994 年第 2 期。

[32] 李贵敏：《论大学生政治素质的培养目标及对策》，《前沿》2004 年第 11 期。

［33］李秋焕、徐精鹏：《大学生政治素质教育的创新》，《河南科技大学学报》2003 年第 3 期。

［34］李俊：《当代西方政治社会化研究解析》，《马克思主义与现实》2006 年第 4 期。

［35］李元书：《政治社会化：涵义、特征、功能》，《政治学研究》1998 年第 2 期。

［36］李元书：《政治社会化理论的产生、发展和研究领域》，《文史哲》2004 年第 2 期。

［37］李元书、杨海龙：《论政治社会化的一般过程》，《政治学研究》1997 年第 2 期。

［38］李元书：《意识形态与政治社会化》，《学习与探索》2002 年第 5 期。

［39］李元书：《什么是政治——政治涵义的再探讨》，《学习与探索》1997 年第 5 期。

［40］李元书、刘志华：《社会转型时期国民不同层面的社会政治心理分析》，《理论探讨》1997 年第 4 期。

［41］李斌雄：《当代大学生政治社会化的变化特征和导向方法初探》，《青年探索》1996 年第 5 期。

［42］李智：《当代大学生政治参与现状及政治冷漠原因危害》，《中山大学学报》2005 年第 4 期。

［43］李云：《政治素质释义》，《长安大学学报》2008 年第 1 期。

［44］刘东锋、王介忠：《大学生骨干政治素质现状分析》，《学校党建与思想教育》2011 年第 11 期。

［45］刘世丽、马莹华：《当代中国青年政治社会化效果分析》，《青年研究》2001 年第 11 期。

［46］刘世丽、杨连生：《美国"政治社会化"教育方法的启示》，《思想教育研究》2002 年第 9 期。

［47］刘世丽、李冲：《经济发展、教育改革与政治参与——90 年代中国青年政治参与分析》，《当代青年研究》2001 年第 2 期。

［48］刘宏伟、刘剑飞：《青年学生政治参与特点及导向》，《沈阳师范大学学报》2004 年第 3 期。

［49］刘江、毕霞：《当代大学生政治素质现状分析及其评价》，《兰州学

刊》2003年第5期。

[50] 刘江、蒋来娣:《当代大学生政治社会化进程中矛盾冲突及解决》,《广西社会科学》2002年第5期。

[51] 刘德霓:《当代中国政治冷漠现象成因探析》,《山东社会科学》2002年第1期。

[52] 罗峰:《社会主义政治文明与公民的政治素质》,《党政论坛》2003年第2期。

[53] 罗志:《探讨当代大学生政治参与意识和参与能力》,《高教探索》2003年第2期。

[54] 潘黔玲:《试论大学生政治心理素质培养与提高》,《武汉职业技术学院学报》2003年第2期。

[55] 邱柏生:《浅析我国政治心理学研究的现状》,《复旦大学学报》1996年第4期。

[56] 王翠萍:《大学生思想政治素质的整体性及启示》,《学术论坛》2012年第3期。

[57] 王晓漪:《大学生的政治社会化与高校的思想政治教育》,《探索》2005年第5期。

[58] 王宏强:《论公民政治教育在思想政治教育中的地位和作用》,《理论与改革》2003年第5期。

[59] 王芳、李龙海、薛昆:《试论大学生政治教育的功能》,《燕山大学学报》2005年第8期。

[60] 王丽娟:《现代化理论关于现代政治素质论述的启示》,《中国青年政治学院学报》2009年第2期。

[61] 王丽萍:《政治心理学中的态度研究》,《北京大学学报》(哲学社会科学版)2006年第1期。

[62] 王晓燕:《当成长中的政治人——当代中国大学生政治心理研究的体系与脉络》,《当代青年研究》2006年第6期。

[63] 王钢:《试论大学生的政治心理与政治素质》,《学校党建与思想教育》2002年第2期。

[64] 王治永:《当代大学生的政治心理与政治教育》,《辽宁师范大学学报》1997年第1期。

[65] 王沪宁:《转变中的中国政治文化结构》,《复旦大学学报》1988年

第 3 期。
[66] 王秀娟：《政治社会化与政治参与》，《理论探索》2004 年第 1 期。
[67] 王宗礼：《论政治社会化及其功能发挥》，《甘肃社会科学》2000 年第 5 期。
[68] 王玉萍：《影响大学生政治素质培养的环境因素分析》，《河南机电高等专科学校学报》2006 年第 1 期。
[69] 王占林：《科学构建学员思想政治素质培养目标体系》，《中国科教创新导刊》2012 年第 2 期。
[70] 王利福：《拓展大学生思想政治素质教育路径探究》，《学校党建与思想教育》2007 年第 9 期。
[71] 吴建华：《当代青年政治素质调查研究》，《社科纵横》2009 年第 7 期。
[72] 徐英善：《改革开放二十年大学生政治思想轨迹探析》，《清华大学教育研究》1999 年第 3 期。
[73] 徐建栋：《如何正确看待和引导大学生的政治态度》，《思想教育研究》2005 年第 6 期。
[74] 易法建：《家庭功能与大学生社会化的研究》，《青年研究》1998 年第 6 期。
[75] 杨德广：《从旁观到批评到拼搏上海四千名大学生政治观剖析》，《青年研究》1986 年第 12 期。
[76] 杨小云：《邓小平社会主义价值观与当代中国政治心理转型》，《社会主义研究》2001 年第 3 期。
[77] 杨小鲁：《大学生政治社会化问题探讨》，《当代青年研究》1988 年第 8 期。
[78] 朱应皋、金鑫：《当代大学生思想政治素质的实证分析》，《高等工程教育研究》2006 年第 2 期。
[79] 杨雪萍：《大众传媒视角中学生思想政治素质构建》，《学校党建与思想教育》2008 年第 11 期。
[80] 姚宏建、刘莉：《当代大学生政治社会化环境因素分析》，《延安大学学报》2004 年第 1 期。
[81] 孙嘉明、林建鸿：《大学生政治社会化：现状、问题及对策》，《社会科学》1989 年第 12 期。

[82] 孙其昂:《政治教育的内涵及其在思想政治教育中的地位》,《南京师大学报》2001 年第 4 期。

[83] 孙爱军:《政治社会化:大学教育的一个基本点》,《中国青年政治学院学报》2000 年第 6 期。

[84] 孙克西:《政治文化与政策选择》,《政治学研究》1988 年第 4 期。

[85] 孙丽芳:《当代大学生政治参与的主观因素探微》,《广西大学学报》2010 年第 6 期。

[86] 孙兰英:《全球化与当代政治文化社会化》,《南开大学学报》2005 年第 1 期。

[87] 宋迎法:《论政治教育的本质、内容和途径》,《江苏社会科学》1997 年第 2 期。

[88] 田毅:《当代中国大学生政治观现状及致因分析》,《思想政治教育研究》2005 年第 4 期。

[89] 汤秋香:《宽视阈多途径切实提高公民政治素质》,《岭南学刊》2011 年第 3 期。

[90] 邢建辉、蒋爱林:《当代科技革命视野中大学生政治观调查与成因分析》,《中国高教研究》2004 年第 1 期。

[91] 薛中国:《政治认同的心理结构和过程》,《吉林省教育学院学报》2007 年第 4 期。

[92] 许浩:《社会环境因素与大学生政治观教育》,《思想政治教育研究》2005 年第 4 期。

[93] 于双祥、刘元璋:《当代大学生政治观中立现象的成因》,《青年研究》1992 年第 5 期。

[94] 袁金辉:《论当代青年的政治参与》,《当代青年研究》2005 年第 1 期。

[95] 袁贵礼、马超:《低收入家庭大学生政治态度探微》,《青年探索》2006 年第 2 期。

[96] 颜素珍、侯勇:《大学生思想政治素质发展影响因素与提升路径研究》,《常熟理工学院学报》2009 年第 12 期。

[97] 赵野田:《提升大学生思想政治素质重点在于社会主义核心价值体系教育》,《思想政治教育研究》2010 年第 7 期。

[98] 钟兴明:《社会主义核心价值体系与青年的思想政治素质》,《西华

大学学报》2007 年第 5 期。

[99] 周淑萍、高留成：《西方国家政治教育与政治社会化的方式简析》，《教育探索》2005 年第 1 期。

[100] 周贺：《当代社会转型与我国青年政治社会化的互动分析》，《长白学刊》2002 年第 3 期。

[101] 郑永廷：《论思想政治教育的本质及其发展》，《教学与研究》2001 年第 3 期。

[102] 朱晓芳、贺琦：《互联网时代规范大学生政治表达路径的探析》，《南方论刊》2011 年第 8 期。

[103] 张承栋：《关于青少年思想政治素质教育的几点思考》，《社科纵横》2010 年第 2 期。

[104] 张树辉：《当代大学生政治冷漠现象探析》，《中国青年政治学院学报》2002 年第 6 期。

[105] 张龙平：《政治冷漠的深层透析与政治参与形式优化》，《理论与改革》1999 年第 3 期。

[106] 张晓京：《衡量人文社会科学博士研究生思想政治素质的三个维度及其培养方式》，《思想教育研究》2010 年第 3 期。

[107] 章娜、颜素珍：《大学生政治素质的综合评价研究》，《文教资料》2009 年第 3 期。

[108] 曾艳：《对加强大学生思想政治素质教育的思考》，《教育探索》2009 年第 4 期。

[109] 翟广运、卢振起、杨小朋：《试论大学生思想政治素质教育的内涵及创新》，《学校党建与思想教育》2007 年第 9 期。

[110] [美] 理查德·G. 布朗加特、玛格丽特·M. 布朗加特：《青年的政治社会化与教育》，莫东江译，《青年研究》1998 年第 1 期。

[111] [德] 托马斯·海贝勒：《中国的社会政治参与以社区为例》，鲁路译，《马克思主义与现实》2005 年第 3 期。

[112] Leon Dion. "Political Ideology as a Tool of Functional Analysis in Socio – Political Dynamics: An Hypothesis". *Canadian Journal of Economics and Political Science*, Vol. 25, 49.

[113] "The Political Psychology of Liberation: From Politics to Ethics and Back". Preview By Montero, Maritza. *Political Psychology*, Oct.

2007, Vol. 28 Issue 5; DOI: 10.1111/j. 1467 – 9221. 2007.

[114] T*he Political Psychology of Race.* Preview By Federico, Christopher M. ; Luks, Samantha. Political Psychology, Oct. 2005, Vol. 26 Issue 5.

[115] *Machiavelli's political psychology.* Preview By Fischer, Markus. Review of Politics, Fall 97, Vol. 59 Issue 4.

[116] *Political Psychology in Canada.* Preview By Nesbitt – Larking, Paul. Political Psychology, Mar. 2004, Vol. 25 Issue 1; DOI: 10.1111/j. 1467 – 9221, 2004.

[117] *The Political Psychology of Electoral Campaigns: Introduction to the Symposium.* Preview By Druckman, James N. ; Miller, Joanne M. . Political Psychology, Aug. 2004, Vol. 25 Issue 4; DOI: 10.1111/j. 1467 – 9221, 2004.

学位论文类

[1] 何丽君:《新时期中国公民政治社会化研究》，博士学位论文，中共中央党校，2009年。

[2] 段立新:《当代大学生政治社会化问题研究》，博士学位论文，吉林大学，2007年。

[3] 茅海燕:《当代大学生群体政治心理研究:基于历史和现实的考察》，博士学位论文，苏州大学，2010年。

[4] 王晓燕:《"偏离"与"重构"角色社会化进程中当代大学生政治心理变迁》，博士学位论文，上海大学，2008年。

[5] 田庆军:《大学生思想政治教育社会化研究》，博士学位论文，辽宁大学，2010年。

[6] 韩晓峰:《大学生政治认同状态模型理论构建与实证研究》，博士学位论文，吉林大学，2006年。

[7] 薛中国:《当代中国政治认同心理机制研究》，博士学位论文，吉林大学，2007年。

[8] 郭晓芳:《高校学生党员思想政治素质分析》，硕士学位论文，东北师范大学，2010年。

[9] 肖大卉:《和谐校园视野下大学生思想政治素质优化论》，硕士学位论文，湖南师范大学，2008年。

［10］徐海祥：《提升大学生思想政治素质的对策研究》，硕士学位论文，东北师范大学，2006年。

［11］曹冬雷：《互联网对大学生思想政治素质的影响及对策研究》，硕士学位论文，清华大学，2004年。

［12］刘江：《当代大学生的政治素质结构及其优化》，硕士学位论文，河海大学，2003年。

［13］石国庆：《青少年思想政治素质教育研究》，硕士学位论文，首都师范大学，2003年。

［14］张文学：《论当代大学生思想政治素质的培养》，硕士学位论文，华中师范大学，2003年。

附录 A 当代中国大学生政治素质调查问卷

亲爱的同学:

您好,首先感谢你对本次调查的支持。调查问卷的目的在于了解目前在校大学生的政治素质现状,调查数据仅作为研究不作其他用途,请放心作答,希望能够得到您的积极配合。除特殊说明外,均为单项选择题,用画钩或填序号的办法选出最符合您的答案,您的回答无对错、好坏之分,但回答的真实性对于我们很重要,衷心感谢您对本次调查的大力支持。

一 个人资料

1. 性别:　　1. 男 □　2. 女 □
2. 年级:　　1. 大一 □　2. 大二 □　3. 大三 □　4. 大四 □
3. 专业类别:1. 文史类 □　2. 理工类 □　3. 艺体类 □
4. 政治面貌:1. 中共党员 □　2. 共青团员 □　3. 群众 □
5. 是否为学生干部:1. 是 □　2. 否 □

二 问卷部分

6. 请在右边选择一个符合您的看法的选项打"√"。

	A 赞同	B 基本赞同	C 不大赞同	D 不赞同	E 说不清
中国特色社会主义理论能够指导我国科学发展					
邓小平理论是我国改革开放和社会主义现代化建设的科学指南					
"三个代表"重要思想是推进我国社会主义自我完善和发展的强大理论武器					
科学发展观是发展中国特色社会主义必须坚持和贯彻的重大战略思想					
中国共产党是当代中国不可替代的领导力量					

续表

	A 赞同	B 基本赞同	C 不大赞同	D 不赞同	E 说不清
政治文明建设必须在中国共产党领导下进行					
只有坚持党的领导，我国才能实现现代化					
中国共产党有能力把自身建设好					
中国共产党在社会主义现代化建设中取得了辉煌成绩					
社会主义具有资本主义无法比拟的优越性					
为政府献计献策是每一个公民的责任					
政治文明建设首先应该反腐败					
中国必须坚持中国共产党的领导，走中国特色社会主义道路一百年不动摇					
马克思主义与时俱进，不断发展的科学真理					
我国现有的政治制度需要不断改进和完善					
只有实行西方多党制才能实现真正的民主					
经济发展比民主政治建设更重要；经济发展了，哪怕民主滞后一些也能接受					
没有完善的政治制度，经济发展就无法保证					

7. 您对中国政府成功取缔"法轮功"13周年怎么看？

　　A. 真实可靠、具有可信性、论据充分□

　　B. 貌似科学，需要进一步进行推理□

　　C. 蒙骗广大群众，蛊惑群众参加其具有政治目的的"法轮功"组织□

　　D. "法轮功"具有邪教性质，应该予以取缔□

8. 您对西藏"3·14"打砸抢烧事件怎么看？

　　A. 藏独分子的极端行为□

　　B. 这是分裂祖国的行为，坚决反对□

　　C. 不了解□

　　D. 其他□

9. 您对"中国在新疆屠杀少数民族，压制宗教，破坏人权"言论怎么看？

　　A. 任何谣言都不能改变新疆民族团结的大局□

B. 这是在刻意制造民族矛盾和仇视□

C. 这是"疆独"势力对新疆历史的歪曲宣传□

D. 新疆是维吾尔族的，汉族和其他民族都是外来者，是维吾尔族的敌人□

10. 对于党和政府在处理汶川地震、舟曲泥石流、玉树地震等重大自然灾害以及灾后重建的表现，您如何评价？

A. 不好，大多数还不如一般群众，甚至带头违反规定□

B. 还行，大多数与一般群众没什么两样□

C. 表现非常好，大多数能冲锋在前，勇于奉献，是抗灾重建的中坚力量□

D. 大多数能遵守各项规章制度，起到了一定的带头作用□

11. 您对中国共产党执政如何评价？

A. 没有多大的能力□

B. 腐败问题严重影响党的形象□

C. 领导国家走向富强□

12. 您想加入中国共产党吗？

A. 想，目前有这个意愿□

B. 没这个打算□

C. 我现在已经是党员了□

（1）如果该题您的回答是"A"或是"C"，请回答：您为什么想入党？

A. 有利于就业和前途□　　　　B. 为社会多作贡献□

C. 个人能力的一种证明□　　　D. 信仰共产主义□

E. 父母或者老师要求的□　　　F. 受周围党员影响□

G. 别人入了自己也就入了□　　H. 其他□

（2）如果该题您选择了"B"，请回答：没有申请加入的主要原因？

A. 个人条件暂不成熟□　　　　B. 党的宗旨不符合个人信仰□

C. 党员形象不佳，党的威信下降□　D. 各方面受约束、不自由□

E. 和个人成才没直接关系□　　F. 只愿加入民主党派□

G. 其他□

13. 您想考取公务员吗？

A. 想，目前有这个意愿□　　　B. 没这个打算□

如果该题您的回答是"A",请回答:您为什么想考取公务员?

A. 为社会多作贡献,实现个人价值□

B. 参与政治改革进程,实现政治理想□

C. 工资、养老、医疗等保障好□

D. 社会地位高,工作体面□

14. 您对国家政治、经济形势持什么态度?

　　A. 应该会恶化□　　　　　　　B. 停滞不前□

　　C. 可以很好地发展□

15. 中国共产党成立90多年来,您认为目前党在群众中的威信如何?

　　A. 不高□　　　B. 说不清□　　　C. 仍然很高□

16. 您认为共产党员应该具备的首要素质是

　　A. 对共产主义的信仰□

　　B. 不怕牺牲无私奉献,全心全意为人民服务的精神□

　　C. 学习成绩业务技术过硬□

　　D. 作风正派,老实清白□

　　E. 说不清□

17. 如果有机会,您会愿意做以下哪个角色?

　　A. 学生干部□　　　　　　　　B. 网络意见领袖□

　　C. 志愿者□　　　　　　　　　D. 都不愿意□

18. 您愿意毕业后响应"三支一扶",为祖国经济落后地区的发展作贡献吗?

　　A. 尽可能□

　　B. 不是一个人的事,我无力去管□

　　C. 不会去□

　　D. 没考虑过□

19. 您如何看待校学生会主席的选举活动?

　　A. 是一种形式,其实早就内定好了□

　　B. 去了凑热闹□

　　C. 公平竞争,实力展现□

20. 您获取政治资讯的渠道是［可多选］

　　A. 电视□　　　　　　　　　　B. 电脑上网□

　　C. 报纸□　　　　　　　　　　D. 手机上网□

E. 听同学谈论□

21. 您认为学校开设思想政治理论课对你有帮助吗？

   A. 课上得枯燥无味，没有意思□

   B. 没有感觉□

   C. 作用很大，引导我成长□

22. 您认为当前政府最应该关心解决的问题是［可多选］

   A. 经济发展□   B. 社会不公，贫富悬殊□

   C. 惩治腐败□   D. 教育问题□

   E. 社会稳定□   F. 民族问题□

   G. 祖国统一问题□   H. 领土安全□

   I. 其他□

23. 请选出您所知道的参与政治的渠道［可多选］

   A. 游行示威□   B. 参与听证会□

   C. 选举投票□   D. 信访举报□

   E. 联系人大代表□   F. 在新闻媒体发表意见□

   G. 其他□

24. 您觉得自己参与政治活动能力的能力如何？

   A. 很强□   B. 强□

   C. 一般□   D. 较差□

   E. 很差□

25. 您对政治参与的态度是什么？

   A. 积极参与□   B. 尽可能少参与□

   C. 不介入□   D. 说不清□

26. 不愿意参与政治的原因是什么？

   A. 课程学习所得的知识已经足够□

   B. 政治是领导人的事情，与我无关□

   C. 作为普通老百姓，影响政治的可能性太小，关心了也没有用□

   D. 政治多风险，少涉足为妙□

   E. 其他学习、工作、生活更重要，无暇关心政治□

   F. 其他□

27. 假设政府正在考虑制定一项政策，而您有很多想法，您认为政府会采纳您的意见吗？

A. 一定会☐ B. 会的☐
C. 不确定☐ D. 不会☐
E. 一定不会☐

28. 下列人民代表大会代表是由选民直接选举产生的是［可多选］
A. 省级人大代表☐ B. 乡镇人大代表☐
C. 县级人大代表☐ D. 市辖区人大代表☐

29. 社会生活中各种人大代表选举活动、政府组织的听证会等，这些是大学生参与政治的部分形式。对于大学生参与政治，你如何评价？
A. 政治是国家的事，公民个人参不参与没有多大关系☐
B. 参与只是形式，最终领导说了算☐
C. 公民应该以认真负责的态度参与☐

30. 您认为以下关于民主政治的相关说法正确的有［可多选］
A. 所谓民主，就是由政治家或某一个政党为民做主☐
B. 政党竞争是民主政治的重要特征☐
C. 没有选举就没有民主☐
D. 任何党派及其他政治力量和个人都必须在宪法之下活动☐
E. 权力分设并相互制约☐
F. 一切权力属于人民☐

31. 您认为下列中西方民主政治的观点正确的是［可多选］
A. 中国政治在观念上是先进的，但具体的某些制度、措施应该学习西方☐
B. 西方民主政治的观念、制度都有一些地方值得我们借鉴☐
C. 西方民主政治不适合中国国情，中国根本不必去学☐
D. 在姓"资"姓"社"的原则问题上，我们不能马虎，绝不能"西化"☐
E. 西方民主政治是目前人类政治最高境界，要用它彻底改造中国政治☐
F. 其他☐

32. 以下问题中，您最不满意的问题是什么？［可多选］
A. 经济发展☐ B. 社会不公，贫富悬殊☐
C. 腐败问题☐ D. 教育问题☐
E. 社会治安稳定☐ F. 民族问题☐
G. 祖国统一问题☐ H. 领土安全☐

I. 其他□

33. 以下说法，您认为正确是［可多选］

A. 管理国家事务、管理经济和文化事业、管理社会事务，是政府的事情，人民无权参与□

B. 中国共产党代表全国人民对国家事务进行管理，人民无权也不需管理国家事务□

C. 人民依照法律规定，通过各种途径形式，管理国家事务，管理经济和文化事业，管理社会事务□

D. 人民可以参与部分一般性经济社会文化事务的管理，国家大事由中共中央或国务院来处理决定□

34. 您认为我国当前最重要的改革是［可多选］

A. 国有企业改革□　　　　　　B. 人事制度改革□

C. 政治体制改革□　　　　　　D. 住房医疗等社会保障制度改革□

E. 教育科技改革□　　　　　　F. 收入分配制度改革□

G. 农业、农村和农民问题改革□　　H. 其他□

35. 您认为政治体制改革首要内容应该先解决［可多选］

A. 党政分开□

B. 破除领导人职务终身制□

C. 政治民主化□

D. 依法治国□

E. 反腐败与权力制约□

F. 切实保障公民权利与自由□

G. 提高行政效率，改进政府作风，反对官僚主义□

H. 改善党的领导方式和执政方式，巩固执政基础□

I. 加大机构改革力度，裁减冗员□

J. 其他□

36. 您平常关注最多的问题是［可多选］

A. 学习□

B. 生计（如打工、家教等）□

C. 娱乐体育活动（如上网等）□

D. 学校活动（班委、社团等）□

E. 交友□

F. 社会问题（腐败、贫富悬殊、社会不公等）□

G. 国家大事、新闻□

H. 就业□

I. 其他□

37. 请选出我国宪法赋予公民的权利［可多选］

A. 选举权和被选举权□

B. 宗教信仰自由□

C. 人身自由不受侵犯□

D. 受教育的权利□

E. 公民住宅不受侵犯□

F. 对国家机关提出批评和建议的权利□

G. 国家尊重和保障人权□

H. 言论、出版、集会的自由□

I. 结社、游行、示威的自由□

38. 您对我国现行选举制度的看法？

A. 适合中国国情和当前的社会政治发展的，是较为完善的□

B. 基本适合我国国情，在逐步改革中越来越完善□

C. 存在一些问题，没有能够更好地实现政治民主制度□

D. 存在很大问题，严重妨碍了政治民主□

39. 您认为资本主义制度和社会主义制度哪个更有优越性？

A. 资本主义制度比社会主义制度优越□

B. 社会主义制度优越于资本主义制度□

C. 各有千秋□

D. 不知道□

40. 您对下列事件的关注程度如何？（请在合适的空格内打"√"）见下页

41. 您认为中国共产党代表谁来执政？［可多选］

A. 广大的人民群众□　　　　　　B. 工人阶级和农民阶级□

C. 官僚和特殊利益集团□　　　　D. 不清楚□

E. 其他□

42. 下列问题，请根据您的判断作答：（请在合适的空格内打"√"）
见下页

	A 非常关注	B 比较关注	C 一般	D 完全不关注
朝鲜最高领导人金正日逝世				
英国女王伊丽莎白二世登基60年				
中央部委公开"三公"经费				
民进党主席苏贞昌公开支持"台独"				
俄罗斯大选				
美国击毙"基地"组织领导人本·拉登				
日本强震引发海啸和核泄漏				
朝鲜核问题				
西亚北非局势发生剧烈动荡				
中菲黄岩岛事件				
中日钓鱼岛事件				
中国共产党第十八次全国代表大会				
西藏和平解放60周年				
"蛟龙"号深潜突破7000米				
神舟九号飞船与天宫一号首次对接成功				
大学生村官选拔制度				
大学生自主创业政策				
公务员考试				

	A 很满意	B 比较满意	C 一般	D 不满意	E 说不清
（1）您对当前中国共产党执政能力是否满意？					
（2）您对当前我们政治民主的状况是否满意？					
（3）您对当前我国社会公平的状况是否满意？					
（4）您对当前政府的政务建设情况满意？					
①廉政建设					
②办事效率					
③依法行政					
④办实事					
⑤得民心					
⑥权威性					
⑦决策科学					

43. 您对当前的政治制度或政治体系了解吗？

	A 非常了解	B 知道	C 模糊	D 不知道
您对中国政治改革的方向了解吗？				
您了解社会主义核心价值体系吗？				
您了解中国共产党的宗旨是什么吗？				

44. 对于"只有社会主义才能发展中国"的说法，您的看法是

　　A. 相信□　　　　B. 不相信□　　　　C. 说不清□

45. 您是否希望马列主义继续成为中国人的信仰？

　　A. 希望，并且很有信心□　　　　B. 希望，但信心不足□

　　C. 不希望□　　　　D. 说不清楚□

46. 您对马克思主义理论体系的看法是

　　A. 无论过去、现在还是将来，都是中国社会主义革命和建设的理论基础□

　　B. 只是众多理论的一种，不易成为唯一的指导理论□

　　C. 基本已经过时，不适应当前社会□

　　D. 说不清□

47. 您是否相信中国共产党能够领导中国实现现代化和民族振兴？

　　A. 相信□　　　　B. 不相信□　　　　C. 说不清□

48. 您认为中国特色社会主义的前景是

　　A. 政治上的社会主义加经济上的资本主义□

　　B. 社会主义和共产主义□

　　C. 彻底告别社会主义□

　　D. 说不清楚□

49. 您对中国共产党的整体评价是

　　A. 很好□　　　　B. 好□　　　　C. 一般□

　　D. 不好□　　　　E. 其他□

50. 您认为中国政党制度对构建和谐社会有意义吗？

　　A. 意义重大□　　　　B. 一般□

　　C. 影响不大□　　　　D. 没有意义□

51. 您认为中国政党制度健全吗？

A. 非常健全□

B. 基本健全仍有需要改进的地方□

C. 问题很大有待实践改进□

D. 不清楚

52. 您认同现行的大学生政治素质教育吗？

A. 很认同□ B. 基本认同□

C. 不认同□ D. 说不清□

53. 您对主流媒体的新闻报道有什么看法？

A. 是严谨客观的，报道了社会最重要的信息，传达了正确的价值观，起到新闻监督的作用□

B. 基本上是客观的，但是，常常会根据国家政策取舍信息□

C. 是受到控制，是政府的传声筒，不能起到监督的作用□

D. 主流媒体的新闻基本不可信□

54. 您是否愿意参与以下政治活动：（请在合适的空格内打"√"）

	非常愿意	愿意	无所谓	不愿意
您是否愿意加入中国共产党？				
您是否愿意当学生干部？				
您是否愿意当人大代表？				
您是否愿意参加社会实践或青年志愿活动？				

55. 如果您愿意参加人大代表选举，原因是［可多选］

A. 选举和我的利益息息相关□

B. 主动行使自己的权利□

C. 响应政府号召□

D. 其他□

56. 如果您不愿意参加人大代表选举，原因是［可多选］

A. 选举和我没什么关系□

B. 我是否去投票对选举结果没有影响□

C. 不知道怎么参加选举□

D. 其他□

57. 您参与（校、院系或班）组织的选举活动的情况

A. 从不参加☐   B. 很少参加☐
C. 有时参加☐   D. 经常参加☐

58. 您参与（校、院系或班）组织的选举活动的原因是

A. 主动行使权利☐   B. 关系到自身利益☐
C. 随大流☐   D. 被迫参与☐
E. 其他☐

59. 政府在制定政策时向您征求意见，您是否愿意参与？

A. 愿意参与☐   B. 不愿意参与☐   C. 其他☐

60. 如果您有关于社会发展（如反腐败、就业等）的好建议，您是否会向有关部门表达？

A. 会☐   B. 不会☐   C. 其他☐

61. 如果不满政府制定的法规政策制度，或政府滥用权力，您一般会采取以下哪种方式表达自己的意见？[可多选]

A. 向媒体反映☐
B. 向相关部门反映或投诉☐
C. 集会请愿☐
D. 在网络论坛发表意见☐
E. 发牢骚☐
F. 保持沉默☐
G. 其他☐

62. 当您遭遇不公或权利受到侵害时，您会采取什么行为？[可多选]

A. 求助媒体☐   B. 诉诸法律☐
C. 私了☐   D. 投诉举报/信访☐
E. 在网络论坛发表意见☐   F. 发牢骚☐
G. 忍气吞声☐   H. 其他☐

63. 当您遭遇不公或权利受到侵害而最终未能得到解决时，您会采取什么行为？[可多选]

A. 忍气吞声，自认倒霉☐   B. 怀恨在心，伺机报复☐
C. 向社会呼吁求助☐   D. 其他☐

64. 有些中国人在游行示威时，打砸与日本有关的餐馆、商城、企业，剐伤日产汽车等，对此，您的态度是

（1）支持，最主要的理由是：

A. 憎恨日本□ B. 混乱中做一做，好玩□
C. 其他□

（2）反对，最主要的理由是：
A. 这样做无法伤及日本政府，没用□
B. 违法□
C. 其他□

65. 您认为其他同学申请入党的动机是什么？
A. 共产主义信仰，全心全意为人民服务□
B. 有利于就业和个人前途□
C. 随大流□
D. 其他□

66. 您认为自己关心政治吗？
A. 很关心□ B. 比较关心□
C. 很少关心□ D. 从不关心□

67. 您主要通过什么渠道得知时政新闻？［可多选］
A. 报纸□ B. 电视□
C. 网络□ D. 同学老师们的口口相传□
E. 广播□ F. 其他□

68. 您是否经常与他人谈论政治话题？
A. 经常□ B. 不经常/偶尔□
C. 从不谈论□

69. 您通常用什么方式表达自己的政治观点？［可多选］
A. 与同学朋友讨论□
B. 给报纸、电视台写信□
C. 网络上发表意见□
D. 写信给相关的政府部门表达意见□
E. 很少表达自己的政治观点□
F. 其他□

70. 针对网络参政议政，您采取什么做法？
A. 发过言论，讨论过□
B. 没发过意见，但是看过别人的帖子□
C. 上网，但是没接触过这种话题□

D. 没上过网□

71. 您认为您有通畅的渠道参与政治生活吗？

   A. 有足够的通畅的渠道参与政治□

   B. 有政治参与的渠道，但是不通畅□

   C. 没有通畅的政治参与渠道□

   D. 不了解怎么参与政治，从不参与政治□

72. 您最喜欢采用的参政议政的途径是［可多选］

   A. 当公务员□

   B. 选举人大代表□

   C. 参加合法的社会团体和大学生组织□

   D. 给领导人和政府部门写信或提建议□

   E. 向人大代表和政协委员反映情况□

   F. 向新闻媒体发表意见□

   G. 其他□

73. 我国宪法明确规定，中华人民共和国一切权力属于

   A. 中共中央□   B. 中国共产党□

   C. 全国人民代表大会□   D. 国务院□

   E. 人民□

74. 我国的最高权力机关是

   A. 国务院□   B. 中共中央□

   C. 全国人大□   D. 全国政协□

75. 评价下列因素在政治素质培养中所发挥的作用：（请在合适的空格内打"√"）

	A 非常大	B 比较大	C 一般	D 比较小	E 非常小
（1）家庭氛围					
（2）社会风气					
（3）学校校风					
（4）辅导员工作					
（5）学校组织的社会实践活动					

续表

	A 非常大	B 比较大	C 一般	D 比较小	E 非常小
(6) 思想政治理论课					
(7) 课外书籍					
(8) 电视广播					
(9) 互联网					
(10) 同伴交往					
(11) 其他					

76. 您觉得您以下的权利得到保障了吗？（如言论自由权；受教育的权利；集会、结社、游行、示威的自由；选举权和被选举权；法律面前人人平等；对国家机关提出批评和建议的权利等）

  A. 完全得到□   B. 基本得到□
  C. 没有得到□   D. 说不清□
  E. 其他□

再次感谢你在百忙之中给予的支持！

附录 B　当代中国大学生政治素质访谈提纲

（1）您是否赞赏政府在诸多重大社会问题和事件中的努力以及取得的成绩？

（2）您平日是否关心国家大事，是否经常与家人讨论国家政策等？

（3）您是否与同学一起讨论入党问题，是否提交入党申请书，是否学习党章、党史？

（4）您是否认为只有党的正确领导才使国家实力与日俱增？

（5）您是否对"为什么社会主义比资本主义先进"的论断困惑过？

（6）您是否认为国家政策方面有很大改进，尤其是以人为本科学发展观的提出及应用？

（7）您是否对党和祖国的未来发展充满信心？

（8）您对所在高校思想政治教育方式的评价及建议？

（9）您认为影响大学生政治素质发展的环境有哪些？

（10）关于大学生政治素质优化您还有什么建议或意见？

附录C 当代中国大学生政治素质调查问卷的编制说明

一 《当代中国大学生政治素质调查问卷》的编制原则

要编制一个科学的大学生政治素质现状调查问卷，准确地评价处于不同发展阶段大学生的政治素质，必须考虑以下几个因素：

1. 问卷设计的出发点

第一，大学生政治素质的形成和发展是一个长期的过程，具有阶段性特征，在不同的发展阶段，其表现也是不一样的。因而对其进行评价必须依据发展阶段的不同，评价重点有所区别，必须遵循阶段性原则。第二，大学生政治素质由于是一种特征和倾向，因而具有一定模糊性。对于评价主体而言，他对客体的认识往往是模糊的，通常把政治素质称为高或低，即使将政治素质分为若干等级，这种等级分类也是主观意识的结果，很难严格界定各等级的标准。因此，在进行政治素质评价时，必须坚持定性和定量相结合的原则。第三，对大学生政治素质的评价具有一定的主观性，不同的评价主体对其评价也是不一致的。为此，必须坚持多个主体评价相结合的原则，以使评价结果更加接近大学生政治素质的实际状况。第四，大学生政治素质具有一定的层次性，因此对其评价要根据学生所处的不同发展阶段，确定不同的评价侧重点，使评价体现层次性原则。本书即是在以往研究成果的基础上，充分考虑到当代大学生的时代特点，编制《当代中国大学生政治素质调查问卷》，为实现客观测评当代大学生政治素质提供工具。

2. 排除阻碍问卷调查的各种因素

由于问卷调查成功与否很大程度上取决于被调查者的合作态度，因此研究者在问卷设计过程中排除了被调查者可能遇到的主观和客观障碍（例如隐私问题、畏难情绪、文化程度、能力条件等）对调查准确性的影响。

3. 明确与问卷设计紧密相关的各种因素

该问卷的编制目的是为当代大学生政治素质研究提供一种定量的、全面的、有效的评估分析工具，针对上述调查目的，本书设计了相应的调查内容，包括大学生政治价值、政治心理、政治思想、政治品德、政治实践等。考虑到当代大学生作为被调查样本的性质，调查问卷采用表格式量表形式进行考察。

二 《当代中国大学生政治素质调查问卷》的编制过程

1. 问卷第一稿的设计及相关分析

根据本次研究的目的，有选择性地吸收各种相关理论，构建出当代大学生政治素质调查问卷的初步框架，包括政治价值、政治心理、政治思想、政治品德、政治实践五个维度，政治认知、政治态度、政治信念、政治责任、政治价值、政治作风、政治参与、政治视野、政治鉴别九个因子。依据上述因素初步编写出符合当代大学生政治素质的测量题目，形成调查问卷初测版本，该版本由71个题目组成。

（1）问卷的补充。采用开放式调查问卷的方式，对大连市三所高校100名在校大学生进行开放式调查，开放式问卷由三个部分组成：让学生描述自己的政治素质水平，越具体越好；让学生描述他所认为的高水平的政治素质应该具有什么特点；让学生报告他认为自己是否具有良好的政治素质。对学生描述的上述政治素质进行统计分析，共得到政治素质水平描述49条，对这49条所提及的内容进行归类，发现其中大部分（37条）学生列举的政治素质与我们在《当代中国大学生政治素质调查问卷》初稿的框架中设想的基本一致，另外的12条中有2条适合补充进入问卷初稿当中。

（2）问卷试用性考察。随机选择周围的同学、老师对选定的题目进行阅读，这些被试人员除了对测题的内容进行回答外，还要回答对测题的文字阅读后的感受。如测题的文字表述是否清楚、是否完全表达了测题的含义、不同的被试人员对同一题目的理解是否一致等。根据收集的意见，将问卷中表达不清晰、言辞不当的地方进行修改，同时对存在歧义的测量题目进行了删除，删除9个题目后，保留了符合问卷编制要求的72个题目。

（3）第一稿的测试及结果分析。采用Liker5点计分法对调查问卷第一稿进行计分，反向题1—5分别表示"非常不符合"、"比较符合"、"不确定"、"比较符合"、"非常符合"。问卷经过反向题分数转换后,将被试在每个题目上的得分相加则可以得到该被试者的政治素质总分数,政治素质越高,得分则越高。选择大连大学的 608 名学生进行小范围的试测,其中男 331 人、女 277 人,收到有效问卷 501 份,回收率为 82.4%。对回收的有效问卷的数据用 SPSS 10.0 进行分析,对数据进行辨别力评分、项目分析,以再次确定问卷的题目。

(4) 对量表的辨别力进行评分。将《当代中国大学生政治素质调查问卷(初测)》所有题目的总分由低到高进行排序,以测验总分最高的 27% 和最低的 27% 作为高、低分组界限,采用独立样本 t 检验比较两组被试在各个题目上的差异,以 t 值显著性($p < 0.05$)作为题目的鉴别指数。如果题目的 t 检验均达到显著性水平($p < 0.05$),说明鉴别指数合乎要求,故应该予以保留。结果显示,通过辨别力分析,初测问卷应删除 17 个题项,余下的题项继续进行因素分析。

(5) 题总相关计算。题总相关是检测某一测试题目与量表的总分减去该题目的分数后的数值之间的相关系数。我们在研究中把题总相关系数不显著的题目予以删除,共计删除 8 道题目。

根据上述量表辨别力评分和题总相关的结果,对调查问卷第一稿保留的题目进行调整,形成达到相应要求的含有 71 道题目的《当代中国大学生政治素质调查问卷(第一稿)》,在随后进行的大范围测试过程中,所采用的是第一稿的问卷。

2. 问卷第二稿的测试及结果分析

第二稿共有 52 个题目,包含一稿中 49 个反向记分的题目和 3 个测谎题项。选择 778 名在校大学生进行测试,收回有效问卷 606 份,回收率为 77.9%。回收的有效问卷的数据用 SPSS 10.0 进行整理,对数据进行辨别力评分和因素分析,以确定正式的《当代中国大学生政治素质调查问卷》,并分析其结果。

(1) 量表的辨别力评分。把《当代大学生政治素质调查问卷(第二稿)》的 52 个题目的总分由低到高进行排序,以前 27% 作为低分组,后 27% 作为高分组,进行独立样本 t 检验。结果表明有 45 个题目的 t 检验均达到显著性水平($p < 0.05$),说明鉴别指数符合要求,故应该予以保留。

(2) 对 45 个题目进行因素分析,进一步筛选题目。首先对 45 个题目进行 KMO 和 Bartlett 的检验,看这些题目是否适合进行因素分析。KMO 值越大,表示变量间的共同因素越多,越适合进行因素分析,结果显示取样足够度的 Kaiser – Meyer – Olkin 度量 0.794,适合进行因素分析。Bartlett 的球形度检验近似卡方 = 4533.676,$p < 0.0001$,即相关矩阵不是一个单位矩阵,适合进行因素分析。上述统计结果说明《当代大学生政治素质调查问卷(第二稿)》适合进行因素分析。采用主成分法抽取因子,采取极大方差法进行矩阵旋转。结果发现这些测题可以抽取到 13 个因子,其累积方差贡献率为 73.716%。

(3) 对问题进行进一步挑选。采用逐步排除法排除某些极端测题,这些测题的减少可以导致公共因素的明显减少;排除因素负荷小于 0.3 的测题;排除虽对同一公因子影响显著,但明显与其他问题不属于同一种类的个别问题;排除同时与几个因素高负荷的个别问题。排除 9 个题目后最终得到一个含 36 个题目的问卷。对这些问题再进行因素分析,通过主成分特征值的碎石图发现其曲线在第 9 个因子后趋于平缓,每个因子的累积贡献率的百分比增加很少,故提取前 9 个因子,可解释总变异的 68.536%。各因子的特征值及其贡献率见表 1,转轴后的各因素负荷及公因子方差结果见表 2。

表 1　《当代大学生政治素质调查问卷》各因子的特征值和贡献率

因子	特征值	方差贡献率(%)	方差累积贡献率(%)
1	5.387	21.495	21.495
2	2.848	11.365	32.860
3	2.002	7.989	40.849
4	1.787	7.131	47.980
5	1.402	5.594	53.574
6	1.283	5.118	58.692
7	0.899	3.588	62.280
8	0.843	3.366	65.646
9	0.724	2.890	68.536

表2 《当代大学生政治素质调查问卷》转轴后的各因素负荷及公因子方差

项目	因素负荷								
	F1	F2	F3	F4	F5	F6	F7	F8	F9
28	0.687								
30	0.656								
12	0.483								
16	0.441								
43	0.371								
25	0.333								
	F1	F2	F3	F4	F5	F6	F7	F8	F9
40		0.791							
18		0.651							
21		0.650							
34		0.588							
37		0.322							
45			0.765						
38			0.663						
42			0.314						
39			0.384						
19				0.542					
14				0.478					
10				0.455					
41					0.648				
03					0.570				
32					0.467				
33						0.637			
22						0.466			
31						0.345			
24						0.342			
13							0.859		
35							0.800		
15							0.637		
05								0.593	

续表

项目	因素负荷								
36								0.439	
17								0.345	
06								0.310	
11								0.300	
08									0.656
07									0.546
23									0.476

根据因素分析的结果可以获得9个因子成分，即因素分析发现当代大学生政治素质的初步结构。根据每一个因子所包含项目的内容，并结合每个因子上负荷最大题项的意义，对这9个因子命名如下：因子1包括6个项目，描述的是当代大学生政治理想、信念等因素，因此可以将第1个因子命名为"政治信念"。因子2包括5个项目，描述的是对政治的热爱、对政治负责意识、对政治前途设计等因素，因此可以将第2因子命名为"政治责任"。因子3的4个项目描述的是对政治观点的态度和动机因素，故命名为"政治态度"。因子4的3个项目，描述的是平时对各个方面政治理论和信息的积累，因此可以命名为"政治认知"。因子5包括3个项目，描述的是个人的政治作风、纪律方面的内容，因此可以命名为"政治作风"。因子6包括4个项目，反映的是个人政治贞操和政治立场的价值认同，因此可以命名为"政治价值"。因子7包括3个项目，描述了个体参加各种政治活动等，因此可以命名为"政治参与"。因子8包括5个项目，反映了对政治事件的关注程度和敏锐程度，因此可以命名为"政治视野"。因子9包括3个项目，描述的是对目前政治局势的分析与判断能力，可命名为"政治鉴别"。

三 《当代大学生政治素质调查问卷》的信度、效度分析

1. 信度分析

问卷的科学性，取决于问卷的信度和效度，若该问卷具有较高的信度和效度则说明该问卷编制合理，可以作为实际施测的工具使用。为了进一步了解问卷的可靠性与有效性，需要做信度检验。多数研究者认为，一份信度系数好的量表或问卷，其总量表的信度系数 a 最好在0.80以上，如果在0.70—0.80之间，还算是可以接受的范围，如果量表或问卷的信度

低于 0.60 以下，应当考虑重新修订或者重新编制研究工具。本书采用 Cronbach's α 系数进行分析，结果如表 3 所示。本书对问卷的 9 个因子及总问卷进行信效度分析。

表 3 《当代大学生政治素质调查问卷》信度分析

因子	项目数	内部一致性 α
F1	6	0.745
F2	5	0.840
F3	4	0.656
F4	3	0.778
F5	3	0.889
F6	4	0.534
F7	3	0.628
F8	5	0.746
F9	3	0.851
总量表	36	0.892

由表 3 可见该问卷 α 系数为 0.8921，9 个因子的 α 系数在 0.534—0.889 之间。其中，总问卷和因子 1、2、4、5、8、9 所代表的因子的 α 系数都在 0.70 以上。表 3 说明该问卷的信度已经达到了较理想水平，该问卷具有良好的信度，使用该问卷的测量结果是稳定的和可靠的。

2. 效度分析

各因子之间的相关系数和各因子与问卷之间的相关系数的大小；问卷及各因子的内部一致性信度与各因子之间的相关系数、各因子与问卷之间的相关系数的大小；各因子与其所含题项的相关和各因子与其非所含题项的相关性大小；均可以作为是确定问卷的结构效度的指标。本书对《当代大学生政治素质调查问卷》各个因子之间以及因子与问卷之间的相关性进行了分析（结果见表 4）。

从表 4 数据可以看出，各因子之间的相关系数在 0.219—0.748 之间，与问卷总分的相关在 0.546—0.904 之间。按照有关标准判断，即各因子之间的相关在 0.10—0.50 之间，各因子与问卷的相关在 0.30—0.80 之间，问卷具有良好的结构效度。因此，可以说该问卷的结构效度较好。

表 4　《当代大学生政治素质调查问卷》各因子之间以及因子与问卷之间的相关系

	F1	F2	F3	F4	F5	F6	F7	F8	F9	总项目
F1	1.000									
F2	0.231	1.000								
F3	0.348	0.377	1.000							
F4	0.246	0.219	0.239	1.000						
F5	0.322	0.309	0.363	0.338	1.000					
F6	0.434	0.293	0.277	0.321	0.311	1.000				
F7	0.415	0.302	0.416	0.269	0.484	0.401	1.000			
F8	0.520	0.722	0.494	0.366	0.559	0.474	0.584	1.000		
F9	0.748	0.479	0.465	0.696	0.623	0.731	0.480	0.607	1.000	
总项目	0.765	0.638	0.671	0.546	0.760	0.707	0.610	0.891	0.904	1.000

四　结论与讨论

目前，国内对于大学生政治素质的研究多集中于理论探讨，鲜见当代大学生政治素质调查问卷的编制。本书在查阅文献与工作实践的基础上，编制《当代中国大学生政治素质调查问卷》由72个题目组成，包含了政治价值、政治心理、政治思想、政治品德、政治实践五个维度，政治认知、政治态度、政治信念、政治责任、政治价值、政治作风、政治参与、政治视野、政治鉴别9个因子，该量表具有较好的内部一致性和整体一致性，信度和效度检验效果较好，并且均符合量表编制要求，可以作为考察当代大学生政治素质的测量工具。

该问卷的编制对于全面评估当代大学生政治素质具有较高的应用价值，尤其对于指导大学生政治素质教育具有十分重要的意义。当然，一套完善的问卷需要在实践中不断反复使用和修订，从这个角度而言，问卷的编制工作还存在不少的问题，仍需要进一步的深入，例如：样本容量偏小和取样范围狭窄的问题，后续研究应扩大样本取样数量和范围，进一步考察本问卷的测试性能；开放式问卷和访谈调查的形式，难以避免测量误差，有可能导致问卷的再测信度不高，在后续研究中仍需要进一步考察是样本造成的还是问卷本身造成的。

附录 D 当代中国大学生政治素质评价模型

大学生政治素质评价模型的建立

根据确立的大学生政治素质结构层次和模型建立的基本原则,我们把政治素质评价模型的研究重点放在了定性评价方面。考虑到对大学生政治素质进行评价既要了解大学生对政治理论知识的掌握情况,也要突出不同阶段的大学生政治价值、政治心理、政治思想、政治品德、政治实践等方面的发展情况,我们把单项指标与综合指标结合起来进行评价。既对不同层次的指标按重要程度赋予不同的权重,从而体现评价的层次性,又要将考评的结果进行模糊运算,从而体现评价的模糊性。

为此,我们以目前广泛应用于各项决策方案制定的方法 AHP 分析法来确定政治素质各组成要素的相对权重,用模糊分析法(FUZZY)进行模糊综合评判,从而建立起按阶段、分层次的大学生政治素质结构优化评价模型。模型的构建步骤如下:

1. 结构方程模型的选择

结构方程模型习惯上称因果关系模型、协方差结构模型,它是一种建立、估计和检验因果关系模型的多元统计分析技术。结构方程式模型本质上是利用联立方程求解。人们希望的是模型拟合的再生数据尽可能接近原始数据,如果真是这样的话,假设的因果关系结构与变量间的相互关联模式就是拟合的或是一致的。

(1)确定初始模型

在本书中,考虑该模型测量各个因子之间可能存在的因果关系,故该影响力系数的测量模型为:

$$Y = a \cdot x_1 + b \cdot x_2 + c \cdot x_3 + d \cdot x_4 + f \cdot x_5 + g \cdot x_6 + e$$

其中,Y 表示大学生政治素质;

x_1 表示政治认知;

x_2 表示政治情感;

x_3 表示政治动机；

x_4 表示政治态度；

x_5 表示政治意志；

x_6 表示政治参与；

a, b, c, d, f, g 分别为 x_1, x_2, x_3, x_4, x_5, x_6 与 Y 之间的相关系数；e 为残差。

(2) 路径数据分析

路径分析（path analysis）是一种将观察变量间的关系以模型化的方式进行分析的一种统计技术。简单来说，路径模型的目的是在解释为何依据变量会有关系？它们是如何彼此相互影响？因此背后的数据逻辑以及分析的基本素材是观察变量之间的共变结构，共变结构反映的是一组变量之间的多元化共变形，而个别两两变量的共变强度可以利用标准化共变（也就是相关关系）描述两者相关关系的强度。

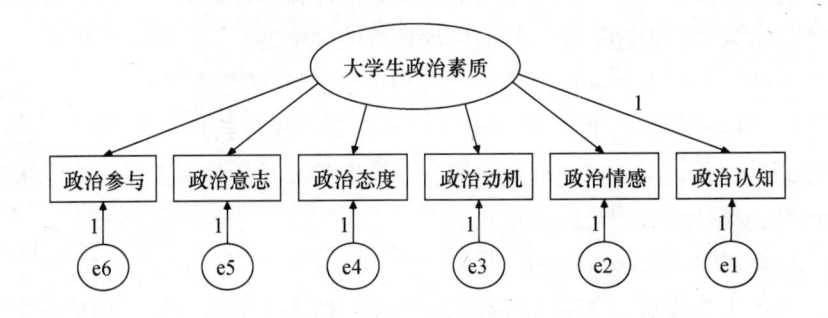

图1 大学生政治素质结构优化模型图

根据图1可以用标准形式来表示，有四个假设：

a. 变量的因果方向是预定的、单向的、无反馈；

b. 变量之间的关系是线性且可加的；

c. 误差均随机；

d. 外生变量无测量误差；

(3) 模型拟合与参数估计

模型拟合就是通常所说的参数估计，所要做的就是使模型隐含的协方差矩阵与样本协方差矩阵之间的"距离"最小。首先，本书用 SPSS 统计软件对该模型的数据进行协方差分析。然后，通过对模型数据的拟合及修正得到了各评价指标对潜在变量的因子载荷及潜变量之间的路径系数。

根据因子分析的计算步骤,我们首先对所有的因素数据进行 KMO 和 Bartlett's 检验,结果如表 1 所示:

表 1　　　　　　　　KMO 和 Bartlett's 球形度检验

Kaiser – Meyer – Olkin Measure of Sampling Adequacy. 适合度测试	0.898
Bartlett's Test of Sphericity Approx. Chi – Square χ^2 值检验	6936.1
df 自由度	435
Sig.	0.000

从上表中的 Bartlett's 球形检验的 χ^2(Chi – Square)值为 6936.1,自由度(df)为 435 达显著,(sig. 为 0.000),代表总体的相关矩阵见有共同因素存在,适合进行因素分析。

2. 大学生政治素质整体水平优化

层次分析法(Analytical Hierarchy Process,AHP)是美国数学家萨蒂(T. L. Saaty)在 20 世纪 70 年代提出并逐步完善的一种简易实用的决策方法。它的基本原理是排序,即最终将各方法(或措施)排出优劣次序,作为决策的依据。具体可描述为:层次分析法首先将决策的问题看作受多种因素影响的大系统,这些相互关联、相互制约的因素可以按照它们之间的隶属关系排成从高到低的若干层次,叫作构造递阶层次构造。然后请专家、学者、权威人士对各因素两两比较重要性,再利用数学方法,对各因素层层排序,最后对排序结果进行分析,辅助进行决策。

层次分析法可以用于建立理想状态下的最优政治素质系统中的各因素的权值。因为所谓理想的政治素质最优系统是一个主观的看法,在以往的研究中都是进行定性的描述,而缺乏定量分析与统计的方法。应用层次分析法,可以将人们的理想用数量形式表达出来。此外,用定量的方法描述出理想的素质结构后,也就能定量地知道个体当前的某种政治素质系统与我们期望的理想状态的差异有多大,这样就可以为政治素质的研究提供一种新的方法和思路。

运用层次分析法时,计算的步骤为:

(1) 建立递阶层次结构模型

应用层次分析法分析决策问题时,首先要把问题条理化、层次化,构造出一个有层次的结构模型。在这个模型下，复杂问题被分解为元素的组成部分。这些元素又按其属性及关系形成若干层次。上一层次的元素作为准则对下一层次有关因素起支配作用。这些层次可以分为三类：

最高层：这一层次中只有一个元素，一般它是分析问题的预定目标或理想结果，因此也称为目标层。

中间层：这一层次中包含了为实现目标所涉及的中间环节，它可以由若干个层次组成，包括所需考虑的准则、子准则，因此也称为准则层。

最底层：这一层次包括了为实现目标可供选择的各种措施、决策方案等，因此也称为措施层或方案层。

目标层：最优政治素质结构A

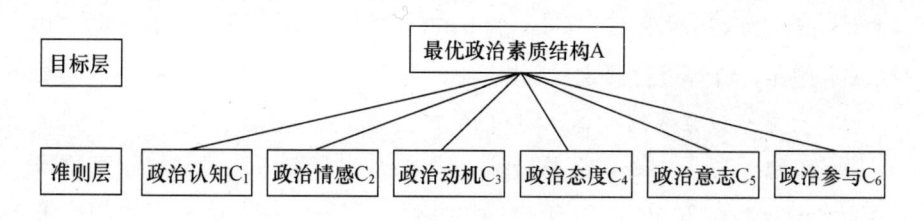

准则层：政治认知C_1　政治情感C_2　政治动机C_3　政治态度C_4　政治意志C_5　政治参与C_6

图2　递阶层次结构模型

（2）构造出个层次中的所有判断矩阵

进行比较时需要应用1—9标度法，这是层次分析法中使任意两个因素关于某一准则的相对重要性程度得以定量描述的方法，具体见表2：

表2　1—9标度法

标度 a_{ij}	相对比较（就某一准则而言）
1	因素 C_i 与 C_j 的影响相同
3	因素 C_i 与 C_j 的影响稍强
5	因素 C_i 与 C_j 的影响强
7	因素 C_i 与 C_j 的影响明显的强
9	因素 C_i 与 C_j 的影响绝对的强
2，4，6，8	因素 C_i 与 C_j 的影响上述两个相邻等级之间
上列各数的倒数	另一因素对原因素的反比

表3　　　　　　　根据目标层形成的判断矩阵 AC

最优政治素质结构 A	政治认知	政治情感	政治动机	政治态度	政治意志	政治参与
政治认知	1	1/3	1/4	1/5	1/7	1/9
政治情感	3	1	1/3	1/4	1/5	1/7
政治动机	4	3	1	1/3	1/4	1/5
政治态度	5	4	3	1	1/3	1/4
政治意志	7	5	4	3	1	1/3
政治参与	9	7	5	4	3	1

注：需求出以上每一个表最后的权值。

（3）层次单排序及一致性检验

$$CI = \sum_{i=1}^{m} C_i CI_i$$

$$RI = \sum_{i=1}^{m} C_i RI_i$$

$$CR = \frac{CI}{RI}$$

表4　　　　　　各层次单排序及其一致性检验结果

判断矩阵	特征向量 W	λ_{max}	CI	RI	CR
A-C	$(0.029, 0.053, 0.091, 0.149, 0.248, 0.428)^T$	6.396	0.0792	1.24	0.0639

列的归一化：

$$\begin{bmatrix} 0.034 & 0.016 & 0.018 & 0.023 & 0.029 & 0.055 \\ 0.103 & 0.049 & 0.025 & 0.028 & 0.041 & 0.070 \\ 0.138 & 0.148 & 0.074 & 0.038 & 0.051 & 0.098 \\ 0.172 & 0.197 & 0.221 & 0.114 & 0.068 & 0.123 \\ 0.241 & 0.246 & 0.294 & 0.342 & 0.203 & 0.164 \\ 0.310 & 0.344 & 0.368 & 0.455 & 0.609 & 0.491 \end{bmatrix}$$

按行求和：

$$\begin{bmatrix} 0.176 \\ 0.316 \\ 0.546 \\ 0.894 \\ 1.490 \\ 2.578 \end{bmatrix}$$

归一化（特征向量w）：$\begin{bmatrix} 0.029 \\ 0.053 \\ 0.091 \\ 0.149 \\ 0.248 \\ 0.430 \end{bmatrix}$ A×w：$\begin{bmatrix} 0.183 \\ 0.319 \\ 0.564 \\ 0.969 \\ 1.671 \\ 2.858 \end{bmatrix}$

最大特征根的 λ_{max} 求解：6.396

一致性指标：

$$CI = \frac{\lambda_{max} - n}{n - 1} = 0.0792$$

表5　　　　1—9阶矩阵的平均随机的一致性指标

阶数	1	2	3	4	5	6	7	8	9
	0.00	0.00	0.58	0.90	1.12	1.24	1.32	1.41	1.45

随机性比率：$CR = \frac{CI}{RI} = 0.0639 < 0.10$，满足一致性。

（4）总排序情况

根据对问题层次的检验，我们可以得到以下排序：

表6　　　　各结构的排序

	权值	重要性
政治参与	0.430	1
政治意志	0.248	2
政治态度	0.149	3
政治动机	0.091	4
政治情感	0.053	5
政治认知	0.029	6

从表6中可以看出，政治认知到政治参与是一个渐进的结构项目。这也进一步说明本书的政治素质结构的准确性。

3. 模糊综合评价

现实生活中，许多事物除了具有精确性外，还有模糊性，大学生政治素质优化的评价也是如此，因为影响政治素质优化的因素有很多，在进行大学生政治心理素质评价的时候，就不能单一地从一方面去评价，而是应该多管齐下，才能具有更好的效果，虽然进行模糊分析结果看似缺乏精确性，但是其效果却是一般精确方法所无法达到的。

大学生政治素质的评价，所涉及的因素多，仅根据技术上可行、调查数据频次来选择方案就不够全面，有时甚至会造成意想不到的后果，不易于得到整体的素质状况。因此，大学生政治素质优化的评价，应该是对大学生政治素质结构因素的综合评价。该评价一般应针对一定的政治素质结构因素，建立起综合评价指标体系，对指标体系也应进行标准化处理，明确指标权重，在此基础上构建综合评价模型，并运用模型进行模糊优选分析，从而得到决策方案的综合排序，从总选出最优方案从而得到整体的素质状况。

（1）确定评价因素集

本书将大学生政治心理素质构成的因素集分为两级，第一级包括政治价值、政治心理、政治思想、政治品德、政治实践五个因素集，这也是大学生政治素质的主要内容。

下设合称为因素集，用 U 表示：

$U = \{u_1, u_2, u_3, u_4, u_5, u_6\}$，

其中，u_i 表示第 i 个构成因素，u_1 表示政治认知，u_2 表示政治情感，u_3 表示政治动机，u_4 表示政治态度，u_5 表示政治意志，u_6 表示政治参与。

（2）建立指标权重集

权重系数表示某一指标在整个指标体系中的重要程度。指标越重要，则该指标的权重系数就越大；反之，指标的权重越小。为了反映各因素的重要程度，需要对每个因素 u_i 赋予一定的权重，建立对应因素集 U 的权重集 A：

$A = [a_1 \quad a_2 \quad a_3 \quad a_4 \quad a_5 \quad a_6]$

此等式需满足 $a_1 + a_2 + \cdots + a_n = 1$。

根据层次分析法,得到指标权重为:

$A = [0.029 \quad 0.053 \quad 0.091 \quad 0.149 \quad 0.248 \quad 0.430]$

(3) 建立评价集

评价是评价者对评价对象可能作出的各种评价结果的集合,用 V 表示:

$V = \{v_1, v_2, v_3, v_4, v_5\}$

其中,即对大学生政治素质结构的评价结果所构成的集合。目的是在综合考查大学生政治素质结构的整体水平,从评语集中选出一个最佳评价结果。

(4) 单因素模糊评价

从单个因素出发进行模糊评价,确定评价对象对评价结果集 V 的隶属程度,成为单因素模糊评价。取因素集 U 中的第 i 个因素 u_i 进行模糊评价,评价结果集 V 中第 j 个评价结果 v_j 的隶属度为 r_{ij},则 u_i 的单因素模糊评价结果隶属度集为:

$R = \{r_{i1}, r_{i2}, \cdots, r_{ij}, \cdots, r_{im}\}$

对所有单因素分别进行模糊评价后可得矩阵:

$$R = \begin{bmatrix} r_{11} & r_{12} & r_{13} & r_{14} & r_{15} \\ r_{21} & r_{22} & r_{23} & r_{24} & r_{25} \\ r_{31} & r_{32} & r_{33} & r_{34} & r_{35} \\ r_{41} & r_{42} & r_{43} & r_{44} & r_{45} \\ r_{51} & r_{52} & r_{53} & r_{54} & r_{55} \\ r_{61} & r_{62} & r_{63} & r_{64} & r_{65} \end{bmatrix}$$

可得到该群体的单因素模糊评价矩阵 R:

$$R = \begin{bmatrix} r_{11} & r_{12} & r_{13} & r_{14} & r_{15} \\ r_{21} & r_{22} & r_{23} & r_{24} & r_{25} \\ r_{31} & r_{32} & r_{33} & r_{34} & r_{35} \\ r_{41} & r_{42} & r_{43} & r_{44} & r_{45} \\ r_{51} & r_{52} & r_{53} & r_{54} & r_{55} \\ r_{61} & r_{62} & r_{63} & r_{64} & r_{65} \end{bmatrix}$$

(5) 模糊综合评价

单因素评价仅反映一个因素对评价对象的影响,评价不够全面。为综合反映所有因素对评价对象的影响，得出更符合实际的评价结果，就要进行模糊综合评价。

$$B = A \times R [0.029 \quad 0.053 \quad 0.091 \quad 0.149 \quad 0.248 \quad 0.430]$$

$$\times \begin{bmatrix} 0.22 & 0.06 & 0.13 & 0.25 & 0.08 & 0.03 & 0.08 & 0.12 & 0.04 \\ 0.19 & 0.06 & 0.13 & 0.24 & 0.10 & 0.03 & 0.08 & 0.15 & 0.03 \\ 0.17 & 0.04 & 0.12 & 0.25 & 0.10 & 0.03 & 0.09 & 0.17 & 0.02 \\ 0.20 & 0.04 & 0.13 & 0.25 & 0.11 & 0.04 & 0.08 & 0.14 & 0.02 \\ 0.17 & 0.05 & 0.11 & 0.26 & 0.09 & 0.04 & 0.07 & 0.15 & 0.06 \\ 0.21 & 0.09 & 0.07 & 0.26 & 0.10 & 0.03 & 0.05 & 0.15 & 0.04 \end{bmatrix}$$

$$= (0.195 \quad 0.057 \quad 0.116 \quad 0.252 \quad 0.097 \quad 0.033 \quad 0.075 \quad 0.145 \quad 0.035)$$

归一化后得：

$$B' = (0.194 \quad 0.057 \quad 0.115 \quad 0.251 \quad 0.096 \quad 0.033 \quad 0.075 \quad 0.145 \quad 0.035)$$

根据问卷调查的统计结果可以得出政治价值、政治心理、政治思想、政治品德、政治行为五个一级指标的模糊评价矩阵，分别乘以权集，然后通过归一化处理，可以得到政治素质的综合评判矩阵 R，R 乘以权集，最后归一化处理，得出最终的模糊综合评判结果为 (0.24, 0.33, 0.26, 0.17)。政治素质的评语集为优良、中等、合格、差。结果表明：被调查的人群中有 0.24 的可能政治素质优良，有 0.33 的可能政治素质中等，有 0.26 的可能政治素质合格，有 0.17 的可能政治素质较差。这也说明当代中国大学生的政治素质总体水平是好的，也存在一些不足，需要进行结构优化。

4. 大学生政治素质结构的均衡优化

个体素质结构理论认为，素质只是反映了一种结构，反映了多种品质的结构，是一种关于知识、能力和非认知因素之间和谐发展的结构。当我们从政治素质结构的角度透视大学生的政治素质时，"政治素质"固有的抽象的、不可直接测量的特质便通过具体的、直观的空间图形展现在大家面前，根据对大学生政治素质结构的剖析，当代大学生的政治素质水平可以用以下公式来表示：

大学生政治素质 = 政治认知 × 政治情感 × 政治动机 × 政治态度 × 政治意志 × 政治参与为了下文的研究方便，我们用符号来代替。

$$D = C \times S \times M \times A \times V \times P$$

D – diathesis　　C – cognize　　S – sensibility　　M – motivation　　A – attitude

V – volition　P – participate

因此，大学生政治素质优化的根本目标就是提高政治认知水平、增强政治情感、端正政治动机与政治态度、深化政治意志和进行有序的政治参与。简而言之，即充分发挥大学生政治素质的应有功能，从而提升大学生现有的政治素质水平。

根据大学生的政治素质结构公式可知：政治认知（C）、政治情感（S）、政治动机（M）、政治态度（A）、政治意志（V）和政治参与（P）对大学生政治素质功能的发挥和水平的提高同等重要，是平权的，六者缺一不可，一项为零，六者乘积的 D 即为零。由于存在这种平权性，要提升当代生的政治素质，就有一个和谐发展问题。只有在政治认知、政治情感、政治动机、政治态度、政治意志和政治参与六者均衡发展的条件下，大学生的政治素质（D）才是最大值。在这里，我们给予了限定的条件。

$$C + S + M + A + V + P = 1$$

$$\begin{cases} 0 \leqslant C \leqslant 1; \\ 0 \leqslant S \leqslant 1; \\ 0 \leqslant M \leqslant 1; \\ 0 \leqslant A \leqslant 1; \\ 0 \leqslant V \leqslant 1; \\ 0 \leqslant P \leqslant 1_\circ \end{cases}$$

通过前面的路径分析，我们可以看出，当代大学生的政治素质发展并不平衡，政治素质结构整体功能未充分发挥，因此，研究大学生政治素质结构优化的当务之急是使大学生政治认知、政治情感、政治动机、政治态度、政治意志和政治参与和谐、均衡发展，确保大学生政治心理素质结构发挥应有的功能。

大学生政治素质评价模型将学生自评、学生互评和教师评价相结合起来，先用 AHP 法确定大学生政治素质在不同发展阶段的指标权重，然后并采用模糊综合评价法来评价大学生的政治素质。这能够比较科学地反映每一位学生的政治素质现状，对于开展有针对性的大学生思想政治工作具有重要价值。当然，我们的研究还有待于从以下两个方面进一步深入：一是将模型用于不同学校、不同专业的学生，不断修正指标体系的内容、要求和各级指标的权重系数；二是进行软件开发，节省计算时间，提高评价效率，以便于模型得到更广泛的应用。总之，运用综合模糊评判模型对当代中国大学生政治素质进行总体评价，是一个行之有效的量化评价方法。有助于在思想政治教育实际工作中找出不足，提高大学生的政治素质。

后　记

　　把博士学位论文修改完善之后出版，一直是我的夙愿。因为三年的读博生涯虽然令我付出未曾想到的辛劳和艰难，几近失去了原有生活的闲适自在，但也收获到了"常人"难以体会的心灵修炼和升华，享受着简单而淡定的读书乐趣，开始深刻体悟到人之生存的真正意蕴，懂得了什么才叫真正的学术研究，并在理论储备和学术探索之路上真正起步。这样的体悟自然源于我的师长、父母、同学和家人。

　　感谢恩师魏晓文教授。她对学问的执着追求与探索，她做学问的刻苦勤奋与坚持，她为人的坦荡与热情，她对我的宽厚鞭策与教诲，都使我屡屡被感动，终生不能忘怀。尤其是在论文写作过程中，魏老师耐心的鼓励与指导，不厌其烦地帮助我梳理思路、完善框架、反复推敲每一个细节，从选题立意到提纲拟定，从资料收集到观点形成，从具体行文到修改定稿，无一不渗透着魏老师的心血。其间辛苦的付出，使我永远铭记在心。在未来的研究道路上，我将铭记魏老师的谆谆教导，踏实、勤勉、坚持、无悔……

　　感谢本书写作过程中其他老师对我的指导。他们是大连理工大学戴艳军教授、洪晓楠教授、杨连生教授、徐成芳教授、刘鸿鹤教授、费艳颖教授、蔡小慎教授、刘宏伟教授等。他们以自己的真知灼见和缜密思辨为我提出了很多宝贵的意见和真诚的鼓励，能聆听他们的"传道、授业、解惑"实乃幸事。还要特别感谢中国人民大学张雷声教授、大连海事大学冯文华教授、北京大学的陈占安教授、清华大学的肖贵清教授、东北师范大学的田克勤教授在百忙之中对拙作的评阅，感谢他们提出的珍贵意见。

　　感谢同窗好友王刚、朱琳琳、刘志礼、邹升平、葛丽君、关丽丽、郝连儒、王凤志、田志闯、李晓虹、刘淑艳、苏杭、杨晓丽、董仲磊、马海然、修新路、高红杰、蒋璀玢、郭一宁、张大方。三年多的交流与切磋，让我们共同成长、共同进步、共同畅饮成功的喜悦，虽然今后天各一方，但我们的友谊一定会历久弥坚。还有我没有提到名字的各位朋友，你们真诚的友谊将是我一生的财富，与你们一路同行，是我今生莫大的幸福。

最后，还要感谢我的家人。我的父母和岳母，默默地关注着我的一切，用他们的慈爱不断赋予我精神的动力；我刚刚出生的儿子，给予我振奋与希望；还有我的爱妻，每每在我最艰难的时刻，她都是我的一个温暖港湾，让我休息心灵、恢复勇气。谢谢你们，是你们给了我永远的爱！

李春山

2013 年 10 月